T0098785

L'IMAGE

DANS LA MÊME COLLECTION

THEMA Θέμα THEMA Θέμα THEMA Θέμα

L'IMAGE

sous la direction de

Alexander SCHNELL

PARIS

LIBRAIRIE   PHILOSOPHIQUE   J. VRIN

6, Place de la Sorbonne, Vᵉ

—

2007

© *Librairie Philosophique J. VRIN*, 2007
Imprimé en France
ISBN 978-2-7116-1932-0

www.vrin.fr

AVANT-PROPOS

Chaque volume de la collection « Thema » propose une approche pluraliste d'une notion susceptible d'être mise au programme des enseignements de philosophie générale. Il consiste dans un ensemble limité de contributions vouées chacune à l'analyse et à l'interprétation d'un moment significatif de l'histoire philosophique de cette notion. Afin d'éviter la dispersion des connaissances et d'ouvrir un accès aux doctrines mêmes, aux questions originales qu'elles soulèvent et aux profondes transformations qu'elles font subir à la notion, chaque volume consacre à ces seuls moments forts de larges exposés rédigés par des historiens de la philosophie spécialisés dans l'étude d'une période ou d'un auteur.

Le présent ouvrage rassemble dix études consacrées à l'approche philosophique de l'*image*. Deux critères ont présidé au choix des auteurs convoqués. Il s'agissait, d'une part, de présenter les doctrines philosophiques « classiques » de l'image. Face au nombre important d'auteurs qui auraient pu figurer dans un petit volume comme celui-ci, nous avons décidé de privilégier les penseurs chez qui la notion d'image joue un rôle central dans leurs propres élaborations philosophiques. Les représentants les plus significatifs à cet égard sont Platon pour l'Antiquité, Maître Eckhart, Nicolas de Cues, Descartes pour la période Moyen Âge/Renaissance/philosophie classique et Fichte pour la philosophie moderne (ce qui ne veut pas dire qu'on ne se tournerait pas avec grand profit également vers Aristote, Spinoza, Pascal et les Romantiques Allemands par exemple – mais le cadre réduit imposait ce choix restrictif). D'autre part, nous avons voulu présenter le débat contemporain autour des différentes théories de l'image. Nous avons alors été soucieux de donner la parole aux représentants les plus éminents de ce que l'on a pu appeler « l'iconologie » du vingtième siècle : Bergson pour les philosophies de la vie, Wittgenstein pour la philosophie anglo-saxonne, Husserl et Sartre pour la phénoménologie, Deleuze pour la philosophie française contemporaine, Lacan pour la psychanalyse et enfin une étude sur les débats sur l'image dans l'esthétique contemporaine.

Ce volume est composé d'articles qui sont tous inédits.

PLATON OU L'AURORE DES IDOLES

La notion d'image traverse toute la philosophie de Platon : sollicitée au cœur de ses analyses sur l'art et de sa métaphysique, elle renvoie aussi à la question de l'éducation, du mythe, du langage, à la politique et à la cosmologie. À l'importance presque centrale de la notion correspondrait, selon une lecture traditionnelle, la dévaluation radicale dont la chose ferait l'objet ; dans l'histoire de la philosophie, la naissance de l'intérêt accordé à l'image coïnciderait avec sa condamnation sans appel. Si le philosophe, dès l'origine, doit atteindre la vérité, cette « vérité des choses »[1] entendue au sens de ce que les choses sont vraiment, et s'il s'agit pour lui de produire un discours vrai, c'est-à-dire conforme à une vérité première comprise en un sens ontologique, il ne saurait dès lors se contenter de l'approximation des ressemblances. Penser les choses telles qu'elles sont, c'est bien rechercher à dévoiler les étants que l'on veut penser, et ainsi, ne pas confondre les choses et leur apparence, la vérité et ses images. Avec Platon, la recherche du vrai implique donc un souci, celui de discerner et de rejeter les semblants qui, puisqu'ils ne sont pas les choses mêmes, ne peuvent jamais être que de faux semblants.

IMAGE ET *ALÊTHEIA*

Pourtant, nombre de copies ou d'imitations reçoivent une valeur clairement positive. Plus fondamentalement, l'image constitue un principe structurant des *Dialogues* : la détermination du sens de la

---

1. *Alêtheia tôn onton* (*Phédon*, 99 e 6) ; *alêtheia tôn pragmaton* (*Sophiste*, 234 c 4).

vérité, tant celle, bien platonicienne, attribuée aux *onta* que celle, proprement logique, du discours, en appelle directement à cette notion.

Dans la perspective d'une pensée de l'être, l'objet qu'il importe avant tout de dévaluer n'est pas l'image en elle-même, que Platon mobilise à titre de concept opératoire, mais la réalité sensible. En disciple paradoxal d'Héraclite, il lui attache le caractère essentiellement fluant du devenir; même s'il la distingue parfois de la relativité changeante propre au phénomène (ou *phantasma*)[1], il ne lui accorde jamais la réalité pleinement fixe, l'*ousia bebaios* que le *Cratyle* associe à une forme de vérité que l'on peut dire ontologique[2]. Mais pourquoi, sans se contenter de cette claire opposition entre une immuable identité à soi et une mouvante relativité, fallait-il recourir à la notion d'image? Le *Phèdre* présente les sensibles comme imitant les intelligibles[3]; le *Phédon*, comme leur ressemblant[4]; participer, c'est « être à l'image de » (*eoikenai, eikasthênai*) : les Formes sont des *paradeigmata* dont les sensibles sont des *homoiômata*[5], des *eikones* et des *mimêmata*[6].

Si c'est à l'image qu'incombe une telle importance structurelle et représentative, c'est précisément parce que son sens ne se réduit pas au faux semblant; elle permet de dévaluer le sensible, mais aussi de le sauver. Le platonisme, affirmant la transcendance et la séparation de la Forme, se soucie tout autant de fonder la réalité de sa relation aux choses d'ici-bas, qui ne sont pas elle, mais lui sont semblables. Or, ne pas être le modèle, mais être tel que lui est le propre de tout *eidôlon*; il est cet « autre » pareil à l'original : un *heteron toiouton* (*Sophiste*, 240 a 8). N'être qu'une image du modèle signifie, certes, paraître celui-ci sans l'être, mais aussi, nécessairement, être d'une certaine façon *comme* lui. Ces caractères, appliqués au sensible, lui assurent le

---

1. L'apparence visuelle du lit matériel est variable, mais celui-ci « ne diffère en rien » (*République*, X, 598 a 10).

2. *Cratyle*, 386 d 8-e 4.

3. *Phèdre*, 251 a 3.

4. *Homoiotêta*, 74 a 7; *proseoikenai*, 74 e 3.

5. *Parménide*, 132 d 1-4; *Phèdre*, 250 a 6.

6. *Timée*; pour *eikôn*, voir 29 b 2, 29 b 3, 29 c 2, 37 d 5, 37 d 7, 52 c 2, 92 c 7; pour *mimêsis*, voir en particulier 39 e 2; pour *mimêma*, voir notamment 48 e 6.

minimum de consistance ontique et épistémologique nécessaires : non pas purs « apparaître » évanescents tirés en tous sens[1] selon les points de vue adoptés, non pas apparences dénuées de sens intrinsèque, les *pragmata*, par leur participation aux Formes, reçoivent une détermination minimale qui ancre leur identité de choses comme leur caractère pensable. En tant qu'ils participent de telle ou telle Forme, ils peuvent être dits et pensés comme tels ou tels, et non de toutes les façons et sous tous les aspects à la fois – l'infinité de déterminations possibles équivalant strictement à l'absence de détermination véritable. Par le recours à la relation entre image et modèle, Platon peut donner toute sa force à l'idée d'une relation entre deux ordres de « réalité », dont l'un, seul véritable, pénètre pourtant le second tout entier, qui, dès lors traversé d'intelligibilité, échappe à la catastrophe ontologique et épistémologique d'un pur héraclitéisme ou d'un phénoménisme protagoréen[2]. C'est donc d'après le schème de l'image que, au sein d'une hiérarchie métaphysique ne concédant aux choses d'ici-bas que la plus petite part d'être et de vérité, le sensible n'est pas totalement privé de l'intelligible. Ici se tient toute la nature problématique de l'image, nature dont de célèbres passages du *Cratyle* et du *Sophiste*[3], en particulier, mettent en évidence la troublante étrangeté : l'*eidôlon* approche ou reproduit suffisamment l'original pour que l'altérité entre les deux ne puisse être reconnue que sur le fond d'un caractère « même » ou « pareil », relation indéniablement réelle de l'un à l'autre ; la plus belle fille que pourrait convoquer Hippias pour soutenir son affirmation bien connue[4] ne peut certes donner que ce qu'elle a : une beauté appro-

---

1. Idée que Socrate, dans le *Cratyle*, présente ainsi, en rejetant la thèse de Protagoras et celle d'Euthydème : « Ainsi donc, si ce n'est, ni pour tous que semblablement, simultanément, toujours, existent toutes choses, ni chacune pour chacun en particulier, alors il est manifeste que, en eux-mêmes et pour eux-mêmes, les objets possèdent une certaine constance de leur réalité (*ousia*) ; *qu'ils ne sont pas, par rapport à nous et par notre moyen, tirés en haut, en bas, avec l'image (phantasma) que nous nous en faisons* » (386 d8-e 3, trad. fr. L. Robin, Paris, Gallimard, 1950 [je souligne]).

2. *Cf.* notamment *Théétète*, 157 a-c.

3. Le *Cratyle* (432 b 1-d 3) indique que l'image ne doit pas ressembler en tous points à l'original, faute de se convertir en double, en deuxième original ; pour être une image, pour ressembler à une chose, il faut donc en dissembler. Le *Sophiste* (240 a 7-c 1), on l'a vu, définit l'image comme un autre pareil, « fait à la ressemblance du véritable ».

4. *Hippias maj.*, 287 e 2-4 : « une belle jeune fille », voilà « ce qu'est le beau ».

ximative, changeante et relative; mais cet *eidôlon* est bien quelque chose *du* beau en soi.

Dans le cadre de l'analyse du discours, l'idée qu'il faudrait en passer par la notion d'image pour penser le *logos* peut sembler véritablement anti-platonicienne. Cantonnée dans l'ordre du sensible, comment pourrait-elle entrer en quelque façon dans la détermination d'un acte de la pensée, exprimant des relations intelligibles, et dont les objets les plus éminents sont les Formes elles-mêmes ? Considéré sous son aspect le plus proprement philosophique, le *logos*, dans la section la plus élevée de la ligne, s'« attache » aux intelligibles « par la puissance du dialogue »[1], sans s'appuyer sur des copies. Cependant, à plusieurs reprises, comme nous le verrons, Platon le présente explicitement comme une image. De plus, l'idée d'image est sollicitée directement lorsqu'il s'agit de rendre possible la distinction entre *logos* vrai et *logos* faux. Ainsi est-elle une notion cardinale qui, lorsqu'elle ne nourrit pas une conception métaphysique et hiérarchisée de la réalité, est requise pour penser l'opposition philosophiquement décisive entre deux catégories fondamentales du discours.

LES NOMS DE L'IMAGE

Eidôlon, dans la langue grecque, a pour sens général « image », avec une connotation d'irréalité. Appartenant au groupe lexical d'*eidos*, l'aspect, la forme visible, il est comme lui formé sur un thème *weid-*, exprimant l'idée de voir. Chez Homère, il s'applique à l'image du rêve[2], aux apparitions surnaturelles[3], aux âmes des morts[4], dans tous les cas à une forme dénuée de profondeur, qu'une ressemblance quasi parfaite lie à son modèle. J.-P. Vernant souligne que l'*eidôlon* archaïque, plutôt qu'un « produit mental » ou une représentation, est une apparition, réelle en tant que telle, qui « se révèle

---

1. *République*, VI, 511 b 4.
2. *Odyssée*, IV, 796, 824, 835.
3. *Iliade*, V, 449, 451.
4. *Odyssée*, XI, 83, 213, 476, 602; XXIV, 14.

[…] comme appartenant à un inaccessible ailleurs » [1]. Privé de la consistance matérielle propre à la réalité ordinaire, il est comparé par exemple à une fumée échappant à ceux qui veulent le saisir.

Les caractères sensible (et, en particulier, visible) et trompeur demeurent dans les *Dialogues* ; mais tandis que chez Homère l'*eidôlon* était souvent identique à la *psuchê* privée de corps, il lui arrive au contraire, avec Platon, de basculer dans l'épaisseur du *sôma* [2]. Il constitue en particulier une apparence offerte au regard (par exemple celle du lit que le peintre prend pour modèle) [3], mais Platon l'isole très souvent du caractère, qui lui était essentiel, de visibilité. Son acception regroupe tout ce qui semble être quelque chose qu'il n'est pas : la rhétorique, fausse *technê*, *eidôlon* de la politique [4] ; les vertus illusoires (par exemple celles auxquelles croit la foule et que reproduisent les poètes de *République*, X) [5] ; les faux plaisirs [6], les connaissances seulement apparentes [7], ou encore le discours écrit, reflet figé du *logos* « vivant et animé » qui a lieu dans l'âme [8]. Ainsi l'*eidôlon* conserve de ses emplois archaïques l'altérité par rapport à la « réalité », en même temps que le caractère pareil à l'être absent. Mais, perdant son sens d'apparition d'un être réel appartenant à un autre monde, il devient un pur apparaître impliquant un non-être essentiel : l'apparition devient image. Or, avec cette disqualification de l'*eidôlon*, Platon met celui-ci en relation avec l'*eidos* d'une façon nouvelle : la parenté des deux termes, qui renvoient à la même idée de visibilité, donne lieu à une détermination du premier comme dégradation du second, ce dernier, qui s'inscrit originairement dans un ordre sensible, devenant cette forme que peut voir seulement l'œil de l'âme. Dans cette opposition entre l'*eidôlon*, parfois visible et toujours distinct des êtres intelli-

---

1. J.-P. Vernant, « Figuration de l'invisible et catégorie psychologique du double : le *colossos* », dans *Mythe et pensée chez les Grecs. Études de psychologie historique*, Paris, La Découverte, 1996 (1965 [1]), p. 329-330.

2. *Lois*, VIII, 830 b 8 (*eidôlon apsuchon*) ; cf. *Phédon*, 81 d 2.

3. Par exemple en *République*, VII, 516 a 7 ; X, 598 b 8.

4. *Gorgias*, 463 d 2, 463 e 4.

5. *Banquet*, 212 a 4 ; *République*, X, 600 e 5.

6. *République*, IX, 587 c 9, 587 d 6.

7. *Théétète*, 150 b 1, 150 e 7, 151 c 3.

8. *Phèdre*, 276 a 9.

gibles, et l'*eidos* s'inscrit au premier chef la question de la participation : les choses d'ici-bas ne sont que des *eidôla*[1]. En tant que reflets, ceux-ci en appellent à la Forme comme à l'original dont ils dérivent : suggérant leur modèle, ils peuvent, à titre de point de départ, conduire vers lui ou l'indiquer dans une remémoration[2].

Cette relation, tant de séparation que de liaison, est explicitement donnée comme « mimétique ». L'*eidôlon* désigne par exemple le produit d'une *mimêsis* artistique, notamment dans la *République*[3] et dans le *Sophiste*, où l'*eidôlopoiikê*, fabrication d'images, est identifiée à la *mimêtikê*[4]. De même *eikôn* et *phantasma* y désignent des produits de la *mimêtikê*, ou ceux d'une *mimêsis* dans le *Timée* (selon une perspective cosmologique), la *République* ou les *Lois*[5]. Le plus souvent dans le corpus, le terme *mimêsis* proprement dit s'applique au champ artistique.

L'application des notions d'image et d'imitation au domaine des œuvres d'art n'est pas une innovation platonicienne. *Mimêsis*, *mimeisthai*, *mimêma* et *mimêtês* renvoient, dans leurs emplois pré-platoniciens, au genre du mime (*mimos*), de l'imitation par les gestes, les attitudes et la voix ; à l'origine, ils s'attachent vraisemblablement au *drama*, qui unit musique, chant et danse, et désignent essentiellement une représentation dynamique et non pas des choses inanimées reproduisant de façon statique l'apparence d'un objet. Platon, pour la première fois, les applique de façon systématique à la totalité des arts, non seulement musicaux ou poétiques, mais aussi plastiques. De plus, il en use très largement dans des domaines extérieurs à l'art, et très divers : des activités humaines consistant à agir comme quelqu'un d'autre[6] ; les choses sensibles en général[7] ; des constitutions politiques[8] ; le discours ou les mots[9] ; ou encore l'effort du philosophe qui tente de

1. Voir notamment *Phèdre*, 250 d 5.
2. *Phédon*, 74 a 2-75 b 12 ; *Phèdre*, 250 a 1-e 1.
3. *République*, X, notamment 599 d 3, 601 b 9.
4. Cf. *Sophiste*, 235 d 1-2 et 236 c 6-7.
5. Voir notamment *Sophiste*, 236 a 8, 236 b 7 ; *Timée*, 29 b 2 ; *République*, III, 401 b 2-8, 402 c 6 ; X, 599 a 2 ; *Lois*, II, 668 c 7, 669 a 7, 669 b 2-8.
6. *Gorgias*, 511 a 2 ; *Sophiste*, 267 a 6-8 ; *Lois*, VIII, 836 e 2.
7. *Timée*, par exemple 50 c 5, 51 b 6.
8. *Politique*, 300 c 5-301 c 4 ; *Lois*, VII, 817 b 4.
9. *Cratyle*, notamment 423 c 9-10, 430 a 12-e 11 ; *Critias*, 107 b 5.

se rendre semblable aux êtres intelligibles[1]. Dans tous les cas, la compréhension originaire de la *mimêsis* subit une transformation décisive : l'accent n'y est plus essentiellement porté sur la relation de l'imitateur à celui qui le voit ou qui l'entend, mais avant tout sur le rapport unissant le *mimêma* à son modèle, et il s'agira alors d'évaluer le premier à l'aune du second. C'est selon cette nouvelle perspective que les produits mimétiques se voient attribuer une valeur inférieure, qu'expriment en particulier les termes *eidôlon* et *phantasma*.

Ce dernier, inséparable de l'idée d'« apparaître » (il appartient au groupe lexical de *phainô* : « montrer » ou « se montrer », « mettre en lumière » ou « apparaître » ou encore – au moyen, *phainesthai* – « apparaître comme », « sembler »), désigne en grec le phénomène optique, l'apparition ou le fantôme, la vision onirique, et, de façon générale, l'image sans consistance. Dans les *Dialogues*, il regroupe des objets très divers : le fantôme, l'image dénuée de réalité ; le reflet ; l'image artistique ; l'apparaître pour un sujet, qui peut consister dans le « phénomène » sensible ou la « représentation » (en particulier l'image du rêve, ou encore celle qui s'imprime sur le foie et qui est liée à la divination[2]). Est alors mis en avant le caractère de pure apparence, très souvent inscrite dans le champ de l'illusion.

Mais Platon en appelle aussi amplement à l'idée d'une image manifestant la chose telle qu'elle est. C'est avec la notion d'*eikôn* (ou parfois d'*apeikasia*) que le caractère de ressemblance, entendu comme conformité, se substitue à celui d'apparence (attaché à *eidôlon*), ou s'ajoute à l'idée générale (signifiée par *mimêma*) de produit d'une imitation. Le terme appartient à la famille de mots de *eoika* (« sembler, ressembler à », mais aussi « convenir ») et se rattache à un thème *weik-* qui n'exprime pas l'idée de vision mais celle de convenance, de justesse, de conformité. L'*eikôn* a ainsi une relation essentielle à un modèle, auquel elle peut, précisément, correspondre. Dans les *Dialogues*, cette valeur se déploie conformément à son sens premier, dans le domaine artistique, mais aussi dans l'ordre cosmologique ou discursif.

---

1. *République*, VI, 500 c 5-7.
2. *Timée*, 46 a 2, 71 a 6, 71 c 3, 71 e 8.

LE MIRAGE DES APPARENCES

L'exemple privilégié, sinon l'axe, de la dévaluation platonicienne de l'image est la description de la ligne. C'est le rapport entre les deux segments du « visible » (l'un consistant dans « les ombres », « reflets », « et tout ce qui est tel »[1] des êtres naturels et fabriqués, l'autre dans leurs originaux sensibles) qui est le plus clairement posé comme un rapport d'images à originaux :

> Accepterais-tu en outre [...] de parler d'une division du visible sous le rapport de la vérité et de l'absence de vérité (*alêtheiai te kai mê*) ? Ce que l'opinable est au connaissable, la chose faite en ressemblance le serait à ce dont elle a la ressemblance ?[2].

Le degré inférieur de participation des images à la vérité se comprend sur un plan tant épistémologique qu'ontologique : les objets participent d'autant moins à la vérité qu'ils sont des images ; un état de l'âme est doté d'une clarté ou certitude (*saphêneia*) supérieure à celle du précédent[3] parce qu'il abandonne les images pour leurs originaux (dans le cas de la *pistis* et de la *noêsis*), ou parce qu'il traite les *eikones* comme des copies et non pas comme des originaux (dans le cas de la *dianoia*). Le rapport « de l'intellection à l'opinion » est le même que « le rapport de l'être au devenir »[4] ; au sein des objets de la partie « visible » de la ligne, évidemment inscrits dans le devenir et donc inférieurs à l'*ousia*, les *eikones* ou *phantasmata*, privés de l'*alêtheia* minimale que conservent leurs originaux sensibles, sont donc au plus bas de la hiérarchie ontologique. Comme la description de la ligne, l'allégorie de la caverne s'inscrit dans le contexte de l'éducation à donner aux gardiens et développe cette infériorité de l'image, en la présentant cependant sur un mode dynamique absent de la représentation de la ligne : le progrès de la connaissance y est figuré par

1. *République*, VI, 509 e 1-510 a 3.
2. *Ibid.*, 510 a 8-10, trad. fr. L. Robin, Paris, Gallimard, 1950 ; c'est dans cette traduction qu'est citée dans la suite la *République*.
3. *Ibid.*, 511 d 6-e 4.
4. *République*, VII, 533 e 7-534 a 8 ; *noêsis* y désigne cette fois non plus le segment le plus élevé de la partie intelligible (lequel est à présent nommé *epistêmê*), mais cette partie tout entière.

un mouvement de vision en vision successives, visions d'images de moins en moins éloignées des originaux – les premières étant des ombres d'*eidôla* façonnés par l'homme, les dernières des reflets vus en pleine lumière, et de facture divine [1], d'originaux naturels.

Aussi réduits que soient les degrés de duplication, toute image conserve par rapport à l'original ultime un éloignement qui ne peut être complètement résorbé. Ce travers bien connu trouve son expression la plus radicale en *République*, X. L'œuvre du peintre, on le sait, n'imite pas l'*eidos*, mais elle n'a pas même pour *paradeigma* l'objet matériel : ce dernier, en lui-même, ne change pas (*diapherei ouden*), il possède une stabilité minimale dont est en revanche privée l'apparence qui nous en est offerte, et que le peintre prend pour modèle. Ainsi la peinture, qui ne reproduit pas les objets matériels « tels qu'ils sont réellement, mais tels qu'ils ont l'air d'être », est *mimêsis* non pas « d'une vérité (*alêtheias*) », ni même de l'« étant » matériel « tel qu'il est », mais de « l'apparent tel qu'il apparaît » (598 a 5-b 8). Dénoncer la carence en vérité, ontique si l'on peut dire, du phénomène sensible et de l'œuvre qui le reproduit, c'est les désigner tous deux comme *eidôla* ou *phantasmata*[2]. Parce que ce texte s'inscrit dans une hiérarchie métaphysique où il s'agit de déprécier le sensible, et *a fortiori* ses reproductions, par rapport à l'*alêtheia* de l'intelligible, la distinction entre conformité ou non-conformité de l'œuvre d'art – et de l'image en général – n'intervient pas et, de façon fort significative, les termes *eikôn* ou *apeikasia* ne sont jamais employés ; l'image n'est ici comprise que sous son aspect d'apparence dégradée de l'original.

Du modèle purement intelligible, seul le *logos*, précise l'Étranger d'Élée, peut donner une expression adéquate : nul *eidôlon* sensible ne peut le « représenter » – ou le « montrer » – « clairement »[3]. Dans cette perspective, par exemple, en dépit de certaines interprétations, aucun passage des *Dialogues* ne permet d'affirmer que les œuvres d'art seraient aux yeux de Platon des images des Formes. Lorsque la notion d'image est appliquée au mot, Socrate nous enjoint de préférer la recherche qui part des choses elles-mêmes à celle qui se fonderait sur

1. *Phantasmata theia*, *République*, VII, 532 c 1.
2. *République*, X, 598 b 3, 598 b 8, 599 a 2, 599 d 3, 600 e 5, 601 b 9, 605 c 3.
3. *Politique*, 285 e 4-286 a 8.

l'image onomastique[1]. Ainsi, qu'il s'agisse de la perspective métaphysique ou ontologique, de l'analyse de l'art ou d'un plan à la fois
logique et épistémologique, à l'image est clairement affectée une
valeur inférieure au regard de l'*alêtheia*. Dans le domaine politique
même, les constitutions qualifiées de *mimêmata* ou d'*eidôla* sont
respectivement, dans le premier et le meilleur des deux cas, les seules
constitutions, douées d'une valeur approchée, que nous puissions
espérer en l'absence d'un monarque parfaitement sage[2], ou bien,
dans le second cas, qui est aussi le pire, les constitutions existantes,
où les prétendus hommes politiques ne sont jamais que des factieux,
« imitateurs et magiciens »[3].

L'IMAGE-COPIE

C'est pourtant bien le même Platon qui détermine le monde
comme image et, tout à la fois, comme « Dieu accessible aux sens ; le
plus grand, le plus excellent, le plus beau et le plus parfait »[4] ; dans le
Timée est ainsi valorisée la conformité propre à l'*eikôn*, le terme y
désignant toujours le monde ou les réalités sensibles. Les substantifs
mimêsis et *mimêma* présentent de même l'œuvre du *dêmiourgos* divin
comme une production d'images ; le deuxième genre d'être, « sujet au
devenir et visible », est un *mimêma paradeigmatos*, imitation du
modèle « intelligible et demeurant toujours identique » (48 e 6-49 a 1).
L'idée d'image (qui s'applique à l'œuvre d'ensemble comme aux
réalités particulières – ces « *mimêmata* des êtres éternels »[5] que
reçoit le réceptacle) est ici lestée d'une valeur de second rang, mais
nettement positive :

> voilà de quelle façon et à quelles fins ont été engendrés ceux des astres
> qui cheminent à travers le ciel et reviennent sur leurs pas ; c'est afin que

---

1. *Cratyle*, 439 a 8-b 2.

2. *Politique*, 297 b 7-e 5, 300 c 5-6 et 301 d 8-e 4 ; cf. *Lois*, IV, 713 e 6.

3. *Politique*, 303 b 8-c 5.

4. *Timée*, 92 c 4-8, trad. fr. J. Moreau, Paris, Gallimard, 1950 ; c'est dans cette
traduction qu'est cité dans la suite le *Timée*.

5. *Ibid.*, 50 c 5.

ce monde ait la plus grande ressemblance possible (*homoiotaton*) avec le Vivant parfait et intelligible, pour ce qui est d'imiter (*pros tên* […] *mimêsin*) la nature éternelle (39 d 7-e 2).

L'activité du démiurge est exercice d'un regard (*blepein*) porté sur un modèle (*paradeigma*). Or, l'excellence du modèle choisi comme celle du démiurge confèrent à l'image une valeur indéniable, que souligne à plusieurs reprises le dialogue, notamment au début du discours de Timée :

> toute œuvre dont l'ouvrier aura fixé son regard sur ce qui se conserve toujours identique, utilisant un tel objet pour modèle, afin d'en reproduire l'essence et les propriétés, cette œuvre sera belle nécessairement, comme tout ce qui est ainsi accompli ; celle au contraire dont l'auteur se sera réglé sur ce qui est devenu, utilisant un modèle sujet à la naissance, ne saurait être belle (28 a 6-b 2).

La beauté de l'univers et la bonté de son ouvrier témoignent clairement que « c'est vers le modèle éternel qu'il a regardé » (28 c 6-29 a 3). Ainsi, en qualifiant le monde d'*eikôn* (29 b 2), Timée donne à penser une image qui, faite selon le bon modèle, tire de lui sa beauté et qui, œuvre de l'ouvrier le plus parfait, participe de son excellence. Ce dernier a voulu que « toutes choses, autant que possible, devinssent presque semblables à lui (*paraplêsia eautôi*) »[1]. Le caractère de parenté, de proximité et de ressemblance est aussi grand que possible entre l'*eikôn* d'ordre sensible et son auteur divin[2]. L'image qu'est le monde reçoit à ce point l'excellence du modèle que, loin d'être rabattue sur les changeants et proliférants *phantasmata*, elle partage son caractère d'unicité.

Cette valeur de conformité et de ressemblance à un beau modèle (qui n'est jamais, dans les *Dialogues*, attribuée au *phantasma*), apparaît aussi dans l'ordre artistique. Au livre X de la *République*, centré sur une critique de la valeur éducative traditionnellement accordée à la poésie, l'exemple des peintres est avant tout destiné à fournir un analogue mettant en évidence l'infériorité des poètes en matière de

---

1. 29 e 3, trad. fr. J. Moreau modifiée.
2. De même cette *eikôn* de l'éternité qu'est le temps, résultat d'une volonté qu'a l'auteur du monde de « le rendre plus semblable encore à son modèle » (37 c 8-d 1).

savoir. Et la virulente critique que l'on connaît ne peut porter que sur les œuvres des poètes existant au temps de Platon (ces poètes qui imitent seulement des *eidôla* de vertu, à savoir les représentations erronées qui plaisent à la foule [1]) et non pas sur toute poésie, ni sur tout art imaginable. En effet, le livre III accorde une valeur pédagogique décisive aux *eikones* artistiques (plastiques, musicales ou poétiques) représentant le beau et le caractère vertueux, et il ne peut le faire qu'en les considérant comme conformes, au moins de façon minimale, à leurs modèles ; elles ne pourraient sans cette condition posséder, en véritables « sœurs » des vertus, cette qualité de conduire les jeunes gens vers l'amour et l'accord avec leurs originaux, conditions d'éducation à la vertu et au *logos* (cf. 401 a 5-8, 401 c 6-d 3). L'œuvre d'art est alors qualifiée d'*eikôn*, et jamais de *phantasma*. Les œuvres possédant l'élégance de la forme, *eikones* ou *mimêmata* des vertus, sont moralement bénéfiques ; celles qui prennent pour modèles des formes ou caractères dépourvus de beauté seront dites laides et nocives. Au livre III, dans une perspective éthique et pédagogique donc, c'est, en amont de l'opération mimétique elle-même, le modèle choisi qui reportera, en aval, sa valeur ou son absence de valeur sur l'image.

C'est dans le *Sophiste*, en 235 c 9-236 c 7, que la distinction entre deux formes et deux valeurs de l'image est le plus clairement et le plus précisément développée ; deux espèces d'*eidôla* (peints ou sculptés) représentent alors des opérations mimétiques différentes à partir d'un même modèle, l'identité de celui-ci étant requise pour une claire distinction entre représentation conforme et apparence illusoire. À la différence de *République* III, le choix de l'original et sa valeur n'entrent donc pas en compte, puisqu'on se penche uniquement sur le « rendu » qui en est fait. L'*eikôn* est conforme aux proportions de son modèle ; sa *summetria* est parfaitement ressemblante, ou, plus précisément, semblable et même, *stricto sensu* et dans une perspective géométrique, identique à celle de l'original : posée comme représentation fidèle au « vrai » ou au « réel » [2], l'image n'est pas ici considérée sous son aspect de semblance, sa valeur étant attachée à un caractère tout

---

1. *République*, X, 600 e 5.
2. *Tên* […] *alêthinên summetrian*, 235 e 6-7 ; ou *tas ousas summetrias*, 236 a 5.

rationnel et mathématique d'égalité de rapports. Avec le *phantasma*, au contraire, la finalité est celle du pur *phainesthai* : dans le cas d'une œuvre de grandes dimensions, dont les parties les plus éloignées du spectateur (les plus élevées, dans le cas d'une statue) paraîtraient sans cela plus petites que celles qui sont plus proches de lui, la modification des proportions permet de rétablir, contre l'illusion d'optique suscitée par l'éloignement, une apparence d'harmonie. Les proportions « semblent » seulement ressemblantes, c'est-à-dire, ici, conformes, à celles de l'original, et ses fabricants sont dits pour cette raison « envoyer promener le vrai » (236 a 4).

Comme dans le cas de la copie plastique décrite par l'Étranger, c'est de l'égalité existant entre les rapports propres à un objet complexe, d'une part, et ceux qui lient les différents éléments de sa représentation, d'autre part, que les nombreuses *eikones* littéraires des *Dialogues*[1], comprises comme analogies, tirent leur valeur. Celle-ci est au plus haut lorsque l'image est nécessaire à titre de seul mode d'exposition possible d'un objet éminent et en particulier de la réalité la plus élevée sur le plan de l'être et de la vérité, dont la connaissance est indispensable ; il s'agit bien évidemment de l'*eikôn* représentant le Bien[2]. De même que le soleil donne à l'œil la possibilité de voir et aux « visibles » la visibilité et l'existence, de même le Bien confère au sujet connaissant la faculté d'intellection, et, aux *noêta*, intelligibilité et être :

> c'est le soleil que je dis être le rejeton du Bien, rejeton que le Bien a justement engendré dans une relation semblable à la sienne propre : *exactement* ce qu'il est lui-même dans le lieu intelligible, *par rapport à* l'intelligence comme aux intelligibles, *c'est cela qu'*est le Soleil dans le lieu visible, *par rapport à* la vue comme par rapport aux visibles[3].

---

1. Le sens d'*eikôn* comme image littéraire, comparaison ou analogie constitue une acception importante (comme celle d'image artistique) dans le corpus ; elle concerne près d'un tiers des occurrences du terme.

2. Il en va de même en *Lois* X, pour l'*eikôn* de l'Intellect : « en regardant dans la direction de l'image (*pros de eikona*) de ce qui fait l'objet de la question, nous serons plus assurés de le voir » (897 d 3-898 b 3, trad. fr. L. Robin, Paris, Gallimard, 1950).

3. *République*, VI, 508 b 12-c 2 (je souligne).

L'analogie [1] n'est pas seulement *ressemblance* de rapports : si ses termes se ressemblent, les rapports entre ces termes, eux, comme dans le cas d'une proportion mathématique, sont *identiques*. L'*eikôn* socratique consiste presque toujours en un ensemble structuré de relations, et non pas en une apparence singulière et purement sensible figurant une entité, elle aussi, singulière [2]. Sans s'adresser à la seule imagination, les *eikones* analogiques mettent en œuvre et engagent *en elles-mêmes* la compréhension de rapports et un processus d'intellection [3].

L'image peut aussi être présentée comme indispensable sur le plan didactique. Ainsi en *République*, VI, à la question d'Adimante demandant pourquoi le gouvernement des philosophes est à la fois nécessaire et négligé dans les faits, « on est obligé de répondre par l'intermédiaire d'une image (*di'eikonos*) ». L'image sera celle du commandement d'un navire, exemple parmi d'autres de l'habitude qu'a Socrate de « parler par images » (*di' eikonôn legein*), habitude bien connue du lecteur des *Dialogues* et que Platon, par la bouche d'Adimante semble ici lui dénier ironiquement (487 e 4-6) [4]. L'*eikôn* éclaire et renforce la démonstration (*cf. dusapodeikton*, 488 a 1). Au livre IX, pour « dialoguer » avec celui qui estime que l'injustice s'accompagne du bonheur, il convient de « modeler par le *logos* une *eikôn* de l'âme », afin qu'il « voie » ce dont il parle (588 b 6-11). Les rapports entre les trois animaux se déchirant au sein de la bête composite (588 d 10-589 a 4) mettront en évidence le malheur de l'âme dans laquelle les rapports de commandement ne sont pas répartis

1. Cf. *analogon*, 508 b 13.
2. À propos de la disposition des États à l'égard des philosophes, par exemple, « il est nécessaire, pour en donner une image (*eikazonta*), de recourir à l'assemblage de multiples éléments et de s'expliquer à leur sujet » (*République*, VI, 488 a 4-8).
3. Les analogies platoniciennes sont ainsi proches du paradigme méthodologique (du pêcheur à la ligne ou du tissage, dans le *Sophiste* et le *Politique* par exemple) qui donne à penser un ensemble d'opérations dégagé de la singularité sensible.
4. On peut renvoyer, parmi les nombreuses *eikones* employées par Socrate (ou les autres porte-parole de Platon), à *Gorgias*, 493 c 7-d 6 et 517 d 5-6, où il souligne qu'il recourt délibérément à des *eikones*, analogies entre les arts soignant le corps et ceux soignant l'âme (ce passage peut être rapporté à 465 b 7-c 3, où l'analogie est comprise comme le fait de procéder « à la manière des géomètres », en établissant des proportions ou égalités de rapports); *Ménon*, 72 a 8-b 9; *République*, VII, 517 a 8-b 6; 538 c 5; *Politique*, 297 e 8-9, 309 b 5; *Lois*, I, 644 b 9-c 2.

comme il convient entre les trois facultés. Bien distincte de la pure apparence, comme du plausible, de l'*eikos* dont usent les rhéteurs (condamné par exemple en *Théétète* 162 e 5-6 et *Phédon* 92 c 11-d 6), l'*eikôn* n'est pas d'ordre sensible ou purement imaginaire, ni opposée à la démonstration ou à la preuve, et aucun caractère trompeur ou insuffisant ne lui est attaché. Consistant plutôt en une mise en rapport, qui repose sur – et suscite – une saisie intellectuelle, elle permet de s'exercer à la compréhension et relève d'un exercice du *logos* comme discours en raison.

Dans la plus célèbre *eikôn*[1] littéraire du corpus, les termes de l'ascension du prisonnier sont globalement articulés aux objets de la ligne[2]; or, si l'on prend en compte son procédé tant allégorique qu'analogique, et selon les éclaircissements mêmes de Socrate[3], l'*eikôn* de la caverne, lorsqu'elle mentionne les reflets sur les eaux (dernières images vues par le prisonnier, qui ne contemplera après elles que des originaux), désigne par là les *eikones*, figures toutes géométriques et tissées de rationalité, dont use la *dianoia* de la ligne; elle représente ainsi une saisie qui, pour être indirecte, n'en est pas moins celle des intelligibles. L'intermédiaire entre l'état d'*apaideusia* et la vision directe des choses «réelles» consiste dans la vision d'images qui a lieu, en particulier, à la lumière du soleil : ombres, puis « sur la surface des eaux », *eidôla* ou *phantasmata* « des hommes et des autres êtres », ou encore *phantasmata* du soleil[4]. Le spectacle de ces reflets a donc un statut différent de celui de l'*eikasia*, qui dans la ligne a elle aussi pour objets des *phantasmata*. Les prisonniers voyant des ombres à l'intérieur de la caverne, puis les « objets fabriqués » à la lumière du feu considèrent les ombres comme « *to alêthes* »[5]; cet état relève de l'*apaideusia* (514 a 2), et correspond à la *doxa* de la ligne; en revanche, aucune confusion de cet ordre n'est attachée à la vision des reflets sous le soleil, de même que les géomètres, dans la *dianoia*,

1. C'est par ce terme qu'est désigné – en *République*, VII, 515 a 4, 517 a 8 et 517 d 1 – ce que nous appelons l'« allégorie » de la caverne.

2. Même si l'*eikôn* de la caverne n'est pas une stricte transposition, terme à terme, des éléments distingués dans la ligne.

3. *République*, VII, 532 b 6-d 1 et 517 a 8-b 6.

4. *Ibid.*, respectivement 516 a 7-8, 532 c 1, 516 b 5.

5. *Ibid.*, 515 c 1-2, *cf.* 515 d 5-7.

ne confondent en rien l'intelligible et les images par la médiation
desquelles ils le saisissent ; celles-ci sont bien considérées *comme* des
images [1]. De même, c'est dans la mesure où les reflets à l'extérieur de
la caverne ne sont pas pris pour les originaux qu'ils peuvent constituer
une étape vers la connaissance, au lieu de s'assimiler à l'« absence
d'éducation » ou à l'« inculture » du prisonnier.

La vision des reflets n'est pas tant un obstacle qu'un moyen
d'accès ; elle est bien présentée comme ce dont le prisonnier délivré a
« besoin » (516 a 5) pour atteindre l'intelligible, conformément au
statut de ce qu'elle figure, à savoir l'étude de ce que Socrate nomme
technai et que nous appelons « sciences » [2]. La préparation à une saisie
directe du *noêton* [3] est métaphoriquement présentée comme une action
de tourner le regard « vers » ou « sur » des *images* : *epi ta eidôla* ; puis
pros [...] *ta en hudasi phantasmata theia* (532 b 7, 532 c 1). Tandis,
donc, que les *phantasmata* étaient rangés dans le segment le plus bas
de la ligne, et consistaient alors dans les reflets (perçus par les sens) de
choses sensibles, ils sont ici ce vers quoi nous tournent les « sciences » ;
leur vision précède immédiatement celle des « êtres réels » ; contem-
pler des *phantasmata*, c'est être sorti de l'*apaideusia* et de la *doxa*.
Cependant, ce n'est que sur un plan allégorique qu'ils peuvent
posséder une telle valeur épistémologique, en tant que représentations
à la fois métaphoriques et analogiques d'autres images, figures géométriques nommées, elles, *eikones* et jamais *phantasmata* ni *eidôla*,
qui ne se réduisent pas à des apparences sensibles mais présentent
fidèlement, dans la partie de l'intelligible, des ensembles de relations
mathématiques et rationnelles.

La vision des *phantasmata*, étape nécessaire vers la connaissance
achevée, est aussi inférieure à la vision des originaux, et renvoie alors
métaphoriquement à l'imperfection de la *dianoia*, laquelle n'accède
pas à une connaissance directe de l'intelligible, ni à une saisie du
principe anhypothétique. L'ambivalence de l'image se retrouve, à tous

---

1. *Cf.* 510 d 5-511 a 1 ; c'est en « traitant comme des copies » (*hôs eikosin* [...]
chrômenoi) les figures visibles que les géomètres « cherchent à voir les figures
absolues ».

2. *Cf.* 533 b 4, 533 d 4-7.

3. *Cf.* 521 c 2 et 521 d 3-4.

les niveaux, dans la ligne : les images les plus dévaluées elles-mêmes, celles auxquelles s'attache l'*eikasia*, reçoivent de leur rapport analogique à la *dianoia* une certaine valeur ; non pas seulement illusion consistant à prendre l'image pour l'original, l'*eikasia* peut en effet consister tout autant dans une conjecture, dans une saisie indirecte de l'original, qui s'appuie, pour tenter de saisir celui-ci, sur ses ombres ou reflets. La vertu marquée d'ambivalence que le contenu doctrinal du texte platonicien attache à l'image se répercute aussi bien dans les procédés formels de celui-ci : elle se manifeste de façon particulièrement aiguë, l'ambivalence tendant alors à s'y convertir en valeur nécessaire, lorsque Platon recourt à deux reprises, pour signifier la nécessité de se délivrer des images, à un mode d'exposition qui n'est autre que l'image : celle qui possède une valeur didactique (la caverne) et celle qui est présentée comme seul mode d'exposition possible de la réalité la plus élevée (le soleil) portent le nom d'*eikôn*, à la différence des reflets et images vus par le prisonnier.

La valeur épistémologique de l'image apparaît bien plus nettement encore dans le *Phédon*[1], au point d'y être donnée pour supérieure à celle de l'original, et cela sans doute parce qu'il s'agit alors à la fois de montrer la supériorité du *logos* sur tout autre voie d'accès au réel et de le présenter comme une *eikôn*. Le reflet du soleil dans l'eau permet aux physiciens, en leur évitant l'aveuglement provoqué par le fait de fixer directement une éclipse de soleil, d'obtenir une connaissance qui leur serait, sans ce biais, impossible. Cette *eikôn*, par l'intelligibilité qu'elle rend possible et par sa conformité à la structure rationnelle d'un phénomène (et non pas seulement à son apparence), est entièrement fiable. Le physicien qui, au lieu d'observer les corps dans leur matérialité, examine plutôt le recouvrement progressif d'une surface par une autre, peut dégager les rapports (par exemple la vitesse de ce recouvrement) constituant la vérité scientifique du phénomène, le problème astronomique étant transformé en problème de géométrie plane. Les rapports observés dans l'image sont les mêmes que ceux qui existent dans les corps célestes ; de ce point de vue, c'est-à-dire en ce qui concerne les relations qu'elle permet, et qu'elle permet seule, de

1. 99 d 4-100 a 7.

dégager, l'image n'offre pas seulement une ressemblance, mais une identité.

Au titre de médiation permettant d'éviter l'éblouissement, ce reflet est comparé aux *logoi*. Aussi fiables que l'est le reflet du soleil pour les physiciens, et permettant d'éviter l'éblouissement affectant l'âme lorsqu'elle tente de saisir directement des objets par la sensation, ils sont ces *eikones* dans lesquelles seules, dit Socrate, peut être examinée « l'*alêtheia* des étants »[1]. *Logos* a entre autres significations celle de « raisonnement » mais aussi de « rapport ». Observer les choses dans des images qui sont les représentations de leurs rapports structurels, c'est bien les observer tout à la fois « dans des images » et « dans des *logoi* »[2]. L'examen indirect de l'éclipse, comme l'examen indirect des étants dans les « raisonnements » ou les « discours », a bien lieu « dans » les – entendons : selon la considération des – rapports entre les choses que l'on veut connaître. La connaissance devient ainsi possible parce que l'on s'est détourné des *pragmata* pour mettre en place, grâce à leurs images, une opération d'abstraction.

L'idée d'image est donc sollicitée pour donner à penser la nature du *logos* lui-même, comme elle l'est aussi dans le *Théétète*, le *Critias*[3] et bien sûr le *Cratyle*[4]. C'est en effet Socrate, et non pas Cratyle, qui introduit la conception de l'*onoma* comme image ; alors même qu'il semble, à la fin du dialogue, s'écarter de cette conception, il ne renonce pas radicalement au schème de l'image mais l'atténue seulement, en faisant accepter à Cratyle la thèse selon laquelle une ressemblance minimale, celle du *tupos* (la marque ou l'empreinte), alliée à une part de convention, suffit pour que le mot puisse être dit nommer la chose. Or c'est bien cette conception mimétique de l'*onoma* qui est sollicitée pour assurer, contre son interlocuteur qui ne soutient pas tant l'hypothèse mimétique que l'impossibilité du faux, la possibilité de celui-ci,

---

1. *Phédon*, 99 e 6.

2. *Ibid.*, 100 a 1-2.

3. « Tout ce que nous disons » est une copie, ou image, une *apeikasia*, selon le *Critias*, 107 b 5-7. Le *Théétète* (206 d 1-5) indique que la pensée est rendue apparente « au moyen de la voix, avec des expressions et des mots », l'opinion étant figurée « dans le flux qui passe à travers la bouche, comme en un miroir ou dans de l'eau ».

4. Les mots, comparés à des peintures, sont qualifiés de *mimêmata* (430 e 10) ou d'*eikones* (439 a 3) ; cette conception est étendue au *logos* lui-même en 431 b 6-c 1.

Socrate indiquant que le nom peut, comme une peinture ou un portrait, être bien ou mal attribué (430 a 8-d 7). L'analyse du *logos* est radicalement différente dans le *Sophiste*, puisqu'elle ne porte plus sur les noms en eux-mêmes ni sur la relation terme à terme entre mots et choses, mais installe le sens dans la syntaxe, la combinaison. Cependant, disqualifier le sophiste en indiquant qu'il est un fabricant de *phantasmata* implique une démonstration de la possibilité même des images et, à cette fin, celle de la réalité du non-être. L'effort pour réfuter la thèse de l'impossibilité du faux en appelle ainsi, dans les deux *Dialogues*, à la notion d'image.

Mais le *Cratyle*, qui ne soulève ni n'affronte la nécessité de la démonstration du non-être et des images, ne se soucie pas non plus, en pensant le faux comme simple attribution incorrecte d'*onomata*-portraits, de distinguer entre deux formes d'*eidôla*. Le *Sophiste* est le seul dialogue où l'analyse de la mimétique est entièrement articulée sur la distinction entre deux imitations, dont la première est conforme aux caractères « vrai » et « réel » et, en même temps, mathématique ou rationnel de l'original (sa *summetria*), et dont la seconde « envoie promener le vrai » ; or, c'est aussi le seul dialogue centré sur la question d'une distinction de droit entre discours vrai et discours faux, et ce dernier y est alors déterminé comme image (discursive) illusoire : « *phantasmata* dans les *logoi* », ou « *eidôla* parlés » [1]. De même que le *logos* est une combinaison, une *sumplokê*, de rapports entre des termes nommant des étants, de même l'image est dans ce dialogue considérée essentiellement comme système de relations : celui, géométrique, des proportions de ses parties. Or Platon n'assigne absolument jamais aux discours faux du sophiste le statut d'*eikones*, mais seulement celui de *phantasmata* : de même que le *logos* porte toujours sur des étants, mais peut les lier conformément ou non aux rapports qui existent réellement entre eux (par exemple Théétète et l'acte de voler, qui n'appartient pas réellement à Théétète mais bien, notamment, à l'oiseau), de même l'*eidôlon* peint ou sculpté peut reproduire conformément ou non la *summetria* véritable et réelle. L'opposition entre les deux catégories de discours a donc pour analogue et pour principe représentatif l'opposition entre *eikôn* et *phantasma* ; conformité de structure à structure,

---

1. *Sophiste*, 234 c 5-6, 234 e 1.

et non plus de chose à chose, comme c'était le cas dans le *Cratyle*, la ressemblance assignée à l'image est ici le schème ou le principe représentatif qui sous-tend l'opposition entre *logos* vrai et *logos* faux.

Pour autant, le *Sophiste* ne revient pas sur l'absence d'*alêtheia* que la description de la ligne assignait à l'image [1]. Étant donné la perspective de métaphysique hiérarchisée propre à ce passage, cette absence de vérité ne signifiait pas une non-conformité mais plus radicalement, puisqu'il s'agissait de façon globale de dévaluer l'image par rapport à l'original, le simple fait, pour l'image, de ne pas être celui-ci et de posséder une moindre valeur ontologique. Le *Sophiste* (240 a-c) indique de même que l'*eidôlon* n'est pas le véritable (*alêthinon* ou *alêthes*); mais à l'idée de hiérarchie, selon laquelle certaines choses sont moins, et sont moins vraies ou véritables que d'autres, se substitue ici celle d'une « combinaison », l'image étant définie comme entrelacs d'être et de non-être. À présent, au sein du genre de l'*eidôlon*, ce non-être qui est cependant, il y a place pour une opposition entre copies fidèles et simulacres illusoires, sur laquelle vient s'ajuster l'opposition entre *logos* vrai et *logos* faux. L'image n'est plus désormais sollicitée dans le cadre d'une relation d'infériorité à un original intelligible et seul pleinement réel, mais dans une relation au *logos*, et cette relation est de similarité fonctionnelle. Le modèle, qui mérite le statut de véritable, peut clairement à présent être une chose sensible : le passage définissant l'*eidôlon* (240 a-c) et celui opposant ses deux espèces (235 c-236 c) s'appliquent à des reflets sur les eaux ou à des œuvres plastiques, qui reproduisent bien manifestement des « étants » empiriques. Aucune hiérarchie métaphysique n'est plus ici sollicitée, en vertu de laquelle les choses sensibles seraient dégradées en pâles copies éloignées de l'intelligible; au contraire, elles sont à présent mises sur le plan de l'*alêthes*, de *to on*, ou de *to ontôs on*. La condamnation de l'*eidôlon* se resserre ainsi en celle du *phantasma*, de cet *eidôlon* parti-

---

1. Voir le passage de *République* VI, 510 a 8-10, mentionné *supra*; le visible lui-même est divisé *alêtheiai te kai mê* : les ombres et reflets n'ont pas la réalité véritable qui appartient à leurs originaux sensibles. De même lorsque Socrate indique que les prisonniers de la caverne prennent les ombres sur la paroi pour « le vrai (*to alêthes*) » (515 c 1-2), cela n'indique évidemment pas qu'elles ne sont pas conformes à leurs originaux, mais, plus radicalement et plus simplement, qu'elles ne sont pas ceux-ci.

culier se détournant de l'*alêthes* que l'*eikôn*, au contraire, reproduit. Le rapport de l'image au vrai est donc double : lorsqu'il s'agit d'opposer l'image à son modèle, le caractère vrai ou véritable s'applique au second et est refusé à la première ; en revanche, quand il s'agit de distinguer des images représentant correctement ou non un même original, le faux s'attache exclusivement à une catégorie de produits mimétiques par opposition à une autre.

Les *Dialogues* présentent donc une philosophie qui entreprend de prouver l'existence des images, de les ancrer dans l'être et, dans le cas des *eikones*, de leur assigner un caractère de conformité au vrai. Qu'elles soient associées à un moindre être ou bien à une part de non-être, il s'agit fondamentalement d'assurer leur réalité. Celle-ci en effet doit être affirmée contre deux types d'adversaires : contre un Protagoras qui réduit toute chose au pur phénomène, au simple apparaître relatif à tel ou tel sujet percevant, c'est-à-dire à un *phantasma* qui ne mérite pas le statut d'image étant donné l'absence de tout « être » dont il serait la manifestation ou l'apparence [1] ; et contre le sophiste du dialogue homonyme, qui, à l'inverse, refuse non pas l'être mais le non-être, et de ce fait l'existence de l'*eidôlon*, puisque celui-ci ne saurait consister qu'en un « non réellement étant ». Dans les deux cas, donc, les porte-parole de Platon s'emploient à maintenir la possibilité fondamentale d'une relation entre image et original, c'est-à-dire le bien-fondé de la notion d'image elle-même. Ainsi, le platonisme détermine lui-même comme des écueils, dont il doit se préserver, deux éventualités : l'impossibilité des images, dans un premier cas par absence de tout modèle auquel elles puissent ressembler [2], et l'on reconnaît là, aussi bien, l'argument du troisième homme ; dans un second cas par disparition de la copie elle-même, si celle-ci abandonne son caractère d'*eikôn* pour se convertir en double, les idées d'original, de modèle et d'image perdant alors tout sens [3]. Sur cette exigence d'une réalité de la relation mimétique s'inscrit aussi, à un second niveau, le souci

---

1. *Théétète*, 152 e 1, 157 a 8-b 1 ; *Cratyle*, 386 d 8-e 3.
2. *Parménide*, 132 d 1-133 a 7.
3. *Cratyle*, 432 b 1-d 10.

platonicien de sauvegarder la possibilité qu'existent des *eikones*, en relation de conformité au modèle, copies que l'on puisse opposer aux *phantasmata*, simulacres trompeurs, comme on pourra légitimement opposer le *logos* vrai au *logos* faux. Se tourner vers la notion d'image, à l'aube de la philosophie, c'est bien, avant tout, sauver la relation iconique, et mettre en place non pas tant la condamnation que la fondation de la mimétique.

Elsa GRASSO

L'HOMME À L'IMAGE DE DIEU

Maître Eckhart, Nicolas de Cues, Descartes

Le concept d'image ne s'applique pas seulement aux phénomènes de la nature ou aux productions humaines, tant artistiques que scientifiques, il s'applique également à l'homme lui-même, ou plus exactement à l'esprit dans son effort réflexif. Les théologies de l'image, apparues dès la patristique, se sont emparées de ce concept pour penser les rapports de l'esprit avec le Principe. Elles proposent un mode d'articulation entre l'autonomie de l'esprit et une hétéronomie plus fondamentale qui le rapporte à une origine, conçue comme perfection ontologique. Ce sont ces versions de l'autonomie de l'esprit qui forment, selon nous, l'enjeu philosophique majeur des théologies de l'image[1].

Qu'est ce qu'une image ? Une image est un être sensible qui représente, de manière à ce qu'on puisse le reconnaître, quelque chose d'autre, extérieur à lui. L'image doit porter les traits qui permettront de reconnaître son modèle. C'est un signe qui ressemble à son référent. L'image détient un mode d'être paradoxal : elle est traversée par une fragilité ontologique qui ne la fait exister que sur le mode d'un renvoi à quelque chose d'autre qu'elle. Dire que l'homme est à l'image de Dieu, c'est dépasser le plan des représentations de Dieu, pour affirmer que l'homme est lui-même, dans l'immanence de sa nature et de ses opérations, un signe en direction du Principe.

---

1. Nous nous intéresserons ici avant tout à la dimension anthropologique de cette articulation, laissant en arrière fond la dimension proprement théologique.

Mais n'est-ce pas déréaliser l'homme que de le penser comme une simple image ? Le statut de l'homme semble d'autant plus instable que la dévalorisation platonicienne de l'image vis-à-vis de son modèle s'est encore vue radicalisée par une doctrine de l'illimitation du Principe, peu à peu conçu sous la figure de l'infini en acte, cause et être de toute chose, résumant en lui *toutes* les perfections. Le Principe ne donne pas seulement l'être, il est l'être même à partir duquel les choses sont. L'illimitation du Principe, dans le même moment où elle fonde les créatures sur une puissance ontologique maximale, semble déposséder toute créature de son indépendance et de son autonomie. Le Principe infini ne saurait être limité par l'indépendance d'une créature finie. L'autonomie de l'homme est à la fois fondée et contredite par ce recours au Principe.

Voilà donc le problème anthropologique que la notion d'image doit tenter de résoudre : affirmer le rapport intime de l'esprit humain au Principe infini tout en assurant leur distinction. Le statut d'image doit être un moyen de poser simultanément l'identité et la différence de l'homme et du Principe.

Nous avons employé le terme de théologies de l'image au pluriel, car il existe différentes conceptions de ce rapport de ressemblance entre le Principe et l'esprit. À travers ces différentes conceptions, ce sont différentes anthropologies métaphysiques qui se dessinent. Nous nous intéresserons à une séquence de variations de la théologie de l'image particulièrement significative dans la théorisation de l'efficience et de l'autonomie de l'homme. Nous retiendrons trois moments représentatifs de cette tension entre l'homme et le Principe à travers trois images de l'homme : la simplicité de l'intellect chez Maître Eckhart, l'autoproduction de l'esprit chez Nicolas de Cues, la résolution de la volonté chez Descartes [1].

---

1. Ces trois figures peuvent être comprises dans leur enchaînement historique mais présentent aussi trois réponses valables et autonomes au problème mentionné. Notre lecture accentue les différences entre les œuvres des philosophes pour montrer ce que chacun a de spécifique dans son apport ; nous n'ignorons pas tout ce que ces auteurs ont par ailleurs de commun et les filiations qui peuvent les réunir, en particulier Maître Eckart et Nicolas de Cues.

L'ANÉANTISSEMENT MYSTIQUE ET LA SIMPLICITÉ
DE L'INTELLECT CHEZ MAÎTRE ECKART

Maître Eckhart reprend en le radicalisant le geste augustinien. On sait qu'Augustin a tenté à plusieurs reprises de penser l'esprit humain à l'image de Dieu. Il proposait de lire dans les opérations de l'esprit des figures trinitaires [1]. Il s'agissait d'inscrire dans l'intimité du cogito le chiffre de la divinité. Retrouver la vie trinitaire dans les fibres même de l'esprit humain, c'était inscrire l'activité de l'esprit dans l'économie de la Trinité. La Trinité affirme la nature intrinsèquement relationnelle du Principe substantiel. De même que le Principe s'engendre en Lui-même pour se retrouver et jouir de soi dans une génération *ad intra*, la création est conçue comme une génération *ad extra*, dans laquelle Dieu pourra s'incarner. L'esprit humain est analogue au Fils éternellement engendré par le Père auquel il doit retourner par la grâce de l'Esprit Saint. Porter en soi le chiffre de la Trinité, c'est donc comprendre que le fond de l'âme est structuré par une relation intime au Principe, pensée sur le modèle de la relation que le Principe entretient avec Lui-même. C'est donc participer, sur un mode extérieur, à la vie divine elle-même. Le statut d'image vient articuler les opérations naturelles de l'esprit humain à la processualité divine.

Maître Eckhart reprend cette inscription de l'intellect dans la vie divine en la poussant jusqu'à son terme : l'union avec le Principe. Il veut mener l'intellect en ce point où, en tant qu'image, il ne se distingue plus de la vie dont il est le reflet. L'image ne doit pas se regarder elle-même mais être toute entière tournée vers ce dont elle est l'image. Il faut que l'intellect, en assumant totalement son être d'image, coïncide avec la vie divine qui vibre en lui et dont il émane. Maître Eckhart se sert du statut d'image comme d'un moyen de dépassement et de renvoi en direction du modèle. La radicalité de Maître Eckhart

1. Ainsi, à la fin du livre VIII du *De Trinitate*, propose-t-il la triade de l'amant, de l'aimé et de l'amour. Au livre IX, il recentre sa proposition sur l'intériorité de l'esprit humain en analysant l'amour de soi qui relie l'esprit, la connaissance de soi et l'amour de soi (*mens, notitia, amor*). À la fin du livre X, il présente une nouvelle triade relationnelle : la mémoire, l'intelligence, la volonté (*memori, intelligentia, volontas*). On pourra consulter à ce propos E. Bermon, *Le cogito dans la pensée de Saint Augustin*, Paris, Vrin, 2001.

consiste à élire la simplicité de l'intellect comme image de Dieu en l'homme. C'est cette simplicité (qui n'est pas en elle-même une figure trinitaire) qui s'intègre à la vie trinitaire de Dieu, pour rejoindre l'unité absolument simple de la Déité dans une union parfaite. Cette ascension ne concerne pas l'âme à titre séparée mais dynamise la relation entre l'âme et Dieu par un anéantissement réciproque en direction de l'union avec le Principe.

Maître Eckhart propose donc une visée unitive à partir de l'activité intellectuelle, conçue comme une puissance capable de recevoir Dieu. Mais cette réception ne se fait pas à la manière d'un contenant qui reçoit un contenu depuis l'extérieur ; elle se fait par la simplicité même de l'intellect qui engendre Dieu dans l'âme. L'intellect est la cime de l'âme, sa partie la plus noble, et Maître Eckhart n'a de cesse de vouloir l'affûter, la prendre à sa pointe la plus extrême. L'intellect est une pure activité, simple, sans autre contenu qu'elle-même. Elle est la marque de l'Un. La vie de l'intellect dépasse toutes les discursivités, toutes les pensées, tous les concepts, pour n'être qu'un acte pur et sans mélange, qui cherche et opère en lui même. Et c'est en ce point, par son opération même, que l'intellect voit Dieu. Son opération est son œil mental. Encore faut-il qu'il purifie cette opération de tout ce qui n'est pas Dieu et relève encore de la création (c'est-à-dire du monde ou de l'esprit). Il ne s'agit pas d'aimer Dieu par un mouvement de la volonté, mais de le rejoindre dans son acte d'être. Si l'esprit est une image de Dieu, c'est par cet acte simple, où rien de créé ne rentre. Maître Eckhart thématise la ressemblance à Dieu dans la simplicité de l'intellect, qui sert en elle-même de médiation avec le Principe. En tant que simplicité cependant, cette médiation tend à disparaître pour laisser place à une union sans différence. En coïncidant avec son acte pur, l'intellect laisse venir Dieu en lui, puisqu'il se transforme dans l'opération divine elle-même. L'intellect, de lui-même, fait naître Dieu en lui. L'image humaine de Dieu rejoint l'Image divine de Dieu dans la Trinité (le Verbe éternel engendré à l'image du Père) ; l'intellect s'intègre à l'opération divine qui apparaît en lui. Abandonné à la pureté de son acte, l'intellect n'appréhende plus aucune de ses opérations, il perd toute connaissance du monde, de lui-même ou de Dieu. Il ne cherche pas plus Dieu qu'autre chose[1]. Il s'anéantit en lui-même, dans la simplicité d'un acte qui le transcende.

Le néant ne doit cependant pas s'entendre au sens strict, mais se comprendre comme un effacement à l'intérieur d'une relation entre Dieu et l'âme. Il s'agit de modifier le vécu et la compréhension de cette relation. Il faut abolir une compréhension de cette relation comme mise en rapport d'éléments extérieurs l'un à l'autre, pour s'ouvrir à une relation de plus en plus intériorisée qui soit une intégration au fond antérieur divin. La relation doit conduire à une absorption dans la substance. Pour ce faire, il s'agit de supprimer la médiation de la conscience humaine qui vit dans la séparation et se rapporte à son objet de désir et de connaissance comme à un autre.

> Nous avons dit parfois que l'homme devrait vivre comme s'il ne vivait ni pour lui-même, ni pour la Vérité, ni pour Dieu. Mais maintenant nous parlons différemment et nous irons plus loin en disant que l'homme qui doit avoir cette pauvreté doit vivre de telle sorte qu'il ignore même qu'il ne vit ni pour lui-même ni pour la Vérité, ni pour Dieu ; bien plus il doit être tellement dépris de tout savoir qu'il ne sait, ni ne reconnaît, ni ne ressent que Dieu vit en lui ; plus encore il doit être dépris de toute connaissance vivant en lui, car lorsque l'homme se tenait dans l'être éternel de Dieu, rien d'autre ne vivait en lui et ce qui vivait là, c'était lui-même. Nous disons donc que l'homme doit être aussi dépris de son propre qu'il l'était lorsqu'il n'était pas[2].

Il faut non seulement que l'âme s'abandonne à Dieu (la *Gelassenheit*, le laisser-être, lorsqu'il s'applique à l'Être de Dieu, est le secret de cette mystique), mais qu'elle abandonne Dieu lui-même. L'âme doit se libérer de Dieu, c'est-à-dire de la compréhension qu'elle détient ou croit détenir de Lui. Toute appréhension, tout désir fait encore écran car ils ajournent, ils reportent la jouissance de la pleine présence. Il faut supprimer tout intermédiaire entre Dieu et l'âme,

---

1. « Oui, en bonne vérité, Dieu ne lui suffit pas plus qu'une pierre ou un arbre », dans Maître Eckhart, *Sermon 69 : Modicum et iam non videbitis me*, J. Ancelet-Hustache (éd.), Paris, Seuil, 1978, vol. 3, p. 65.

2. Maître Eckhart, *Sermon 52, Beati pauperes spiritu, quoniam ipsorum est regnum caelorum*, J. Ancelet-Hustache (éd.), Paris, Seuil, 1978, vol. 2, p. 146-147. Cité et analysé par A. de Libera dans *La mystique rhénane d'Albert le Grand à Maître Eckhart*, Paris, Seuil, 1994, p. 248.

jusqu'à ce que l'âme s'identifie à Dieu. Il faut laisser Dieu à Lui-même et laisser l'activité divine envahir l'âme à tel point que l'âme ne soit plus en elle-même mais soit incluse dans l'opération divine.

L'ascension dynamique de l'âme-image vers Dieu se fait donc en trois étapes : l'âme doit d'abord mourir à sa particularité pour reconnaître dans la simplicité de son intellect une image de Dieu. Elle doit alors dépasser cette reconnaissance de son statut d'image pour n'être plus que l'opération qui reflète la vie divine trinitaire et s'assimiler à l'Image divine de Dieu. Elle doit finalement se détacher de ce statut d'image lui-même pour regagner, au-delà des relations trinitaires, le fond substantiel de la Déité, où l'âme était indifféremment elle-même et Dieu, avant toute séparation.

Il ne s'agit donc pas d'anéantir l'âme devant Dieu, mais d'anéantir l'âme et Dieu, pour faire advenir la seule affirmation ontologique : celle du Fond divin. Ce Fond divin soutient les relations trinitaires elles-mêmes : elles ne peuvent avoir lieu qu'en lui. Perçant au-delà des relations trinitaires (et pourtant en elles), ce Fond divin est le seul « Je » qui s'affirme, non comme Personne, mais comme l'Être même, avant toute distinction. C'est seulement dans l'union avec ce « Je » que l'âme trouvera sa propre affirmation dans l'être, d'autant plus paradoxale qu'elle suppose son anéantissement préalable.

En effet, l'union avec Dieu ne peut se faire dans l'âme, qui est encore une figure de la séparation, elle se fera en Dieu suite à un rapt final par lequel elle se retrouve hors d'elle-même dans la Cause essentielle. Pure extase d'elle-même, l'âme doit revenir au temps où elle n'existait pas encore. L'âme humaine est conduite à une théomorphose radicale, sans médiation. L'image humaine reçoit la génération divine ; elle sera devenue « l'Image elle-même qui est sans médiation et sans image, afin que l'âme saisisse Dieu dans le verbe éternel et le connaisse sans médiation et sans image »[1]. L'âme est absorbée en Dieu, incluse dans le jeu trinitaire des Personnes divines qui fait signe au-delà de ce dynamisme fonctionnel vers le fond de la Déité. L'âme abolit les médiations en les accomplissant et elle remonte la chaîne des intermédiaires d'abord christique puis trinitaire pour s'abîmer dans le fond divin. Elle se mue en sa Cause antérieure. La mystique de Maître

---

1. Maître Eckhart, *Sermon 69 : Modicum et iam non videbitis me*, *op. cit.*, p. 62.

Eckart assume d'être un somnambulisme métaphysique dans lequel l'âme se perd dans l'Un-Être pour le laisser agir en elle. L'homme est à l'image de Dieu par la simplicité de son intellect et cette image n'est qu'un point de fuite vers l'opération aveugle du Fond. L'autonomie de l'homme s'évanouit au sein de l'agir divin.

L'IMAGE PRODUCTRICE OU LE PORTRAIT PERFECTIBLE DE DIEU

Penser le rapport entre l'homme et le Principe dans leur indépendance relative, condition d'une autonomie possible de l'homme, demande à ce que soit reconsidéré le statut de l'image, de manière à lui donner une consistance et une efficience propres, *en tant qu'image*. C'est ce réaménagement qu'opère Nicolas de Cues avec sa valorisation des productions intellectuelles dans *l'art des conjectures*. La fonction d'image n'est plus assumée par la simplicité de l'intellect mais par la faculté créatrice de l'esprit. La créativité de l'esprit assume donc ici un rôle métaphysique fondamental.

C'est cette nouvelle anthropologie philosophique, qui se figure dans une théologie de l'image innovante, que nous voudrions présenter maintenant.

Nicolas de Cues élabore une métaphysique de l'expression dans laquelle la Création manifeste la puissance illimitée du Principe. L'infinité en acte du Principe s'exprime dans l'infinité en puissance de la Création, qui en est le signe. Au sein de la Création, l'esprit humain a son ordre propre, réflexif : il ne signifie pas le Principe par l'extension de sa puissance mais par l'intensité réflexive de ses notions. Nicolas de Cues distingue l'esprit à la fois de la nature et de Dieu pour lui donner son site propre et en faire une image autonome de la divinité.

Tentons de retracer brièvement le chemin qui mène de l'infinité divine à l'art des conjectures et à l'activité créatrice de l'intellect.

L'Infini divin est inconnaissable, infigurable. Il dépasse toutes les puissances de connaître. Si la connaissance est une proportion établie entre l'inconnu et le connu, l'Infini demeure définitivement hors de

prise car « il n'y a pas de proportion de l'infini au fini » [1]. Cette prise
de conscience ouvre le champ de la docte ignorance, ignorance
consciente d'elle-même, produite par l'excès de l'objet à connaître sur
les facultés de connaissance. Tous les concepts, toutes les notions
concernant Dieu sont inadéquats. Il n'existe plus aucune similitude
entre le fini et l'Infini. L'esprit humain ne peut pas s'assimiler à l'Être
divin : le savoir humain est conjectural. Une conjecture est une « assertion positive participant dans l'altérité à la vérité, telle qu'elle est » [2].
La conjecture désigne un savoir séparé de la vérité, qui la vise *dans
l'altérité*. Il n'y a pas de coïncidence avec la vérité, qui est l'Infini
divin lui-même. Le savoir humain n'est pas capable d'une connaissance précise, il ne peut formuler que des approximations, des figures
inadéquates. L'Être divin reste hors d'atteinte.

Pourtant Nicolas de Cues affirme l'existence d'une ultime
analogie : « les conjectures proviennent de notre esprit, comme le
monde réel de la raison divine infinie » [3]. L'esprit humain est créateur
de son monde de notions. « Puisque l'esprit humain, haute similitude
de Dieu, participe autant qu'il le peut à la *fécondité de la nature
créatrice*, il tire de lui-même, à l'image de la forme toute-puissante, les
êtres rationnels comme similitude des êtres réels » [4]. Les conjectures
forment un monde, le monde humain qui ne se confond ni avec
le monde naturel ni avec l'Infini divin. L'homme est le dieu de ce
monde de notion : « Quatrièmement, porte attention au dire d'Hermès
Trismégiste : l'homme est un second dieu. Car de même que Dieu est
le créateur des êtres réels et des formes naturelles, de même l'homme
est le créateur des êtres rationnels et des formes artificielles [...]. Ainsi
l'homme a un intellect qui est une similitude de l'intellect divin, en tant
qu'il crée. [...] C'est pourquoi il mesure son intellect par la puissance
de ses œuvres, et de là mesure l'intellect divin, comme la vérité est
mesurée par l'image » [5].

1. *De la docte ignorance*, I, 3, Paris, PUF, 1930, p. 40.

2. *De conjecturis*, I, 11, *Philosophisch-theologische Werke*, Hambourg, Felix
Meiner Verlag, 2002, Bd 2, p. 66.

3. *Ibid*, I, 1, *Unde coniecturarum origo*, p. 6.

4. *Ibid.* (nous soulignons).

5. *De beryllo*, VI, *Philosophisch-theologische Werke*, Hambourg, Felix Meiner
Verlag, 2002, p. 8.

Le dieu humain, créateur[1] du monde humain et des formes artificielles, est, dans cette activité même, l'image du Dieu créateur. Il ne se rapportera donc pas à Dieu en s'effaçant devant Lui, mais en intensifiant ses propres productions. Ses productions notionnelles déploient et structurent l'ensemble des fonctions de l'existence humaine (politique, économique, technique, médicale, …). Elles culminent dans les notions mathématiques et théologiques qui demandent à l'esprit de fournir son effort maximal pour tenter de figurer l'infini, qui dépasse ses capacités. Par là, il s'assimile asymptotiquement à l'infini en acte sans jamais pouvoir le rejoindre. C'est dans cette tension vers l'infini, toujours déçu, que l'esprit se fait similitude de Dieu. L'inadéquation structurelle du savoir rend son autonomie à l'image de la vérité. L'image a acquis un statut positif.

L'esprit est un dieu créateur : il combine l'intention vers la vérité avec une opération de production. Le modèle pour penser l'activité de l'intellect va être un modèle technique, de production de formes. Nicolas de Cues forge le personnage conceptuel du Profane (*Idiota*).

Dans les dialogues du *De Idiota*, le Profane est un personnage qui explique devant un philosophe scolastique et un orateur humaniste la spontanéité créatrice de l'intellect et la possibilité pour l'esprit de se rapporter à Dieu par l'expérience même de cette puissance démiurgique. Le Profane n'est pas un docte, c'est un artisan, qui produit des cuillers, et voit dans cet art, comme dans tout art, un paradigme intellectuel pour figurer l'art divin.

Il exprime l'originalité de cette théorie de l'image qui assume la médiation par les facultés créatrices de l'homme. L'homme n'est pas un miroir passif dans lequel se reflète la divinité, il est un portrait peint. Mais il n'est pas seulement le portrait, il est à la fois le tableau et le peintre, il est la peinture se faisant.

> Le Profane : – […] ayant appris que notre pensée est l'image de l'art divin dont j'ai déjà parlé, tu sais qu'elle est une certaine puissance. C'est pourquoi tout ce qui est contenu de la façon la plus vraie dans l'art

---

1. Nicolas de Cues n'ignore bien sûr pas la distinction entre création ex nihilo et production à partir d'un donné préexistant. Pour autant, il utilise parfois indifféremment ces termes, de même qu'il utilise indifféremment « création » et « émanation » à propos de l'activité du Principe.

absolu est contenu de façon vraie dans notre pensée en tant qu'elle est l'image de cet art.

Il poursuit :

> Par conséquent, la pensée fut créée par l'art créateur comme si cet art avait voulu se créer lui-même et que, l'art infini ne pouvant se multiplier, surgît alors une image de lui, de même que, un peintre voulut-il se peindre lui-même et ne pût-il se multiplier en personne, en se peignant il fît surgir une image de lui [1].

Seulement cette image inerte, figée, n'est pas la plus parfaite qui soit; le Profane imagine une image réflexive, capable de se perfectionner :

> Et puisque l'image, si parfaite soit-elle, dans le cas où elle ne pourrait être plus parfaite et plus conforme au modèle, n'est jamais si parfaite que ne l'est une quelconque image imparfaite qui a la puissance de se conformer toujours davantage et sans limite à l'inaccessible modèle, c'est en cela que cette dernière, autant qu'elle peut imite l'infini sur le mode de l'image […] [2].

Et le Profane ajoute :

> […] de même que, si un peintre faisait deux images, dont l'une, morte, semblerait en acte lui ressembler davantage, alors que l'autre moins ressemblante, serait vivante, c'est-à-dire, telle que, stimulée par son objet à se mouvoir, elle pourrait se rendre toujours plus conforme à lui, personne n'hésite à dire que la seconde serait plus parfaite en tant qu'elle imiterait davantage l'art du peintre [3].

La théologie de l'image est interprétée à la lumière de l'art de peindre et plus précisément de l'art du portrait. L'esprit créé est un autoportrait divin. Nicolas de Cues fait bien évidemment référence au développement technique et artistique de son époque, dont il révèle l'importance spéculative. La production artistique vient servir de

---

1. *De la pensée*, trad. fr. M. de Gandillac, dans E. Cassirer, *Individu et Cosmos dans la pensée de la Renaissance*, Paris, Minuit, 1983, p. 292.

2. *Ibid.*

3. *Ibid.* p. 293.

modèle d'intelligibilité pour comprendre la création divine. Mais de ce fait, c'est toute l'anthropologie mystique qui se trouve réévaluée : la mens ne doit pas se comprendre comme une représentation figée d'un être extérieur, elle doit refléter l'art de l'artiste lui-même. Ce qui importe, ce n'est pas la ressemblance exacte à un modèle divin de toute façon infigurable, mais la participation à son opération de production. C'est donc par sa production propre, notionnelle, que la mens pourra devenir image de Dieu. Elle est un tableau-peintre, un tableau-peinture et non seulement un tableau-représentation : elle signifie par l'opération même qui la constitue. L'image a une existence autonome, productrice d'elle-même comme image, dans la mesure exacte où elle participe à l'art créateur en se corrigeant continûment. Elle s'identifie à l'art créateur tout en posant sa différence, en ne cessant de différer. Il est vrai que cette différence n'est pas valorisée pour elle-même, puisque seul le Principe est source de valeur ; l'effort propre de la mens est de réduire indéfiniment cette différence par son effort intellectuel. Cet effort est certes contradictoire : il ne cesse de s'intensifier pour se réduire, il s'exerce à disparaître. Mais le paradoxe se retourne : la disparition de la mens (toujours ajournée, différée, repoussée) est aussi son exaltation, le déploiement complet de ses possibilités. Elle est une peinture vouée à se fondre en art de peindre. L'image humaine est douée d'une autonomie indéfiniment perfectible.

L'efficience de l'esprit est acquise comme un moment de son rapport à Dieu. Cependant cette efficience reste orientée vers une assimilation au divin (qui, en tant qu'être infini, demeure la seule instance ontologique). Cette similitude se résout asymptotiquement dans la figure du Christ, homme maximal, pleinement homme et Dieu. L'esprit humain est encore intégré dans les processus trinitaire intra-divin, sa créativité même est une expression de l'infinité divine. La théologie de l'image que propose Nicolas de Cues se maintient dans cette tension entre visée unitive et souci de la distinction. L'articulation de la création humaine avec la puissance divine est une pure contradiction, c'est pourquoi elle se résout dans une christologie spéculative. L'image qu'est l'homme demeure une différenciation interne de l'Infini divin, elle n'a pas de réelle extériorité.

L'IMAGE SÉPARATRICE OU LA VOLONTÉ INFINIE

L'indépendance de l'esprit humain sera renforcée lorsqu'il sera arraché à la vie intra-divine, c'est-à-dire sorti de la logique trinitaire. La philosophie de Descartes peut être comprise comme une reconfiguration du système métaphysique autour de cette tension entre l'indépendance de l'homme et l'infinité divine. Bien qu'il reconduise une théologie de l'infini, Descartes se désolidarise d'une pensée théophanique et propose une nouvelle théologie de l'image, centrée sur le caractère absolu de la volonté. Reconnue dans l'absolu de la volonté, l'image théologique sépare, tout autant qu'elle les relie, l'homme et Dieu.

Descartes affirme avec force le caractère artificialiste de la création divine. La création ne découle pas directement de la nature de Dieu, elle ne lui ressemble pas, elle n'est pas destinée à fournir un portrait divin. Il en résulte la contingence radicale du monde créé : il est un pur artefact extérieur voulu par Dieu, il n'a aucune ressemblance à son créateur et pourrait être intégralement autre. Par là, Descartes dresse le plan d'une scène extérieure à Dieu, où va pouvoir se jouer le destin de l'homme. La doctrine de la création des vérités éternelles prolonge cette artificialité jusque dans les idées et les connaissances certaines de l'esprit humain. Dieu aurait pu faire une création où deux plus deux égal cinq. La réalité objective de nos idées ne nous dit rien de Dieu, elles ne sont pas une dégradation de l'être divin. Elles ne détiennent aucune vérité qu'elles n'aient acquise suite à un acte de la volonté toute extérieure de Dieu. La doctrine des idées innées affirme précisément que l'entendement humain est acquis des mains de Dieu. C'est le don divin d'un instrument dont nous devons faire bon usage, grâce à une juste méthode. Il n'a par lui-même aucune vérité, il est limité, strictement configuré pour son usage. C'est une lumière naturelle qu'il nous revient de diriger. L'homme n'est pas à l'image de Dieu par son intellect ou par le contenu de ses idées.

L'homme est à l'image de Dieu par sa volonté, presque infinie, qui rend l'homme en quelque sorte égal à Dieu. La théologie de l'image prend appui sur la pointe de la volonté et non sur celle de l'entendement. La volonté est l'acte le plus propre de l'être humain. Le contenu des idées est encore la trace en lui d'une institution extérieure ; seul l'acte de volonté est inaliénable, à moins de détruire l'homme lui-même. C'est elle qui manque aux animaux sans jugement et c'est elle qui se découvre fondamentalement dans le cogito lorsque, après avoir initié le doute méthodique et annulé toutes les idées en tant qu'incertaines, se révèle l'indubitable opération de l'esprit qui veut penser, quand bien même ce serait sur le mode du doute. Ce ne sont pas les idées qui nous appartiennent, mais nos volontés. Pour l'esprit désorienté dans la forêt dont il ignore les contours, il n'y a pas de boussole intérieure qui le rapporterait à une vue surplombante. Ce n'est que la fidélité à sa propre décision, sans cesse réaffirmée dans la rectitude de l'azimut, qui permet au soi de ne pas se perdre. Une fois la direction choisie, n'importe laquelle car elles se valent toutes aux yeux de l'entendement sans critère, il faut la conserver et, par là même, la recréer sans cesse dans ses choix successifs. En cheminant, on reste auprès de sa décision qui ne nous quitte pas et qui saura vaincre par sa fermeté les replis de la forêt obscure. L'effort solitaire, pour peu qu'il soit constant, est à soi même son propre Virgile et sa propre Béatrice. C'est là l'éducation qu'il faut à l'homme et la félicité qui lui est promise.

C'est la volonté qui recentre l'homme sur lui-même et fait de lui presque un égal de Dieu en ce qu'il décide pour son monde. Elle a la puissance des commencements qui instaure un ordre. La philosophie de Descartes est une métaphysique de la résolution, qui suppose la possibilité radicale de décider par soi-même, ainsi que le bon usage de ses facultés pour rester constant dans ses décisions. Ce geste métaphysique est remarquable de simplicité et d'efficacité. La volonté assume le paradoxe de la réconciliation entre l'autonomie humaine et l'infinité divine. Elle relaie la christologie spéculative fondée sur la contradiction de l'homme-Dieu chez Nicolas de Cues. En tant que pur pouvoir de décider par soi même à partir de son propre fond, la volonté est simultanément ce qui nous rend semblable à Dieu et ce qui nous en sépare dès la racine. Elle réunit dans son acte simple, expérimentable à tout instant, la double opération de nous inscrire vis-à-vis du Principe et de nous asseoir dans notre ordre propre.

En faisant de la nature dépotentialisée, toute extérieure à Dieu, le théâtre de nos décisions libres consolidées par un usage méthodique des règles de l'entendement, Descartes nous livre sa résolution du problème d'anthropologie métaphysique que nous questionnons.

Cependant la difficulté demeure. Certes Descartes se donne les moyens de penser une séparation des instances du système métaphysique (Dieu, le monde et l'esprit), en concevant leurs relations de façon statique et non dynamique. Mais l'infinité divine, nécessaire pour affirmer la perfection de la puissance du Principe, acceptera-t-elle de se cantonner dans son ordre et de laisser se déployer en dehors d'elle une création extérieure ? Pourra-t-elle rester infinie en reconnaissant la limite que lui dresse cette scène de la création ? Descartes rencontre cette difficulté sous la figure de la providence divine : se peut-il que quelque chose advienne que Dieu n'ait pas prévu, anticipé, voulu ? Et si Dieu anticipe les décisions de la volonté, les décisions humaines sont-elles autre chose que des faux documents antidatés ? L'exercice radical de la volonté peut-il se soustraire à l'éternité ?

Descartes, tout comme Cues en son temps, reconnaît la difficulté et en projette la résolution dans le mystère de l'Être divin, « incompréhensible de nature » :

> 41. – *Comment on peut accorder notre libre arbitre avec la préordination divine.*
>
> Au lieu que nous n'aurons point du tout de peine à nous en délivrer [de cette difficulté], si nous remarquons que notre pensée est finie et que la toute puissance de Dieu, par laquelle il a non seulement connu de toute éternité ce qui est ou qui peut être, mais il l'a aussi voulu, est infinie. Ce qui fait que nous avons bien assez d'intelligence pour connaître clairement et distinctement que cette puissance est en Dieu, mais que nous n'en avons pas assez pour comprendre tellement son étendue que nous puissions savoir comment elle laisse les actions des hommes entièrement libres et indéterminées ; et que, d'autre côté, nous sommes aussi tellement assurés de la liberté et de l'indifférence qui est en nous, qu'il n'y a rien que nous connaissions plus clairement ; de façon que la toute puissance de Dieu ne nous doit point empêcher de la croire. Car nous aurions tort de douter de ce que nous apercevons intérieurement et que nous savons par expérience être en nous, pour ce que nous ne

comprenons pas une autre chose que nous savons être incompréhensible de sa nature [1].

Texte admirable où la contradiction fait irruption dans la clarté de l'entendement! Nous expérimentons avec clarté deux évidences incompatibles. Descartes en profite pour nous donner une leçon du bon usage de l'entendement qui doit les distinguer au regard de leurs objets et de leur intensité. Il reporte la limite de la compréhension rationnelle sur la nature de l'Être divin qui assume ontologiquement le mystère. La notion cusaine de Non-autre pourrait ici lui porter secours, s'il acceptait de donner consistance à une pensée de la contradiction. Quoi qu'il en soit, la faille est intime et profonde puisqu'elle nous détache momentanément de l'évidence de nous même, en laquelle il nous faut maintenant de bonnes raisons de *croire*. Cette contradiction a la puissance de destituer le sujet, dans la concurrence que se livrent les deux centres de la métaphysique (le Principe et la mens). Descartes veut nous assurer que notre raison rencontre là le mystère, nous pourrions nous demander si Descartes ne rencontre pas là le point aveugle de sa construction.

Nous avons tenté de montrer la fonction du concept d'image pour penser l'articulation entre l'autonomie de l'ordre humain et l'hétéronomie vis-à-vis du Principe absolu. Les séquences que nous avons présentées attestent de la diversité des conceptions de ce rapport et de la créativité philosophique qu'il requiert. Chaque mode d'articulation entre autonomie et hétéronomie donne un portrait philosophique de l'homme différent. C'est le statut de l'homme qui est en jeu, à la fois relié et séparé, dans l exercice des ses puissances instituantes. À la fois chose et signe, l'image porte, par son ambiguïté, la fragilité ontologique de l'homme dans son rapport au fondement. La notion d'image sert à conceptualiser la différenciation de l'ordre humain au sein de la continuité du réel.

Frédéric VENGEON

---

1. Descartes, *Les principes de la philosophie*, I, 41, Paris, Vrin, 2002, p. 70.

LA DOCTRINE FICHTÉENNE DE L'IMAGE

La doctrine de l'image (*Bild*) occupe une place centrale dans la philosophie fichtéenne. Elle forme le « noyau dur » de la *Wissenschaftslehre*[1], terme par lequel Fichte ne désigne pas un savoir doctrinal constitué et établi une fois pour toutes, mais le processus dans lequel le savoir en général *s'auto-engendre* dans l'apprenti[2]. La *Wissenschaftslehre* – qu'on ne peut d'ailleurs correctement traduire par « doctrine de la science » que si l'on est attentif au fait que « doctrine » vient de « *doceo* » (enseigner, instruire) et qu'il s'agit là en effet de l'auto-engendrement actif du savoir dans et à travers celui qui reçoit cet enseignement – a pour seul objet l'*image de l'Absolu*, c'est-à-dire ce à travers quoi l'Absolu apparaît ou se manifeste[3]. Cette

---

1. Rappelons que Fichte utilise l'expression « *Wissenschaftslehre* (doctrine de la science) » pour caractériser son projet philosophique personnel qu'il a identifié avec la philosophie tout court. Il en a rédigé une vingtaine de versions (dont ne nous sont parfois parvenus que des esquisses fragmentaires) qui correspondent à autant de tentatives d'exprimer et d'enseigner un contenu auquel, semble-t-il, il n'a finalement pas réussi à donner une forme qui l'a totalement satisfait. Pour avoir un renseignement plus détaillé sur les différentes versions de la doctrine de la science, voir la précieuse étude de G. Zöller, « Le legs de Fichte. Les derniers textes sur la *Wissenschaftslehre* (1813-1814) », dans *Fichte. La philosophie de la maturité (1804-1814). Réflexivité, Phénoménologie et Philosophie [appliquée]*, J.-G. Goddard et M. Maesschalck (éd.), Paris, Vrin, 2003, p. 97*sq.*

2. *Cf.* les excellentes précisions de Peter Oesterreich et de Hartmut Traub à propos du concept de « *Wissenschaftslehre* » dans leur ouvrage *Der ganze Fichte*, Stuttgart, W. Kohlhammer, 2006, p. 104-107.

3. *Cf.* les *Tatsachen des Bewusstseins* (1813), Dix-neuvième Conférence, *Sämmtliche Werke*, I.H. Fichte (éd.), Berlin-New York, Walter de Gruyter, 1971, t. IX, p. 564 (dorénavant cité « SW » suivi du volume en chiffres romains). L'absolu, en son *être*, n'est

image (qui est forcément « en dehors » de l'Absolu) n'est autre que le savoir lui-même : « Le savoir est de part en part image, à savoir image de l'Un qui est, [image] de l'Absolu »[1]. Avant de pouvoir esquisser les lignes fondamentales de la doctrine fichtéenne de l'image, il faudra clarifier dans un premier temps le sens et le statut de l'Absolu dans la pensée de Fichte.

L'Absolu est l'*être* absolu. S'il y a un auteur dont l'œuvre contredit d'une manière évidente la thèse heideggerienne de l'« oubli » de l'être (dans la philosophie occidentale après Aristote), c'est bien Fichte. Les différentes versions de la doctrine de la science sont autant de tentatives de nommer l'Absolu et d'en appréhender le principe de compréhension et d'appropriation – « Moi absolu », « être », « Dieu », « substance », « vérité », « raison », « amour » sont des termes que Fichte emprunte à différentes traditions philosophiques pour en éclairer le sens à travers des perspectives elles aussi différentes. Les trois penseurs qui ont le plus marqué – positivement ou négativement – les réflexions de Fichte sur l'être sont sans doute Spinoza, Kant et Jacobi. L'être, l'Absolu, est d'abord la totalité de ce qui est en dehors de laquelle rien ne saurait être – il ne s'agit donc en aucun cas de l'être « individuel » ou « personnel » de celui qui se pose la question de l'être ! Il est le principe universel et le fondement substantiel (*cf.* Spinoza) de tous les « étants ». En tant que tel, il n'est pas un être mort, mais *vie*, vie absolue – vie dont il s'agira d'éclaircir le lien avec le vivant par excellence – à savoir l'être (le « Je ») *pensant* (qui, là encore, est considéré dans sa nécessité et son universalité et non pas dans sa particularité). Ce lien est un lien d'*unité* et de *différenciation* (qui s'exprime de la façon la plus prégnante dans l'idée – caractérisant originairement et essentiellement, selon Fichte, la philosophie

---

donc pas l'objet de la doctrine de la science (Fichte l'affirme explicitement à la première page de la *Doctrine de la Science de 1813*) ; celle-ci n'a jamais affaire qu'à l'*être-là* (dans la conscience, dans l'entendement, dans le penser) de l'absolu, à son apparition, à sa manifestation !

1. *Die Wissenschaftslehre vorgetragen im Frühjahr 1813*, SW X, p. 9.

transcendantale – d'une «corrélation» entre l'être et le penser[1]) – le principe du «Je pense» kantien marquant cette *unité*, et l'être irrationnel et incommensurable de Jacobi en constituant l'élément de *différenciation*[2].

Or, cet être (l'Absolu) «est un *singulum* – absolument (*durchaus*) clos en lui-même – d'un être immédiat et vivant, qui ne peut jamais sortir de lui-même»[3]. Ce *singulum* contient la dualité vie/être non pas dans le sens d'une identité (comme chez Hegel), ni d'une indifférence (comme chez Schelling), ni encore d'une coïncidence des opposés (comme chez Nicolas de Cuse), mais, d'après la suggestion de W. Janke[4], d'une «inclusion» ou «clôture-en-soi». Fichte précise en effet ailleurs que «l'être ne doit être pensé absolument qu'en tant qu'un, non pas en tant que plusieurs»; «[…] il ne doit être pensé qu'en tant qu'unicité (*Einerleiheit*) close en elle-même»[5]. La question qui se pose dès lors à celui qui enseigne l'auto-engendrement du *savoir*, donc au *WISSENSCHAFTSlehrer* – et c'est là que la théorie de l'image prend tout son sens –, c'est celle de savoir en quel sens il peut y avoir un être (fût-il un être-*là*) en dehors de l'être? Plus exactement: cet être en dehors de l'être, cet «*Außer-Sein*», cet «*Außer*»[6], ou encore l'*image*, étant – nous l'avons déjà indiqué plus haut – le *savoir* de cet être (point essentiel pour la compréhension du sens de la doctrine de la *science*),

---

1. *Wissenschaftslehre 1804-II*, R. Lauth, J. Widmann, P. Schneider (éd.), Hambourg, Meiner, 1986 (dorénavant cité «WL 1804-II»), Première Conférence, p. 10.

2. Contrairement aux transcendantalismes de Kant, Fichte et Schelling, qui font résider le principe du savoir *dans* le savoir, Jacobi affirme en effet qu'il y a quelque chose, un *être* justement, que le savoir ne saurait pénétrer, quelque chose qui est irrationnel et incommensurable avec tout savoir – quelque chose ne pouvant être saisi que dans la *foi*, mais jamais dans le *savoir* lui-même. Cette position constituera à partir de 1799 un défi pour Fichte qui traversera par la suite toutes les différentes versions de la doctrine de la science jusqu'en 1813.

3. WL 1804-II, Seizième Conférence, p. 160.

4. Voir à ce propos les développements très instructifs (sur lesquels nous nous appuierons partiellement ici) dans *Vom Bilde des Absoluten. Grundzüge der Phäno-menologie Fichtes*, Berlin-New York, Walter de Gruyter, 1993, en particulier p. 114-134.

5. *Initiation à la vie bienheureuse*, Troisième Conférence, SW V, p. 439. Cette unicité devant être pensée précisément comme l'unité de l'être et de la vie.

6. *Cf.* notre étude «Schema – Soll – Sein», dans *Fichtes letzte Darstellungen der Wissenschaftslehre*, G. Zöller, H. G. von Manz (éd.), *Fichte-Studien*, vol. 28, 2006.

quel sens d'être peut alors revêtir ce dernier, si l'être est ainsi clos en lui-même (et donc un)?

Tout d'abord : qu'est-ce qui permet d'affirmer et de justifier que le seul «être» en dehors de l'être (que Fichte appelle «rien (*Nichts*)» dans la *Doctrine de la Science de 1805* et «être-là (*Dasein*)» dans les versions tardives de la doctrine de la science) est le *savoir*? Dans la troisième Conférence de l'*Initiation à la vie bienheureuse* (publiée en 1806), nous lisons : «[…] la *conscience* de l'être est la seule forme et manière possible de l'*être-là* de l'être […]»[1]. Les *Faits de la conscience* de 1813 le confirment : «L'être-là ne signifie précisément que l'être dans l'entendement, les deux sont absolument *identiques*»[2]. Pourquoi l'être ne demeure-t-il pas dans sa «clôture en soi»? Parce que «l'être, en tant qu'être, et demeurant être, nullement abandonnant son caractère absolu ni ne se confondant ou se mélangeant avec l'être-là, doit (*soll*) être là»[3]! Ce «devoir»-être-là, ce *Soll*, est le point nodal de la doctrine de la science et le principe de sa théorie de l'image. Le *Soll* est l'«absolu» de la doctrine du savoir de la *Wissenschaftslehre*. Il n'est pas certain que la réponse à la question de savoir *pourquoi* l'être doit être là admette une réponse. On peut y voir une caractéristique intrinsèque de l'Absolu (qui demande à être dévoilé, mis à jour) ou encore de l'être humain en tant qu'il s'y rapporte (c'est en tout cas ce que suggère l'*Initiation à la vie bienheureuse*). Quoi qu'il en soit, le rapport entre l'être et l'être-là – qui, nous le verrons, en est l'*image* – doit être conçu de telle manière que l'être est à la fois clos en lui-même et apparaissant dans un «dehors», son être-là, qui n'est autre que la conscience, l'entendement ou ce que la *Doctrine de la Science de 1804-II* appelle le «penser».

En précisant davantage la nature et le statut de ce «*Soll*» – et ce qu'il implique – on comprendra pourquoi celui-ci est en effet décisif

1. *Initiation à la vie bienheureuse*, Troisième Conférence, SW V, p. 441.

2. *Tatsachen des Bewusstseins* (1813), Dix-neuvième Conférence, SW IX, p. 566.

3. *Initiation à la vie bienheureuse*, Troisième Conférence, SW V, p. 441. Ainsi, le reproche adressé à Fichte – d'après lequel le «devoir-être (*sollen*)» ne serait qu'une abstraction par rapport à l'être concret, pleinement réalisé – fait preuve d'un contresens à propos du sens véritable du *Soll* fichtéen. Aussi faut-il lire les passages de la *Grundlage* de 1794-1795 à la lumière de ce que Fichte établit à propos du *Soll* en 1804 et non pas l'inverse.

pour la compréhension de la théorie fichtéenne de l'image. L'essence du *Soll* est développée par exemple dans la seizième Conférence de la *Doctrine de la Science de 1804-II*[1]. On pourrait en résumer la teneur en trois points :

1) Le *Soll repose absolument en lui-même*, c'est-à-dire que *rien d'extérieur* ne repose en son fondement. Ce qui le fonde, c'est seulement le fait qu'il se *suppose lui-même* : « *l'hypothèse* (*Annahme*) intérieure de lui-même, absolument ».

2) Comme le *Soll* est « création *ex nihilo* » et comme il est « auto-créateur de son être, auto-porteur de sa durée », il exprime une *auto-construction*, un « se faire soi-même (*sich selber Machen*) » *intérieur, absolu et purement qualitatif*. Autrement dit, le *Soll s'engendre lui-même*.

3) Il s'ensuit que, dans le *Soll*, en dépit de toute *problématicité* apparaissante, réside donc la *catégoricité* et l'*absoluité*.

Or, nous lisons dans l'extrait de l'*Initiation* cité à l'instant : « Il faut que l'être-là se saisisse, se reconnaisse et se forme (*bilden*) lui-même en tant que simple être-là, et il faut qu'il pose et forme (*bilden*) face à lui-même un être absolu dont il est lui-même le simple être-là : à travers son être, il faut qu'il s'anéantisse face à un autre être-là absolu – ce dont résulte le caractère de la simple image, de la représentation ou de la conscience de l'être »[2]. L'*Initiation* reprend ici, en des termes plus libres, le schéma fondamental de la *Doctrine de la Science de 1804-II* que nous appelons le « schéma c-l-e » (concept-lumière-être). Ce schéma exprime le rapport – médiatisé par un *Soll!* – entre la compréhension du philosophe, du *Wissenschaftslehrer*, c'est-à-dire le *penser*, et l'*être* du principe de tout savoir (que Fichte appelle « lumière »)[3]. On pourrait l'énoncer ainsi : « La lumière dût-elle (*Soll*) apparaître, il faut que le concept [le principe de compréhension du philosophe] soit anéanti. Et pour pouvoir être anéanti, il faut d'abord le poser. Avec son anéantissement se dépose d'un seul et même coup (*mit einem Schlage*) un être inconcevable ». Nous voyons ainsi

---

1. Pour les trois points suivants, *cf.* WL 1804-II, p. 168, l. 1-24.

2. *Initiation à la vie bienheureuse*, Troisième Conférence, SW V, p. 441.

3. Cet être sera aussi, dans un second temps, le principe de toutes les formes *dérivées* de l'être (de la « réalité », de l'être en soi, du « est » empirique (lockien), etc.).

comment le concept, la LUMIÈRE et l'ÊTRE sont mis en rapport les uns avec les autres. La lumière est le principe de l'unité et de la différence de l'être et du penser. Son apparition, sa manifestation, sa saisie, met en jeu le *Soll*. La particularité de ce *Soll* c'est qu'il contient une hypothéticité *catégorique* : bien que l'apparition de la lumière soit annoncée selon une espèce de condition (qui n'est pas celle d'une proposition en « si..., alors... » qui, elle, énonce une hypothéticité pure et simple), le terme qui y est impliqué (en l'occurrence : la lumière justement) se pose de façon *nécessaire*. (Si cette nécessité s'entend d'abord, en allemand, seulement à travers une construction grammaticale particulière – l'inversion du verbe qui implique la position du *Soll* en début de phrase –, Fichte souligne toutefois la différence avec une proposition subordonnée conditionnelle ordinaire. Au *Wissenschaftslehrer* d'exploiter alors ce que la langue laisse ici entendre.)

Or – et c'est ici décisif – dans la mesure où l'être absolu est un *singulum*, il ne se laisse concevoir que sous forme d'*image* (le penser, justement). Et puisque l'image n'est nullement l'être lui-même, il faut qu'elle soit anéantie. Mais comme il n'y a, *pour la conscience*, QUE l'image (l'être étant absolument *en soi*), l'être ne peut apparaître que dans et à travers l'anéantissement de cette dernière. La « négation », plus exactement : la « néantité (*Nichtigkeit*) », joue ici un rôle déterminant – et nous y reviendrons. Face au seul être qui soit (l'être absolu), la conscience n'est « rien ». Si la conscience « est » (et c'est donc à la théorie de l'image d'en préciser le sens d'être), ce n'est alors que dans la mesure où elle se « fait » elle-même (la conscience de soi étant l'image auto-formatrice (*sich bildendes Bild*) de l'Absolu). Comme W. Janke l'affirme à juste titre : l'être-là « se dépose en tant qu'absolu dans la conscience de ne pas être l'Absolu. À l'auto-formation (*Selbstbildung*) appartient de façon indispensable l'acte de l'auto-anéantissement de telle sorte que, en lui, la conscience n'est pas éteinte, mais justement éveillée : la conscience du soi de n'être rien d'autre que l'image de l'être »[1]. C'est cette idée qu'expriment donc, chacune à sa manière, l'*Initiation* et la *Doctrine de la Science de 1804-*

---

1. W. Janke, *Vom Bilde des Absoluten. Grundzüge der Phänomenologie Fichtes*, *op. cit.*, p. 125.

II. Et l'objet propre de la doctrine de la science se dessine alors de façon très claire et définitive : celui-ci n'est pas, nous insistons, l'être en son contenu mais la forme de son être-là (« la doctrine de la science n'a affaire qu'à la *forme* du phénomène (*Erscheinung*) ou à la forme de l'*être-là*. Elle est une vision (*Einsicht*) génétique de l'être-là en général, une *science de l'être-là* »[1]).

Revenons alors à notre question posée plus haut – celle de savoir quel sens d'être attribuer au savoir étant donné que celui-ci n'est proprement « rien » et que seul à l'être absolu incombe de l'être. Le savoir dont il s'agit ici (notons que cette remarque vaut pour la doctrine de la science en général) n'est pas tel savoir empirique particulier, mais ce qui fait qu'un savoir est un savoir. Un tel savoir, qui n'est pas un savoir d'un objet, mais un savoir de « rien », Fichte l'appelle un « savoir pur » ou, pour le mettre précisément en rapport avec l'être absolu, un « savoir absolu » (qui est savoir « *de* » l'absolu autant que savoir absolument un, identique et substantiel). Et c'est la théorie fichtéenne de l'image qui répondra à cette question.

Pour voir ici plus clair, il sera d'abord utile de réfléchir sur le sens ontologique de l'image en général. L'être et l'image sont dans une singulière tension l'un à l'égard de l'autre. Seul l'être est – l'image n'est pas, elle n'est rien. L'image, nous l'avons vu, est non-être[2]. L'image n'en est pas moins en rapport avec l'être – sinon elle n'en serait pas l'image et ne serait pas image du tout (ou, du moins, elle ne serait pas « là »). Et, à l'inverse, l'être est en rapport avec l'image – sinon il ne nous apparaîtrait pas, il ne serait pas « là » non plus. Il n'y a de l'être-là de l'être à travers l'image qu'en vertu de ce rapport singulier entre l'image et l'être.

Or, la doctrine de la science – dans la mesure justement où elle s'interroge sur le savoir absolu – ne considère pas l'essence et la nature de telle image particulière (d'un paysage, d'un homme, d'un animal, etc.), mais celles de l'image de l'être (absolu) dans la conscience, dans la représentation, dans le penser. Ce qui caractérise cette image (cet « être-là » unique de l'être unique), c'est qu'elle est une image *accompagnée de conscience !* L'image est une image de l'être douée de la

1. *Tatsachen des Bewusstseins* (1813), Dix-neuvième Conférence, SW IX, p. 567.
2. *Tatsachen des Bewusstseins* (1813), Dix-neuvième Conférence, SW IX, p. 564.

conscience d'être image. Il s'agira ainsi de voir quel rôle particulier joue la conscience dans ce rapport.

Ce qui ressort de ce qui précède, c'est que l'être peut être su (et donc être «dans» autre chose) sans être privé de sa «clôture en soi», et le savoir peut être absolu sans être l'Absolu lui-même. C'est le savoir absolu en tant qu'*image* «de» l'Absolu qui rend ces rapports possibles.

Mais s'il en est ainsi, il serait erroné de considérer l'image comme une simple *copie* de l'Absolu. Pourquoi? Parce qu'une copie n'est qu'un dépôt mort qui ne saurait nullement traduire le caractère *vivant* de l'Absolu – et qu'elle n'est donc pas une image au sens strict, mais précisément simplement une reproduction morte. Mais en vertu de quelle caractéristique l'image est-elle une telle image *vivante*? En vertu du fait que l'image *se fait elle-même* image! Une image est un faire, un se-faire image. C'est là une caractéristique qui reflète l'essence intrinsèque du savoir (conformément à ce qu'avait montré la *Doctrine de la Science de 1804-II*). Le savoir se fait lui-même, il se fait image. Et cela rend également compte du fait que le savoir n'est pas «de» ou «à partir de» (*aus*) lui-même: seul l'être absolu l'est. Le savoir, comme le dit très bien W. Janke, «se fait comme déjà fait»[1]. Cela veut dire que le savoir, même s'il «se fait» comme savoir, n'a pas son fondement en lui-même, il n'est qu'une construction après coup (*Nachkonstruktion*) – point de vue propre à la doctrine de la science – d'une pré-construction (*Vorkonstruktion*) qui a lieu dans et à même l'être lui-même. Et cette construction après coup, ce se-faire image (de l'Absolu), s'accomplit selon cette simultanéité, ce «d'un seul et même coup», du dépôt d'un être inconcevable, d'un côté, et de l'auto-anéantissement du penser (donc de l'image), de l'autre: l'image n'est que dans la mesure où elle prend conscience de sa différence d'avec l'être, elle se nie comme être et se sait comme non-être, comme *image*. Elle n'est image qu'en vertu de cette négation – négation qui est pourtant nécessaire pour que l'être puisse apparaître dans son inconcevabilité, c'est-à-dire dans son être clos et en soi.

---

1. W. Janke, *Vom Bilde des Absoluten. Grundzüge der Phänomenologie Fichtes*, *op. cit.*, p. 129.

Comment s'articulent alors l'être, l'image et la conscience ? La théorie fichtéenne de l'image y répond. Parmi les nombreuses citations auxquelles nous pourrions ici renvoyer, nous allons commenter en détail la suivante : le phénomène (*die Erscheinung*)

> est une image dans laquelle il est lui-même formé (*gebildet*) en tant que phénomène. C'est ce qu'il *est* ; et en elle, son être formel ainsi exprimé est achevé et clos. À présent, il s'est compris : en revanche, il n'a nullement compris le comprendre de lui-même. En outre : dis et pense alors : ici le phénomène se comprend, et c'est son être formel. Mais comprend-il *qu'*il se comprend ? Non. Mais tu as dit qu'il se comprend complètement et absolument (*durchaus*) ; par conséquent, tu dois aussi poser qu'il comprend derechef son comprendre. Ainsi, tu obtiens une image (I^3) de l'image (I^2) à travers laquelle le phénomène (I^1) se comprend […] [1].

Afin de rendre compte de la manifestation de l'Absolu, cette théorie met ainsi en œuvre trois types d'images ou de schémas qui correspondent à trois actes de conscience [2] (ou d'entendement [3]). Développons la teneur de chacun d'eux.

---

1. *Tatsachen des Bewusstseins* (1813), Introduction, SW IX, p. 409.

2. Ces trois actes rendent compte du fait, justement mis en évidence par A. Bertinetto, que l'image admet « deux significations essentielles, "*gestaltete Nachahmung*" [imitation figurée] et "*schöpferische Zeigung*" [monstration créatrice] ou "*Kreation*" [création]. 1) En effet, chez Fichte *Bild* signifie, d'un côté, *copie*, imitation (*Abbild*, *Nachbild*). Il s'agit de ce type d'image ou de figure qui dépend totalement de l'être : sans l'être, dont l'image est une copie, il n'y aurait même pas l'image qui le représente. En sorte que si l'image est "parfaite", elle apparaît aussi trompeuse que l'être ; si elle est "imparfaite", elle n'est même plus une image, mais un être différent par rapport à celui qu'elle devrait représenter. 2) D'un autre côté, le *Bild* a une force créative : il est *Bildung*, *Bilden*, puisque l'être qui apparaît dans l'image est figuré dans l'image elle-même. Dans une telle acception, l'image n'est pas seulement un reflet passif, mais une configuration active de ce qui assume en elle forme et figure », A. Bertinetto, « Philosophie de l'imagination – philosophie comme imagination. La *Bildlehre* de J.G. Fichte », dans *Fichte. La philosophie de la maturité (1804-1814). Réflexivité, Phénoménologie et Philosophie [appliquée]*, *op. cit.*, p. 57 *sq*.

3. « La racine de tout schématisme réside pour Fichte dans l'entendement (*Verstand*), […] c'est-à-dire dans le comprendre du comprendre (*Verstehen des Verstehens*) », J. Drechsler, *Fichtes Lehre vom Bild*, Stuttgart, W. Kohlhammer, 1955, p. 327.

1) Nous avons vu que l'être absolu, bien qu'il soit un *singulum* clos en lui-même, s'extériorise néanmoins – en vertu d'un *Soll* – dans un « dehors » que nous avons appelé jusqu'ici, dans une première approximation, « image », « néant », « penser » ou encore « conscience ». Ce phénomène absolu de l'être absolu est le premier type d'image (I^1).

2) Or, l'être et l'image ne sont pas deux types d'être juxtaposés qui seraient dans un rapport *partes extra partes* l'un à l'égard de l'autre (comme s'ils étaient deux entités mortes, l'une en face de l'autre), mais ils sont dans un rapport d'être spécifique qui ne prive nullement l'être absolu de son caractère clos et explique en même temps pourquoi il s'extériorise pourtant nécessairement sous forme d'image (*cf.* plus haut). Ce rapport d'être spécifique, vivant, est médiatisé par la *conscience d'image* – c'est-à-dire par le fait que l'image (le phénomène) *s'apparaît à elle-même* (*à lui-même*) (« ici le phénomène se comprend, et c'est son être formel »). L'image en tant que phénomène (I^1) n'est image (et ne saurait l'être) que dans la mesure où elle a conscience de son être-image (il ne peut y avoir d'apparition du phénomène que grâce à la conscience). Elle se scinde ainsi en image de l'être (I^1) et en *image de cette image* (I^2).

3) Mais ce n'est pas tout. L'image ne devient compréhensible dans sa force imageante qu'à condition de dédoubler[1] l'image à travers laquelle le phénomène se comprend lui-même en une *image de l'image de l'image* (I^3). Pourquoi a-t-on besoin de ce troisième type d'image ? Parce que ce n'est qu'en lui que l'image se comprend en tant que comprenant (ou se pose en tant que posant). En effet, il ne suffit pas que l'image *se* comprenne en tant qu'image – encore faut-il qu'elle se comprenne en tant que positionnelle du phénomène à travers son acte d'auto-compréhension.

Formulons la même chose encore autrement. Nous avons d'abord le *phénomène* ou l'*apparition* – du Principe, de l'Absolu, de la Vie, de Dieu (I^1). Or, ce phénomène (cette apparition) n'est possible que s'il *s'*apparaît à lui-même. D'où le deuxième moment : l'*auto-apparition* – du phénomène (de l'apparition) (I^2). Et cette auto-apparition n'est

---

1. Dédoublement qui est tributaire de celui du *Soll* « en tant que (*als*) » *Soll*. *Cf.* sur ce point la Dix-septième Conférence de la *Doctrine de la Science 1804-II*, en particulier p. 179 *sq.* – et nous y reviendrons.

à son tour possible – et ne peut s'apparaître – qu'*en s'apparaissant comme principe imageant*, c'est-à-dire *comme principe de son auto-apparition* (et ce, en vertu d'une auto-réflexion, en vertu d'un *se-*réfléchir (intérieur), *sans sujet*, de l'auto-apparition) : c'est là l'auto-apparition *en tant que* («*als*») auto-apparition, *en tant que principe imageant* – c'est-à-dire en tant que Principe et (principe de l')Être (I³). D'où alors la question cruciale suivante : En quoi le troisième type d'image (qui énonce une auto-réflexion – purement *intérieure* à l'auto-apparition – de cette auto-apparition elle-même) répond-il à l'exigence (qui s'exprime dans I¹) d'une apparition *du Principe*? Réponse : Parce que le Principe *est* (l')auto-réflexion et que la réflexion (à l'œuvre dans I²) doit « sa » vie à la *Vie* du Principe! L'auto-réflexion (qui suppose ce que Fichte appelle la «réflexibilité») n'est pas celle d'un sujet réfléchissant *extérieur* à cela même sur quoi porterait sa réflexion, mais, en tant que réflexion de l'auto-apparition, elle est un caractère du Principe (apparaissant) lui-même – c'est cela le sens le plus profond du *Soll*. L'auto-apparition *en tant qu'auto-apparition* n'est autre, finalement, que le Principe (ainsi que le principe de l'Être) lui-même – sachant, toutefois, qu'il ne l'est qu'en tant qu'il s'est *réfléchi*.

Remarque : L'«en tant que (*Als*)» qui s'énonce dans le troisième type d'image (I³) a une signification essentielle dans le transcendantalisme fichtéen. Il exprime un *dédoublement* du *Soll* (*cf.* la note 1, p. 56) qui permet en même temps de le fonder. Fichte livre les précisions les plus précieuses à cet égard à la fin de la Conférence XVII et dans toute la Conférence XVIII de la *Doctrine de la Science de 1804-II*.

En effet, il s'agit ici pour Fichte de dévoiler, à travers la construction de l'«en tant que», le vrai sens du transcendantal : loin de poser les *conditions* de *possibilité* de l'expérience qui en fondent la légitimité, il veut bien plutôt montrer, par un retournement saisissant, que c'est précisément *en vertu de sa simple possibilité* que le procédé ici en jeu *démontre sa* légitimité[1]. Nous parvenons ici (avec l'«en tant que») à ce tournant, ce «*Umschlag*», où la recherche de conditions de possi-

---

1. WL 1804-II, p. 174, l. 21-22.

bilité toujours plus élevées aboutit à la condition ultime qui n'en est plus une dans la mesure où c'est en elle que toute condition trouve sa pleine et entière légitimité.

Esquissons en quelques lignes les moments forts de l'argumentation fichtéenne. À partir du moment où l'on *pose* quelque chose, c'est-à-dire à partir du moment où l'on « indique effectivement » le contenu de quelque chose dont on a une « vision (*Einsicht*) », on *l'a* déjà – « *dans le voir* et dans le concept » [1] ! Mais, et Fichte le sait très bien, cette remarque vaut pour tout ce dont on a conscience, elle « traverse la conscience dans son intégralité », et ce, quel que soit le niveau de réflexion où l'on se situe. Avons-nous atteint par là ce point où la recherche des conditions de possibilité se retourne en une légitimation à partir d'une simple possibilité ? Oui, parce que si ce retournement nécessite certes ce que Fichte appelle un « réalisme encore plus élevé » que la perspective idéaliste qui caractérise le *Soll*, on ne peut parvenir à ce réalisme qu'en niant – et cela signifie : en posant d'abord – un idéalisme (lui aussi « encore plus élevé »). En effet, il s'agit de trouver une nouvelle détermination qualitative en effectuant une nouvelle genèse du voir. Et c'est donc un idéalisme encore plus élevé – toujours à travers la figure du *Soll* – qui nous montre ici le chemin.

Ce nouvel idéalisme s'exprime non plus en termes d'*Einsicht* (vision), de *Soll* et d'auto-construction de l'être, mais en termes de « genèse du voir ». Le passage du *Soll* problématique au *Soll en tant que Soll* n'est rien d'autre que celui d'une genèse matérielle à une nouvelle genèse, intérieure, *formelle*, du voir et ce, sans que cela modifie le « contenu » de ce voir (c'est-à-dire l'auto-construction de l'être). Cette nouvelle genèse est précisément commandée par le *Soll* en tant que *Soll* (ou le *Als*). Elle est une genèse de la genèse dont le caractère idéaliste réside donc justement en ceci qu'elle n'ajoute rien au voir présupposé et qu'elle n'en modifie pas le contenu. Fichte précise que cette genèse intérieure et formelle est le « principe de l'idéalisme absolu = phénomène (*Erscheinung*) » [2].

---

1. Fichte indique par là que l'*Einsicht* (vision) englobe autant une dimension du « voir » que du « concevoir ».

2. WL 1804-II, p. 183, l. 6-7.

Nous pouvons alors dresser le tableau récapitulatif suivant :

1. Le *phénomène* – du Principe, de l'Absolu, de la Vie, de Dieu (I^1).
2. L'*auto-apparition* – du phénomèné (I^2).
3. L'auto-apparition *en tant que* («*als*») auto-apparition, *en tant que principe imageant* – c'est-à-dire en tant que Principe et (principe de l')Être (I^3).

Pour le redire encore une fois : 1) le premier type d'image est le phénomène de l'être (absolu). 2) Son caractère *vivant* d'*image* implique que loin de n'être qu'une *copie* inerte de cet être, il *s'*apparaît *à lui-même*. N'est véritablement image que ce qui s'apparaît comme telle. 3) Mais en s'apparaissant *en tant qu'*image, elle prend conscience de n'être *qu'*une image face au seul être = l'Absolu[1]. Et elle ne sera alors principe imageant (principe de l'être absolu) que si elle s'anéantit elle-même. L'image ne peut en effet poser l'être inconcevable que si « d'un seul et même coup » elle s'anéantit elle-même.

Deux conséquences essentielles (et intimement liées) découlent de la doctrine fichtéenne de l'image : l'une concerne la critique de toute réalité en soi (en langage kantien : de la « chose en soi ») et, positivement, le *statut ontologique du monde* qui en résulte ; et l'autre concerne le caractère *circulaire* de la doctrine de la science.

1) Au plus tard à partir du second exposé de la *Doctrine de la Science de 1804*, il apparaît clairement que Fichte reconfigure fondamentalement le rapport entre l'« être » et la manière dont le philosophe peut en rendre compte dans la représentation – Fichte approfondit ainsi sa critique de la chose en soi qu'il avait déjà mise en avant dans son compte-rendu de l'*Ænésidème* (1792). Dire que l'être n'est « là » que dans l'image signifie, au fond, qu'il n'y a pas de réalité autre qu'imaginale. Du coup, la réalité n'est proprement « rien » – sauf une image, justement, seul mode de la matérialiser dans sa qualité

---

1. Ou pour le dire encore autrement : la position de l'image implique une *dualité* imageant/imagé. Or, l'être absolu est absolument *un*. Donc, pour pouvoir saisir cet être un, il faut que ce qui est ainsi au principe d'une dualité soit nié. D'où la nécessité pour l'image de s'auto-anéantir.

essentielle. D'où en particulier une répercussion décisive sur l'idée d'un Dieu créateur :

> Dieu est le créateur du monde : Non : car il n'y a pas de monde et il ne peut y en avoir ; car seul l'Absolu *est*, alors que l'Absolu ne saurait *realiter* et véritablement sortir en dehors de lui-même. Or, c'est dans l'essence intérieure, purement spirituelle, que repose [le fait] que le rien se comprenne face à lui comme rien et que justement dans cette compréhension, et seulement à travers elle, il se figure (*gestalte*) et se crée lui-même en tant que quelque chose d'apparent, et qu'ainsi il intuitionne l'Absolu <dans une> intuition qui reste pourtant éternellement vide [...]. Ce qui existe absolument à travers et en vue de lui-même et ce qui est absolument nécessaire à l'instar de l'Absolu lui-même, c'est l'intuition de Dieu : l'auto-création absolue du rien n'est que la condition extérieure de la possibilité, c'est-à-dire la forme originaire de cette intuition. Par conséquent, le monde *se crée absolument soi-même*, et c'est précisément dans cette création, dans cette genèse à partir du rien, que repose la trace indestructible de son rien, car rien n'advient du rien (*aus Nichts wird Nichts*) : contrairement à l'être de l'Absolu qui ne *devient* pas (*nicht werdenden*), mais qui repose absolument en lui-même[1].

Qu'implique cette importante citation ? Dieu n'est pas le créateur d'un monde qui existerait en dehors de lui et dont il serait séparé. Seul l'Absolu – seul terme approprié pour désigner Dieu – est, le monde, quant à lui, ne possède pas de réalité en soi. Or, nous savons que l'unique « être-là » en dehors de l'Absolu est le *savoir* absolu – ce qui amènera Fichte à affirmer en 1806 que « le penser pur est lui-même l'être-là divin ; et, à l'inverse, l'être-là divin en son immédiateté n'est rien d'autre que le penser pur »[2]. Mais, nous l'avons déjà signalé plus haut, cela n'empêche pas que ce savoir (ou, en l'occurrence, le penser pur) se conçoive comme « rien » face à l'être absolu. Fichte en tire ici les conséquences pour le statut ontologique du monde. Si seul l'Absolu est, s'il est vie absolument close en elle-même, c'est que le

---

1. *Wissenschaftslehre 1805*, H. Gliwitzky (éd.), Hambourg, Meiner, 1984, Vingt-quatrième leçon, p. 127-128.

2. *Initiation à la vie bienheureuse*, Deuxième Conférence, SW V, p. 418 *sq.*

monde (image totalisant de cette dernière[1]) se crée par lui-même – et du coup, il est contaminé du rien à partir duquel il se crée. Mais cela ne signifie pas pour autant que le monde serait totalement déconnecté de Dieu (et encore moins que l'homme se mettrait à la place du Dieu créateur). Fichte – au-delà de l'identification, mentionnée à l'instant, de la spiritualité divine et de la spiritualité humaine – fait en effet découler cette conséquence de l'essence même de Dieu (« c'est dans l'essence intérieure, purement spirituelle, que repose [le fait] que le rien se comprenne face à lui comme rien et que justement dans cette compréhension, et seulement à travers elle, il se figure (*gestalte*) et se crée lui-même en tant que quelque chose d'apparent »). Ainsi, la saisie la plus intime de l'essence de Dieu, de l'Absolu, dévoile en même temps le statut ontologique du monde en tant qu'image, en ce sens que ce dernier est donc fondé sur et se crée à partir du néant.

2) S'exprime ici une *circularité* qui est celle-là même du *comprendre* (et qui caractérise en même temps de la façon la plus profonde l'essence de la doctrine de la science). En effet, si l'image ne parvient à rendre compte de la manifestation de l'être absolu (ou de sa phénoménalisation) qu'en s'apparaissant *en tant qu'image*, il n'est pas difficile d'identifier ici un cercle dans l'argumentation. Fichte lui-même ne s'en cache pas : « cette démonstration […] selon laquelle l'image peut être seulement dans l'image d'elle-même, seulement dans l'entendement, m'a toujours parue circulaire – présupposant l'image en tant qu'image à travers la compréhension propre du savant »[2]. Or, comme le note de façon très éclairante A. Bertinetto, ne s'agit-il pas ici « du cercle transcendantal, et donc incontournable, du comprendre ? ». « C'est justement le cas : le problème de la compréhension du concept d'image est en effet le problème même de la philosophie transcendantale comme réflexion de la réflexion. […] L'image est ainsi le concept absolu et originaire puisqu'elle se présuppose

---

1. Nous avons vu plus haut qu'une image n'est *vivante* que si elle a la capacité de « *se faire* » image. L'auto-création du monde exprime très exactement cette caractéristique de l'image.

2. J.G. Fichte, *Ultima Inquirenda. Fichtes Bearbeitungen der Wissenschaftslehre im Winter 1813-1814*, R. Lauth (éd.), Stuttgart-Bad Cannstatt, Frommann-Holzboog, 2001, p. 274, n. 1.

toujours elle-même, en tant qu'elle n'est que "dans le comprendre d'elle-même"[1] : l'être de l'image consiste dans sa propre auto-compréhension en tant qu'image, il *est* le fait pour lui de *s'apparaître à soi-même* »[2]. Or, il importe de souligner que cette circularité n'est pas vicieuse. S'exprime ici encore une fois cette exigence du *Doit* (*Soll*) déjà soulignée plus haut. Pour caractériser de nouveau ce *Soll* à travers le prisme d'une réflexion sur l'essence intrinsèque de la doctrine de la science, citons encore A. Bertinetto : il s'agit là d'un « postulat qui sera déduit à son tour, afin que l'on ne reste pas au niveau dogmatique du fait, mais que l'on parvienne au niveau transcendantal des genèses. La structure circulaire du système émerge donc lorsqu'il se révèle, et lorsque l'on comprend, le primat du pratique sur le théorique. Partant de là, l'intime connexion entre la doctrine de la science comme phénoménologie et comme doctrine de l'image et l'objet de l'enquête de cette dernière, l'image elle-même, devient de plus en plus évidente. La circularité de la doctrine de la science est en effet la même que celle de son objet (le phénomène, l'image), puisque l'image est com-prise comme l'exposition de soi *en tant* qu'image. Pourtant, l'auto-réflexion de l'image en tant que telle n'est garantie par aucun principe (formellement) logique : il faut, pour que l'image apparaisse comme telle, et ne se fasse pas passer pour de l'"être", que la réflexion qui révèle le caractère imaginal de l'image soit libre. Il ne s'agit pas d'une auto-réflexion nécessaire, mais de la *réflexibilité* comme possibilité nécessaire de la réflexion. En effet, le fait d'ôter la liberté à la réflexion implique de réduire l'image à la copie, en mettant hors jeu la position transcendantale de la pensée et en offrant d'elle une vision empirique et dogmatique, qui réduit la pensée à une "chose", à un fait. Au contraire, à la lumière du cercle de la réflexion, qui entraîne le primat du pratique sur le théorique, la doctrine de l'image exhibe la logique même où se meut la pensée transcendantale de la doctrine de la science »[3].

1. *Ultima Inquirenda*, *op. cit.*, p. 280.
2. A. Bertinetto, « Philosophie de l'imagination – philosophie comme imagination. La *Bildlehre* de J.G. Fichte », art. cit., p. 63.
3. A. Bertinetto, *ibid.*, p. 64.

La doctrine fichtéenne de l'image n'est donc pas seulement au centre de la théorie fichtéenne du savoir et de la connaissance, mais elle est aussi une théorie de l'être du seul objet du savoir – à savoir de l'être de l'Absolu lui-même. Elle rend compte de l'appropriation de la vie absolue, de son déploiement dans le savoir, ainsi que du statut ontologique de ce qui nous apparaît comme la « réalité ». Si, comme on pourrait le montrer, elle est déjà à l'œuvre, en germe, dans les premières versions de la doctrine de la science, elle n'est explicitement élaborée qu'en 1804 et, en particulier, dans les versions dites « tardives » (à partir de 1810) de la *Wissenschaftslehre*. Dans la mesure où elle permet d'achever le transcendantalisme dans sa version proprement fichtéenne, elle est la preuve la plus visible du fait que la philosophie fichtéenne reste une philosophie transcendantale jusque dans les dernières tentatives de lui trouver une forme, une expression et un mode d'enseignement appropriés.

Alexander SCHNELL

L'IMAGE COMME FONCTION MÉDIATRICE
CHEZ BERGSON

La notion d'image occupe une place à la fois centrale et ambiguë dans la philosophie de Bergson. Sa présence dans son œuvre, particulièrement visible dans *Matière et Mémoire* mais tout aussi importante dans un certain nombre d'autres textes, révèle une grande diversité sémantique dont l'auteur semble ignorer le caractère problématique : image-perception ou image-souvenir dans *Matière et Mémoire*, image cinématographique dans *Durée et simultanéité*, image rhétorique dans « Introduction à la métaphysique »[1]… toutes ces acceptions semblent se chevaucher, sans se rencontrer dans une unité conceptuelle claire. Cette apparente incohérence théorique se double du fait que Bergson, dans son style littéraire, utilise un grand nombre d'« images »[2], à tel point qu'il est devenu célèbre pour cet aspect à première vue mineur de sa pensée. L'image a donc chez cet auteur une double importance : en tant que concept, elle est un outil éminent de son échafaudage systématique, et en tant que figure de style, elle en est l'un des moyens d'expression les plus remarquables.

---

1. *La pensée et le mouvant*, Paris, PUF, 1970, p. 177-227 (1392-1432). Les références aux ouvrage de Bergson sont dorénavant citées suivant les abréviations : *DI, Essai sur les données immédiates de la conscience*; *MM, Matière et mémoire*; *R, Le Rire*; *EC, L'Évolution créatrice*; *ES, L'Énergie spirituelle*; *DS, Durée et simultanéité*; *MR, Les Deux sources de la morale et de la religion*; *PM, La Pensée et le mouvant*. Les pages sont indiquées selon l'édition séparée (Paris, PUF) puis, entre parenthèses, selon l'édition des *Œuvres complètes*, dite « Édition du centenaire », Paris, PUF, 1970. Seul *Durée et simultanéité* est publié dans un autre recueil, *Mélanges*, Paris, PUF, 1972.

2. Un exemple connu est la comparaison de la durée et de la mélodie, par exemple dans *DS*, p. 47 (94).

Étudier l'image chez Bergson se réduit dès lors à répondre à la question de l'unité de cette notion. Peut-on réunir ses diverses utilisations en un seul sens, et si oui, qu'est-ce que cela apporte à la compréhension, d'une part de la pensée bergsonienne, et d'autre part du concept même d'image ?

L'intérêt de ce problème est visible dans le double apport philosophique (bergsonien et général) qu'une solution donnerait : la pluralité sémantique développée par Bergson semble en effet recouper celle du sens commun du mot image. On se fait une image des choses qu'on perçoit, de même qu'on forme des images à partir de nos souvenirs (quand ceux-ci ne s'y réduisent pas), ou qu'on embellit un texte au moyen d'images. Si l'on peut rapidement trouver une communauté de sens à tous ces emplois, notamment dans la déficience ontologique de l'image par rapport à l'être auquel elle renvoie (l'image de l'arbre ne tiendrait sa réalité que du véritable arbre dont elle provient), cela reste insuffisant pour expliciter le fonctionnement même de l'image, y compris dans son rapport à l'être. Une étude approfondie des textes bergsoniens nous conduira d'ailleurs à réviser ce jugement directement axé sur le problème ontologique, au profit d'une conception plus fonctionnaliste de l'image. C'est sur ce point que la question de la cohérence, qui est *a priori* purement interne à l'œuvre de Bergson, rejoint clairement le problème plus général de la notion d'image. C'est donc cette question qui nous guidera dans notre étude.

Celle-ci doit répondre à une série de difficultés soulevées par les textes les plus importants traitant de cette notion :

– Chapitre 1 de *Matière et Mémoire* : les images sont-elles les constituants ultimes de la matière ?

– Chapitre 2 de *Matière et Mémoire* : nos souvenirs sont-ils des images ?

– « L'effort intellectuel »[1] : quel rôle ont les images dans le fonctionnement de l'esprit ?

– « Introduction à la métaphysique »[2] : comment le philosophe peut-il utiliser un langage imagé ?

---

1. *ES*, p. 153-190 (930-959).
2. *PM*, en particulier les p. 183-186 (1397-1400).

C'est à condition de résoudre ces problèmes en repérant les apports conceptuels que chaque analyse contient que nous pourrons élaborer une définition unique de l'image bergsonienne.

L'IMAGE ENTRE MOUVEMENT ET PERCEPTION

Définition liminaire de l'image : « entre »

C'est dans *Matière et Mémoire* que le concept d'image est utilisé de la manière la plus approfondie dans l'œuvre de Bergson[1]. L'articulation même du livre s'appuie sur lui, comme en témoignent les titres de chaque chapitre[2]. Il est dès lors étonnant de remarquer qu'on n'y trouve aucune définition claire. Le début du texte présente directement l'image comme une notion évidente, qui ne nécessite pas d'explication : « Me voici donc en présence d'images, au sens le plus vague où l'on puisse prendre ce mot, images perçues quand j'ouvre mes sens, inaperçues quand je les ferme ». L'indétermination de cette présentation semble annoncer des précisions ultérieures. Mais cette attente sera déçue, et Bergson laisse, du moins explicitement, son concept principal dans ce flou initial. Celui-ci est d'ailleurs plutôt renforcé par les rares éclaircissements, quelquefois contradictoires, qui parsèment la suite de l'œuvre.

La difficulté des lecteurs à saisir nettement ce qu'il en est de l'image a conduit Bergson, en 1911 (quinze ans après la parution de l'ouvrage !), à changer son « Avant-propos ». Il est particulièrement fructueux de comparer les deux « Avant-propos », celui de la première[3] et celui de la septième édition[4], dans l'utilisation qu'ils font du

---

1. Notre étude se doit dès lors de lui accorder une place éminente, sans toutefois tomber dans l'erreur d'accorder aux analyses de l'image dans cet ouvrage une trop grande autonomie par rapport à ses autres occurrences dans l'œuvre bergsonienne. C'est la condition à laquelle une définition unitaire pourra être trouvée.

2. Chap. I : « De la sélection des images pour la représentation. Le rôle du corps » ; chap. II : « De la reconnaissance des images. La mémoire et le cerveau » ; chap. III : « De la survivance des images. La mémoire et l'esprit » ; chap. IV : « De la délimitation et de la fixation des images. Perception et matière. Âme et corps ». *Cf.* fin de cette partie.

3. *Œuvres*, « Apparat critique », p. 1490-1491.

4. *MM*, p. 1-9 (161-168).

concept d'image. La lecture du premier comporte une surprise de taille : le terme n'est pas employé une seule fois. Dans ce court texte de deux pages, Bergson insiste sur son analyse des plans de conscience du troisième chapitre, qu'il considère comme le « point de départ de [son] travail »[1], et les problèmes et solutions qu'elle induit. Ce point de départ, qui est l'intuition génératrice de tout le livre, diffère ainsi du début de la rédaction, qui consiste précisément en une présentation de l'image. Le second « Avant-propos », lui, traite de cette notion pendant une page, dans le sens où elle apparaît dans le premier chapitre. La définition donnée est fréquemment citée (la principale raison en étant qu'elle est la seule) :

> La matière, pour nous, est un ensemble d'« images ». Et par « image » nous entendons une certaine existence qui est plus que ce que l'idéaliste appelle une représentation, mais moins que ce que le réaliste appelle une chose – une existence située à mi-chemin entre la « chose » et la « représentation » […]. Donc, pour le sens commun, l'objet existe en lui-même, pittoresque comme nous l'apercevons : c'est une image, mais une image qui existe en soi[2].

L'image est donc d'abord elle-même une définition, celle de la matière. Elle est une « existence », qui n'est précisée que négativement, en opposition à l'idéalisme et au réalisme. Le deuxième pan de la définition est lui paradoxal, puisque Bergson identifie l'image à l'objet, ce qui en donne un double rapport : en tant qu'image, elle existe pour nous[3], mais en tant qu'objet, elle existe en soi.

L'image est donc à ce stade de l'analyse (qui est celle d'un lecteur qui ouvre le livre pour la première fois) un concept négatif et paradoxal, censé définir la matière, c'est-à-dire l'une des deux notions principales de l'ouvrage, puisqu'elle en compose le titre. Le second « Avant-propos » ne semble pas éclairer l'image, mais plutôt lui

---

1. *Œuvres*, p. 1490.

2. *MM*, p. 1-2 (161-162).

3. Selon la définition classique de l'image (voir par exemple Taine, *De l'intelligence*, Paris, Hachette, 1883), avec laquelle joue Bergson, et qui est celle que le lecteur de son époque a immanquablement en tête.

donner un mystère dont on attend la résolution dans le développement, résolution, qui, rappelons-le, est introuvable dans la lettre du livre[1].

Comment comprendre l'image, ou plutôt les images, comme elles sont le plus souvent présentées? Si l'on s'en tient au premier «Avant-propos» et au «Résumé et conclusion», qui semblent donner l'essentiel de l'ouvrage, c'est un concept utile pour l'argumentation, mais qui n'entre pas dans l'exposition positive des thèses de l'ouvrage (la théorie des plans de conscience, le lien métaphysique entre corps et esprit). D'ailleurs c'est essentiellement les deux premiers chapitres qui s'appuient sur l'image, les deux suivants (surtout le dernier) semblant l'ignorer plus ou moins, même lorsqu'il semble y avoir nécessité à l'utiliser. Mais si l'on regarde le second «Avant-propos» et surtout le premier chapitre, sans compter les titres des chapitres, l'image devient le concept essentiel de *Matière et Mémoire*, à tel point qu'elle semble être la clef de voûte de l'ontologie bergsonienne dans ce livre: image, objet, matière et même mouvement peuvent alors être identifiés. Il convient dès lors de saisir les liens entre le concept d'image et l'ontologie, sans oublier de cerner précisément le sens de l'utilisation, dans deux domaines (perception et mémoire) et deux significations distinctes (image et image-souvenir), du même terme.

Cette définition liminaire apporte toutefois un élément, apparemment anodin, mais dont nous verrons l'importance: l'image se situe dans un «entre-deux». C'est pour l'instant le seul guide que nous avons dans notre approche du concept, mais c'est un guide essentiel, la nature de l'image pouvant être établie dans le rapport constant qu'elle entretient avec deux éléments. Si la «chose» et la «représentation» ne sont pas à proprement parler des termes bergsoniens, l'image conserve ce statut d'«entre-deux» dans ses relations avec des notions majeures de son système, et il convient de préciser le sens de cet «entre» pour vérifier s'il ne donne pas en fait le fin mot de la nature de l'image.

Image et images

L'image est introduite et fortement utilisée dans le cadre d'une théorie de la perception, que Bergson qualifie de «pure», c'est-à-dire

---

1. Même dans le «Résumé et conclusion», les référence à l'image sont rares, une seule étant vraiment instructive, sans être non plus une définition.

qu'elle ne prend pas en compte les ajouts de la mémoire. Nous pouvons la résumer en quelques mots, pour mieux saisir le contexte de l'utilisation bergsonienne des images.

L'univers matériel est constitué d'images, et d'images uniquement. Même si leur nature reste mystérieuse, on se doute que ce sont les choses que nous avons devons nous, avec leurs qualités, même si elles ne sont peut-être pas tout à fait comme nous les percevons réellement. Les images agissent entre elles de manière mécanique, par réception et envoi de mouvement. Elles sont toutes de même nature, mais certaines ont une action un peu particulière : elles peuvent agir en n'étant pas totalement déterminées par l'action des autres images. Ce sont les corps vivants. À partir de ces données minimales, Bergson va pouvoir faire la genèse de la perception consciente qui se produit dans les corps vivants. Il pose alors la conscience, à l'état virtuel, dans la matière elle-même, mais empêchée de se révéler par la continuité du mouvement qui la traverse. Le corps va l'actualiser en sélectionnant, en vertu de ses besoins vitaux, les images qui l'intéressent. La perception consciente est alors la marque, dans les images elles-mêmes, de l'action possible du corps sur elles. Je perçois ainsi les choses non pas en moi (théorie classique de la représentation), mais là où elles sont, hors de moi. C'est à même la matière que se fait la perception : Bergson n'a pas besoin de l'esprit pour en expliquer l'apparition, même s'il suggère que le processus de sélection annonce déjà une certaine activité spirituelle.

Cette théorie a pour avantage son économie ontologique, mais pour inconvénient son imprécision. Bergson semble se permettre beaucoup de choses du fait du vague dans lequel il laisse le concept d'image. Il faut donc, dans ce premier chapitre, étudier soigneusement les textes dans lesquels la notion apparaît pour comprendre précisément l'utilisation qu'en fait Bergson.

L'image est, en toute rigueur, toujours présentée au pluriel : le monde matériel est un « ensemble »[1], un « système »[2], une « totalité »[3] d'images. Si l'on part du principe qu'une totalité est plus que la somme

1. *MM*, p. 1 (162), p. 12 (170).
2. *MM*, p. 27 (182), p. 58 (206).
3. *MM*, p. 32 (186).

de ses parties (principe souvent affirmé par Bergson), on se rend compte que le terme d'image ne suffit pas à déterminer entièrement la matière. Il faut quelque chose de plus pour que les images forment un système. La première page du chapitre présente d'ailleurs directement les images avec des lois de liaison :

> Toutes ces images agissent et réagissent les unes sur les autres selon des lois constantes, que j'appelle les lois de la nature [1].

Les lois de la nature règlent donc, non pas la nature des images, mais leurs actions réciproques. Il faut dès lors déterminer en quoi consiste cette action. Nous avons déjà aperçu dans notre résumé qu'elle concernait le mouvement. Un texte important en parle très clairement :

> Mon corps est donc, dans l'ensemble du monde matériel, *une image qui agit comme les autres images, recevant et rendant du mouvement*, avec cette seule différence, peut-être, que mon corps paraît choisir, dans une certaine mesure, la manière de rendre ce qu'il reçoit [2].

Contrairement à ce que nous pouvions croire, il y a ainsi un autre terme que les images dans le monde matériel : le mouvement. C'est lui qui permet la liaison entre les images. On peut donc résumer ainsi : le monde matériel est un « système d'images solidaires et bien liées » [3] car les relations entre images, constituées par le va-et-vient du mouvement entre elles, sont ordonnées nécessairement selon les lois de la nature. Ces lois concernent donc en propre, non pas les images, mais le mouvement lui-même.

Images et mouvement

Il faut dès lors affiner la distinction entre images et mouvement. Elle ne va en effet pas de soi. Comme Bergson semble identifier matière et images, tout en affirmant l'importance du mouvement dans la matière, il paraît possible de définir l'image comme du mouve-

---

1. *MM*, p. 11 (169).
2. *MM*, p. 14 (171), je souligne.
3. *MM*, p. 27 (182).

ment[1]. Le problème que nous rencontrons peut être clairement
exprimé : l'action de l'image (prendre et rendre du mouvement) est-
elle l'essence ou seulement la fonction de l'image ? Dans le premier
cas, l'image peut être identifiée au mouvement, dans le second nous
devons distinguer les deux notions. Un texte essentiel permet de
résoudre ce dilemme :

> Or voici l'image que j'appelle un objet matériel ; j'en ai la représen-
> tation. D'où vient qu'elle ne paraît pas être en soi ce qu'elle est pour
> moi ? C'est que, solidaire de la totalité des autres images, elle se
> continue dans celles qui la suivent comme elle prolongeait celles qui la
> précèdent [...]. Ce qui la distingue, elle image présente, elle réalité
> objective, d'une image représentée, c'est la nécessité où elle est d'agir
> par chacun de ses points sur tous les points des autres images, de trans-
> mettre la totalité de ce qu'elle reçoit, d'opposer à chaque action une
> réaction égale et contraire, *de n'être enfin qu'un chemin sur lequel
> passent en tous sens les modifications qui se propagent dans l'immen-
> sité de l'univers.* Je la convertirais en représentation si je pouvais
> l'isoler, si surtout je pouvais en isoler l'enveloppe[2].

Ici l'image n'est pas identifiée au mouvement, mais bien à la
« réalité objective ». Elle n'est « qu'un chemin », son rôle est d'être le
vecteur de ces « modifications » qui forment le mouvement de l'univers. L'image est plus proche d'un objet déterminé, aux contours
arrêtés, que du pur mouvement. Elle n'est bien sûr pas, dans ce texte,
un objet séparé, puisque ce n'est pas encore une image perçue. Elle
reste liée à toutes les autres images, non pas parce qu'elle se mélange
dans la totalité de la matière, mais parce qu'elle rend tout le mouvement qu'elle reçoit. Il faut comprendre que les images se détachent,
avant même la perception, d'un fond mouvant qui leur donne, en
même temps que leurs relations, l'impossibilité d'accéder à la
conscience. L'effet perceptif du corps ne sera donc pas de créer
des séparations dans un continuum, mais de couper le lien entre des
réalités déjà distinguées. C'est à cette condition seulement que la
sélection utilitaire des images pourra se faire et générer la conscience.

---

1. C'est d'ailleurs la thèse développée par G. Deleuze, *L'Image-mouvement*, Paris,
Minuit, 1983, p. 86.

2. *MM*, p. 32-33 (186), je souligne.

Ce que le corps sélectionne en laissant passer des « actions extérieures », ce n'est donc pas d'abord des images mais bien du mouvement. C'est en arrêtant l'écoulement d'une partie du mouvement que
le corps peut percevoir, cachée derrière lui, l'image elle-même[1]. Nous
comprenons dès lors mieux l'emploi même du terme d'image, étrange
s'il s'agissait de ne parler que de mouvement. L'image est perceptible
par définition[2] : la nature des objets est par conséquent d'être perçus.

Si nous saisissons maintenant la fonction de l'image dans le cadre
d'une description de la perception, sa nature reste ambiguë : fait-elle
réellement partie de la réalité ou est-elle relative à un corps vivant ?
Seul le dernier chapitre de *Matière et Mémoire* apporte une réponse à
cette question, en élaborant une métaphysique de la matière où l'image
est mise de côté au profit du seul mouvement réel, distinct de sa
spatialisation symbolisée par une flèche, qui est indivisible et est un
acte et pas une chose[3]. L'image se situe alors entre ce mouvement et
les objets bien délimités et spatialisés qui composent la perception
commune. En dédoublant l'image du premier chapitre en image-
matière (avant l'arrêt du mouvement) et image-perception (après
celui-ci), nous pouvons dès lors construire un petit schéma expliquant
la position des images :

Chapitre 1 : image-matière → image-perception
Chapitre 4 : mouvement réel —[image]→ objet actuellement perçu

L'image est donc toujours dans un « entre-deux », comme la
définition liminaire nous l'indiquait d'une manière encore obscure.
Entre un élément métaphysique (le mouvement) et la perception la
plus courante, elle a ce rôle essentiel de mettre en relation deux termes
apparemment irréconciliables. En ce sens on peut rapprocher cette
notion d'un texte important, qui définit en partie la métaphysique
selon Bergson : le métaphysicien devrait « aller chercher l'expérience

1. Le chapitre IV contient à ce sujet un texte très clair : « Percevoir consiste donc, en
somme, à condenser des périodes énormes d'une existence infiniment diluée en quelques
moments plus différenciés d'une vie plus intense, et à résumer ainsi une très longue
histoire. *Percevoir signifie immobiliser* », *MM*, p. 233 (342), je souligne.

2. *MM*, p. 38 (190) : « Quant à la perception même, en tant qu'image, vous n'avez pas
à en retracer la genèse, puisque vous l'avez posée d'abord » avec le tout des images.

3. *MM*, p. 209-235 (324-344).

à sa source, ou plutôt au-dessus de ce *tournant* décisif où, s'infléchissant dans le sens de notre utilité, elle devient proprement l'expérience *humaine* »[1]. Il est clair que l'image se situe exactement au moment de ce tournant, la « source » étant ici le mouvement réel et « l'expérience humaine » la perception. Cette comparaison permet de saisir le statut de cet entre-deux : loin d'être une chose statique placée au milieu de deux éléments importants, elle est une mise en relation dynamique, un « tournant », qui peut aller d'un côté ou de l'autre. L'image n'est donc pas une chose, mais d'abord et avant tout une fonction.

L'IMAGE ENTRE SOUVENIR ET ACTION

Si nous comprenons maintenant mieux le fonctionnement de l'image-perception, cela ne nous avance pas encore beaucoup sur le chemin de l'unification des significations bergsoniennes de l'image, car *Matière et Mémoire* semble en développer une seconde, très différente, bien que plus proche de la notion courante : l'image-souvenir. Elle correspond à l'idée qu'on se fait d'une image qu'on peut former même quand l'objet qu'on imagine est absent. Bergson continue-t-il à s'opposer à l'idée que toute image est une représentation ? Ou alors son concept d'image-souvenir perd-t-il cette critique de vue ? Il nous faut spécifier cette notion en vérifiant si les acquis de l'analyse de l'image-perception restent valables pour elle.

Critique de l'image-chose

L'image-souvenir est introduite de deux manières dans les deux chapitres centraux de *Matière et Mémoire* : d'abord en un sens courant, puis intégrée au processus général de la mémoire. Le premier sens est peu utilisé, mais il est important de voir que Bergson l'emploie, même s'il disparaît rapidement. Voici la manière dont est présenté le concept d'image-souvenir : « on pourrait se représenter deux mémoires théoriquement indépendantes. La première enregistrerait, sous forme d'images-souvenirs, tous les événements de notre vie quotidienne

_____

1. *MM*, p. 205 (320-321).

à mesure qu'ils se déroulent »[1]. À partir de ce texte on pourrait se représenter l'image-souvenir comme le décalque, dans le passé, de l'image perçue dans le présent. Dès lors Bergson serait très proche de la conception associationniste de l'image, à laquelle il s'oppose pourtant constamment. Son principal théoricien, Taine, définit en effet l'image comme « une répétition ou résurrection de la sensation »[2]. La différence avec Taine ne se situerait pas alors au niveau de la nature de l'image, mais de son fonctionnement. Alors que pour Taine l'image est avant tout une re-perception, une « renaissance », l'image-souvenir serait pour Bergson une chose passive, emmagasinée dans la mémoire. Le premier doit alors expliquer comment l'image peut s'effacer, alors que l'autre a plutôt comme problème de montrer comment elle réapparaît. Même si ce problème est en effet crucial chez Bergson, les termes dans lequel il est posé changent totalement lorsque l'image-souvenir prend un sens plus technique. C'est en la comprenant à l'intérieur de la théorie de la mémoire que nous pourrons saisir à quel point Bergson renverse les conceptions de Taine, en créant une différence de nature radicale entre perception et image-souvenir, par une inversion de l'origine de l'image. C'est bien sur ce dernier point que Bergson insiste. L'image-souvenir n'a pas pour origine directement la sensation, mais le passé en lui-même, le souvenir pur. L'introduction de cet élément métaphysique à la toute fin du second chapitre donne une réponse aux questions posées par les pathologies de la mémoire analysées dans le cours du chapitre, et d'autre part inverse la conception de l'image-souvenir : elle ne constitue plus les éléments du passé, comme des choses, mais elle fait le lien entre le passé (le souvenir pur) et le présent (l'action).

Avant de développer les thèses bergsoniennes il est intéressant de remarquer que l'image-souvenir, comme l'image du premier chapitre (même si cela est fait de manière bien moins appuyée), est d'abord présentée comme une chose, et même plus comme la réalité du passé. Cela suffit à poser les différents problèmes liés à la mémoire, comme

---

1. *MM*, p. 86 (227).

2. Hyppolite Taine, *De l'intelligence*, p. 127. L'associationnisme, psychologie empiriste héritière de Hume, décrit le travail de l'esprit par la simple association de ses éléments, sensation, images et signes.

le fonctionnement de la reconnaissance, mais lorsque Bergson doit constituer l'essence même de la mémoire et son organisation, il doit introduire un élément plus fondamental, sans qui l'explication ne peut tenir. Dans les deux cas le concept d'image passe d'un statut d'essence à un statut de fonction.

Image et souvenir pur

Chez Bergson la mémoire est dynamique. C'est seulement à partir de cette thèse que nous pouvons comprendre le statut de l'image-souvenir. Le schéma qui nous le fait le mieux comprendre est celui du début du chapitre trois[1], qui distingue bien trois moments dans le mouvement du souvenir : le souvenir pur, « virtuel » et « impuissant »[2], l'image-souvenir qui « commence à matérialiser »[3] le souvenir pur, et la perception où ce dernier « tend à s'incarner »[4]. Nous voyons donc que le souvenir pur est à l'origine de toute la mémoire, alors qu'il est en lui-même inactif.

L'opposition à l'associationnisme est ici concentrée en un argument qui est au cœur de toute la philosophie de Bergson : « L'erreur constante de l'associationnisme est de substituer à cette continuité de devenir, qui est la réalité vivante, une multiplicité discontinue d'éléments inertes et juxtaposés »[5]. Bergson s'appuie ici sur les acquis de l'*Essai sur les données immédiates de la conscience*, dans lequel la vie psychologique a été définie comme une multiplicité continue, dont les éléments hétérogènes s'interpénètrent, par opposition à la multiplicité spatiale qui fonctionne par séparation. L'associationnisme commet donc l'erreur de spatialiser la mémoire et ainsi d'ignorer sa continuité essentielle, sans laquelle son fonctionnement devient incompréhensible. Ce qui nous intéresse particulièrement, c'est que cette continuité est intégralement portée par le concept de l'image-souvenir. Pour saisir ceci, citons l'intégralité du premier alinéa du troisième chapitre :

1. *MM*, p. 147 (276).
2. *MM*, p. 142 (272).
3. *MM*, p. 147 (276).
4. *MM*, p. 147 (276).
5. *MM*, p. 148 (277).

Nous avons distingué trois termes, le souvenir pur, le souvenir-image et la perception, dont aucun ne se produit d'ailleurs, en fait, isolément. La perception n'est jamais un simple contact de l'esprit avec l'objet présent; elle est tout imprégnée des souvenirs-images qui la complètent en l'interprétant. Le souvenir-image, à son tour, participe du « souvenir pur » qu'il commence à matérialiser, et de la perception où il tend à s'incarner: envisagé de ce dernier point de vue, il se définirait une perception naissante. Enfin le souvenir pur, indépendant sans doute en droit, ne se manifeste normalement que dans l'image colorée et vivante qui le révèle. En symbolisant ces trois termes par les segment consécutifs AB, BC, CD d'une même ligne droite AD, on peut dire que notre pensée décrit cette ligne d'un mouvement continu qui va de A en D, et qu'il est impossible de dire avec précision où l'un des termes finit, où commence l'autre [1].

Les deux termes extrêmes de cette ligne sont proprement métaphysiques : le souvenir pur et la perception pure ne sont pas de l'ordre du fait, (comme l'indique le fait que Bergson parle du souvenir comme étant doté d'une indépendance « en droit ») mais se situent au-delà du « tournant de l'expérience ». C'est par le terme intermédiaire, par l'image-souvenir, que ces deux réalités métaphysiques prennent une réalité humaine. L'image-souvenir est donc le concept-clef qui permet à la métaphysique de ne pas perdre contact avec l'expérience, ce qui était le mot d'ordre de Bergson dans « Introduction à la métaphysique », où il appelait de ses vœux une métaphysique empiriste.

Mais si la métaphysique ne doit pas s'abstraire de la réalité, c'est parce qu'elle a pour charge de l'expliquer. Le souvenir pur permet de saisir la différence essentielle entre un souvenir et une perception : « Mais [le souvenir] demeure attaché au passé par ses racines profondes, et si, une fois réalisé, il ne se ressentait pas de sa virtualité originelle, s'il n'était pas, en même temps qu'un état présent, quelque chose qui tranche sur le présent, nous ne le reconnaîtrions jamais pour un souvenir » [2]. Le souvenir pur, lieu de l'inactivité totale, laisse donc le sceau de la virtualité sur l'image-souvenir, qui n'existe que par le fait qu'elle provient de lui. De même la perception, qui est une action

1. *MM*, p. 147-148 (276).
2. *MM*, p. 148 (277).

immédiate, une actualité pure [1], donne une réalité vitale au souvenir, à travers les réponses qu'il apporte aux besoins du corps.

L'image comme processus médiateur

L'image-souvenir, de même que l'image-perception, n'est pas un être, mais une fonction qui a pour objectif de relier des éléments autrement séparés. Elle est le support de la continuité du mécanisme de la mémoire, comme l'image l'était dans le cas de la perception. Sa fonction est d'être un processus d'actualisation (du souvenir pur entièrement virtuel au présent totalement actuel [2]). Elle a la même utilisation que l'image, et donc, puisque son essence est cette utilité, elle a fondamentalement la même nature que celle-ci.

Ainsi, l'analyse de l'image-souvenir nous a permis de saisir ce qui fait qu'elle se nomme aussi « image » : derrière l'écart entre leurs domaines d'utilisation, image et image-souvenir ont une identité fonctionnelle : les deux lient esprit et matière, sujet et objet (dans le premier cas la matière et la conscience dans la perception, dans le second cas la mémoire et l'action dans le souvenir). Son rôle est dès lors clair : c'est un processus médiateur entre deux réalités que l'analyse bergsonienne doit nécessairement séparer, mais qu'elle a aussi pour tâche de réunir. Dans *Matière et Mémoire* c'est donc essentiellement au concept d'image qu'est dévolue cette fonction médiatrice, que nous pouvons d'ors et déjà définir comme sa nature.

L'IMAGE ENTRE VIRTUEL ET ACTUEL

Les apports de *Matière et Mémoire* sont éminents quant au renouvellement de la notion d'image, mais cet ouvrage n'est, nous l'avons dit, pas le seul à l'utiliser. D'autres textes sont mêmes plus théoriques à son propos, et, maintenant que nous saisissons le carac-

---

1. Elle est définie dans l'explication du schéma du cône, en tant que sommet de celui-ci, comme « la perception actuelle que j'ai de mon corps, c'est-à-dire un certain équilibre sensori-moteur », *MM*, p. 180 (301).

2. Son rapport très important avec le couple virtuel/actuel sera précisé dans le chapitre suivant.

tère fonctionnel des images, leur lecture peut permettre de préciser leur structure, la manière dont elles remplissent leur tâche dans l'esprit humain. Si leur statut d'«entre-deux» reste une clef, nous pouvons le développer dans leur rapport avec des concepts fondamentaux du système bergsonien. C'est ce qu'il est possible de faire notamment avec l'article «L'effort intellectuel»[1], qui, tout en poursuivant le travail effectué dans les chapitres centraux de *Matière et Mémoire*, l'approfondit sur un point essentiel pour nous : la relation des images avec le couple actuel/virtuel.

Images et schéma virtuel

Le fonctionnement de l'esprit ne peut pas s'expliquer par l'association des images entre elles, sans origine motrice de ce processus : voilà la thèse, déjà présente dans *Matière et Mémoire*, qui pousse Bergson à forger le concept de «schéma virtuel» dans «L'effort intellectuel». Le rapport entre ce dernier et les images spécifie le travail spirituel tel qu'il était décrit dans le troisième chapitre de *Matière et Mémoire*, à travers le va-et-vient entre différents plans de conscience : «Dans un précédent essai, nous avons montré qu'il fallait distinguer une série de "plans de conscience" différents, depuis le "souvenir pur", non encore traduit en images distinctes, jusqu'à ce même souvenir actualisé en sensations naissantes et en mouvements commencés»[2]. Le souvenir pur est, nous l'avons vu, virtuel par définition : il est inactif, mais riches de germes qui peuvent donner lieu à des créations en étant activés par des images. Le schéma reprend cet aspect, en déterminant de manière plus complète son rapport avec les images, qui sont les liens qui permettent de le réaliser, de plan de conscience en plan de conscience, jusqu'à l'actualité totale de l'acte corporel. Un texte résume clairement la thèse de Bergson à ce propos :

> C'est bien en fonction d'images réelles ou possibles que se définit le schéma mental, tel que nous l'envisageons dans toute cette étude. Il consiste en une *attente* d'images, en une attitude intellectuelle destinée tantôt à préparer l'arrivée d'une certaine image précise, comme dans le

1. *ES*, p. 153-190 (930-959).
2. *ES*, p. 155 (932).

cas de la mémoire, tantôt à organiser un jeu plus ou moins prolongé
entre les images capables de venir s'y insérer, comme dans le cas de
l'imagination créatrice [1].

Bergson explique ici ce que l'associationnisme tenait pour établi : comment les images peuvent-elles établir des liens entre elles ? Les rapports de ressemblance, par exemple, sont-ils dus à une force interne aux images, qui se rejoignent mystérieusement selon des critères vagues ? Bergson clarifie la situation : les images, en elles-mêmes, sont diverses et n'ont pas de liens entre elles, si ce n'est leur congruence déterminée par l'action présente qui les appelle et leur donne leur actualité. Or cette action sélectionne les images-souvenirs qui peuvent lui être utiles, et le critère de liaison n'est donc pas interne, comme dans l'associationnisme. Mais, même dans cette imagination qu'on peut qualifier de reproductrice, il reste à expliquer comment le sujet peut aller chercher dans le passé un souvenir qui garde son statut mémoriel sans se transformer en une doublure de la perception. Cette attitude était, dans *Matière et Mémoire*, caractérisée par un saut dans le souvenir pur. Elle est précisée ici par la notion de schéma dynamique. Mais ce schéma est encore plus utile pour expliquer l'imagination créatrice, qui peut être nommée ainsi parce qu'elle n'est pas entière- ment déterminée par l'utilité d'un souvenir pour remplir mécani- quement une perception, mais qu'elle organise les relations entre les images de manière suffisamment « libre » pour que ces relations permettent la création. Le schéma virtuel est dans ce cas nécessaire : une pure association des images ne conduirait qu'à la répétition pure et simple de relations déjà programmées, alors que si leur organisation dépend d'un point extérieur à elles, leurs rapports peuvent introduire une vraie nouveauté.

La nature du schéma, le virtuel et son actualisation

La question est dès lors de spécifier la nature de ce schéma. Tout est donné par le qualificatif de « virtuel ». C'était aussi ce qui définissait le souvenir pur, par opposition à l'action. Mais le virtuel, chez Bergson, ne fait pas seulement référence à l'inactivité. Deleuze,

1. *ES*, p. 187-188 (957).

dans *Le bergsonisme*, explique ce terme de manière approfondie, en opposant deux couples : virtuel/actuel, et possible/réel [1]. Le possible devient réel par ressemblance (rien, du point de vue du concept, n'est ajouté avec l'existence) et par limitation (de plusieurs possibles, seul un se réalise). Le virtuel, lui, devient actuel par différence (l'actualisation se distingue du virtuel) et la création (l'actuel a apporté quelque chose de nouveau, qui ne pouvait être prévu devant le donné virtuel).

Ce qui est important dans le virtuel, c'est le processus par lequel il s'actualise. Le virtuel est comme un gland, qui contient un certain nombre d'éléments qui pourront se développer dans l'arbre, mais qui ne déterminent pas exactement la manière dont ils se développeront. C'est le processus qui introduit la différence et la création. Or ce processus est incarné justement par les images. Celles-ci ne seraient que répétition sans la virtualité originelle, mais avec elle, elles sont intégrées dans un « dynamisme » qui permet la création. C'est en ce sens que le schéma virtuel est en « devenir ». Mais ce devenir n'est que peu de chose sans les images qui lui donnent un contenu. Celui-ci se caractérise par la pluralité des images, qui s'oppose à l'unité du schéma (unité qui définit aussi le virtuel, puisque la pluralité et la distinction sont déjà la marque de l'actualisation), pluralité qui rend possible les relations entre éléments différents et, par là, produit la création. Ainsi les deux éléments sont tout autant indispensables à l'explication du travail de l'esprit : sans schéma il n'y aurait pas de création, sans images il n'y aurait pas d'effort, effort qui est le sentiment lié à la mise en relation des images dans l'organisation donnée par l'unité du schéma : « ce jeu des images se composant ou luttant entre elles pour entrer dans le schéma fait [...] partie intégrante du *sentiment* que nous avons de l'effort » [2].

Le sens de la fonction médiatrice

Ce qu'il est important de voir ici, c'est encore le caractère fonctionnel de l'image, qui permet d'opérer une médiation entre le schéma sans pouvoir et l'action dans le monde. S'il y a création, c'est justement parce que les images sont à même de faire le lien entre la

---

1. Deleuze, *Le bergsonisme*, p. 99-100.
2. *ES*, p. 182 (953).

virtualité de l'origine du travail de l'esprit (nécessaire pour que celui-ci ne soit pas pure répétition) et l'actualité de ses effets, leur réalisation dans le monde. Mais cette médiation est ici spécifiée : c'est un travail d'actualisation, dont nous connaissons maintenant l'aspect essentiel : la pluralité des images. C'est par leur distinction qu'elles rendent possible le passage de l'unité virtuelle à la séparation perceptive de l'action.

Rétrospectivement, on comprend dès lors mieux, d'une part le rôle des images-souvenir, proches des images de « L'effort intellectuel » puisque agissant aussi dans le domaine de l'esprit, mais même des images-perception, dans la pluralité nous avait paru être une carac-téristique essentielle. Le rapport entre actuel et virtuel est toutefois plus complexe dans ce second cas. En premier lieu il semble aller à l'inverse du processus d'actualisation qui est la marque des images de l'esprit, ce qui semble aller de soi puisque les images-perception opèrent le chemin inverse, en rendant appréhensible par l'esprit le mouvement totalement actuel qui fait la nature de l'univers matériel. En ce sens ces images virtualisent le mouvement par leur pluralité, en produisant des distinctions qui vont permettre la sélection par le corps de celles qui ont le plus d'utilité vitale. Mais, d'un autre côté, cette virtualisation du mouvement introduit plus profondément l'actuali-sation de la conscience. En créant une indétermination dans le flot continu du mouvement, le corps vivant, par les images, réveille la conscience endormie dans la matière[1]. Cela permet de saisir la parenté entre matière et esprit, et finalement leur rapprochement dans l'unité de la durée à la fin du quatrième chapitre de *Matière et Mémoire*.

« L'effort intellectuel » nous permet donc de confirmer notre hypothèse de la nature fonctionnelle et médiatrice des images, en la précisant sur un point : le lien qu'elle introduit entre élément pur (souvenir pur, mouvement) et élément humain (perception, action) peut être défini comme un processus d'actualisation par la diversité. L'important est dès lors de saisir la nécessité de l'élément méta-physique, total, que les images ont pour charge d'amener à la réalité humaine. Sans cet élément, comme Bergson l'a bien montré pour le

---

1. *MM*, p. 35 (187-188) p. 246-247 (353) : « La matière étendue, envisagée dans son ensemble, est comme une conscience où tout s'équilibre, se compense et se neutralise ».

souvenir pur et le mouvement, cette réalité devient incompréhensible, et de plus les images deviennent des choses, et tombent alors dans une série de faux problèmes comme ceux de l'associationnisme. L'adjonction du virtuel (comme le schéma) à sa théorie des images n'est donc pas pour Bergson une esquive destinée à calfeutrer les difficultés inhérentes à celles-ci, mais c'est au contraire le fondement même de sa théorie, et les images bergsoniennes perdent toute signification sans cette origine.

L'image est donc toujours « entre », mais nous comprenons maintenant sa médiation, non plus uniquement entre deux termes (perception et mouvement, souvenir et action), mais entre deux concepts (virtuel et actuel), qui s'appliquent aux éléments précédents, tout en spécifiant la dynamique des images dans sa fonction d'actualisation.

L'IMAGE ENTRE DURÉE ET ESPACE

Nous avons pour l'instant saisi l'image dans son utilisation conceptuelle, dans le cadre d'une théorie de la perception, de la mémoire et du travail spirituel. Si cela nous a permis de préciser progressivement le statut et la structure des images bergsoniennes, cela semble nous éloigner de l'utilisation rhétorique qu'en fait très souvent l'auteur dans ses ouvrages, et qui est un aspect fort reconnaissable de son style. La question que l'on peut se poser en lisant par exemple un texte comparant l'évolution de la vie à l'éclatement d'un obus [1], c'est l'intérêt que trouve Bergson à cet emploi du langage imagé. Qu'est-ce qu'il apporte de plus qu'une simple analyse conceptuelle ? Il nous faut pour comprendre cela déterminer le statut du langage chez Bergson, et le problème lié à son utilisation philosophique.

Langage et philosophie

La philosophie pose un problème de compatibilité avec le langage en tant qu'elle porte en son cœur une intuition, contact avec la réalité

1. *EC*, p. 99 (578).

telle qu'elle se déploie en durée derrière les tendances spatialisantes de
l'intelligence humaine, qui sont utiles pour vivre, mais contraires à
toute tentative de connaissance absolue. Or le langage se situe sur la
pente utilitaire de l'activité humaine, et non pas celle de la connaissance désintéressée. Il fonctionne en effet par concepts et symboles
qui se substituent à l'objet qu'il signifie, dans une direction utile et
facile à comprendre pour l'homme[1]. Pourtant, pour Bergson la
métaphysique est « *la science qui prétend se passer de symboles* »[2].

Cette prétention serait-elle inaccessible? Éviter tant les concepts
que les symboles restreint considérablement l'usage du langage. Il ne
semble rester que le langage poétique qui se constitue particulièrement
par des métaphores. Bergson peut-il communiquer son intuition par
métaphores? On peut penser qu'une expérience pré-humaine ne peut
pas se transmettre telle quelle. Il faut peut-être la transposer dans un
autre domaine, ce qui est le principe même de la métaphore, comme
l'indique son étymologie (le terme grec *metaphora* exprime un
transport et à partir d'Aristote un changement de sens). Mais c'est
justement cela qui rend la métaphore suspecte pour Bergson. Elle nous
donne le sens d'une chose en l'éloignant de sa position réelle. La métaphore obéit ainsi au même principe que le symbole : elle traduit l'objet
et par conséquent le déforme. On ne peut s'y fier en matière de
connaissance et elle est souvent à la source de faux problèmes si on
en est « dupe »[3]. Il semble donc que, quel que soit l'usage qu'il fait
du langage, le philosophe se retrouve dans la dimension trompeuse
du symbolisme. Comment dès lors peut-il communiquer la matière
intuitive de sa métaphysique?

Les images, en ce qu'elles opèrent un lien entre deux éléments
séparés, semblent adaptées à un tel rôle. L'image employée en
rhétorique aurait alors la même fonction que l'image-perception ou
l'image-souvenir. Elle mettrait à la portée du langage, moyen de
communication spatialisé et symboliste, une intuition une et virtuelle.
Mais de quelle manière Bergson conceptualise-t-il cette utilisation?

---

1. Sur la critique bergsonienne du langage spatial et inapte à saisir la durée, *cf.* par
exemple *DI*, p. 96-98 (85-87).

2. *PM*, p. 182 (1396), souligné par Bergson.

3. *EC*, p. 56 (542) et 58 (543).

La méthode des images

L'utilisation bergsonienne des images est guidée par un principe fondamental : elles doivent servir à suggérer et non pas à exprimer. Cette distinction essentielle repose sur le fait que le langage symboliste est obligé de modifier l'expérience qu'il veut exprimer, alors que la suggestion se donne pour tâche de faire vivre cette expérience pour elle-même, comme la musique parvient à le faire[1]. Le langage, lorsqu'il utilise des images, a ce pouvoir de suggestion pourtant contraire à sa nature :

> Ne soyons pas dupes des apparences : il y a des cas où c'est le langage imagé qui parle sciemment au propre, et le langage abstrait qui parle inconsciemment au figuré. Dès que nous abordons le monde spirituel, l'image, si elle ne cherche qu'à suggérer, peut nous donner la vision directe, tandis que le terme abstrait, qui est d'origine spatiale et qui prétend exprimer, nous laisse le plus souvent dans la métaphore[2].

Mais une telle utilisation doit, en particulier en philosophie, reposer sur une méthode précise si elle veut conserver une signification cohérente. La méthode des images a une fonction précise : faire en sorte que la communication de l'expérience métaphysique ne la vide pas de sa substance. Les images n'apparaissent que dans quelques passages, mais elles ont un rôle crucial : leur mauvais usage risquerait de détruire les efforts du philosophe.

Pour saisir le détail de l'opération, nous devons étudier un passage de « Introduction à la métaphysique » particulièrement fertile en images[3]. Bergson veut évoquer la durée intérieure. Pour cela il recourt à l'image du déroulement et de l'enroulement d'un rouleau[4], d'un « spectre aux mille nuances »[5], d'un élastique qui s'allonge[6] et enfin d'« un ressort qui se tend ou se détend »[7]. Bergson semble ici se caricaturer lui-même avec une telle accumulation. Mais ce n'est pas anodin,

1. *DI*, p. 11-12 (14).
2. *PM*, p. 42 (1285).
3. *PM*, p. 183-185 (1397-1399).
4. *PM*, p. 183 (1397).
5. *PM*, p. 184 (1398).
6. *PM*, p. 184 (1398).
7. *PM*, p. 185 (1399).

car c'est à ce moment-là que, pour la seule fois, il explique la méthode
des images :

> La vie intérieure est tout cela à la fois […]. On ne saurait la représenter
> par des images. Mais on la représenterait bien moins encore par des
> *concepts*, c'est-à-dire par des idées abstraites, ou générales, ou simples.
> Sans doute aucune image ne rendra tout à fait le sentiment original que
> j'ai de l'écoulement de moi-même. Mais il n'est pas non plus nécessaire
> que j'essaie de le rendre. À celui qui ne serait pas capable de se donner à
> lui-même l'intuition de la durée constitutive de son être, rien ne la donne-
> rait jamais, pas plus les concepts que les images. L'unique objet du philo-
> sophe doit être ici de provoquer un certain travail que tendent à entraver,
> chez la plupart des hommes, les habitudes d'esprit plus utiles à la vie.

Or, selon Bergson,

> l'image a du moins cet avantage qu'elle nous maintient dans le concret.
> Nulle image ne remplacera l'intuition de la durée, mais beaucoup
> d'images diverses, empruntées à des ordres de choses très différents,
> pourront, par la convergence de leur action, diriger la conscience sur le
> point précis où il y a une certaine intuition à saisir. En choisissant les
> images aussi disparates que possible, on empêchera l'une quelconque
> d'entre elles d'usurper la place de l'intuition qu'elle est chargée
> d'appeler, puisqu'elle serait alors chassée tout de suite par ses rivales.

Cependant, il faut encore que la conscience consente à un tel effort :

> Car on ne lui aura rien montré. On l'aura simplement placée dans
> l'attitude qu'elle doit prendre pour faire l'effort voulu et arriver d'elle-
> même à l'intuition [1].

Nous devions citer ce texte presque *in extenso* au vu de l'intérêt de
chacune de ses phrases pour la résolution de notre problème. Il fait
en effet apparaître en pleine lumière la différence entre expression et
suggestion. Cette dernière ne cherche pas à « rendre » l'expérience
telle quelle. C'est parce qu'elle a cet objectif inaccessible pour toutes
les formes de la communication humaine que l'expression tombe dans
le symbolisme. Suggérer, ce n'est pas donner un signe à un sujet en lui
disant « c'est cela », mais c'est « provoquer un certain travail ». Autant
le concept est passif autant l'image est active : elle crée une véritable
dynamique de pensée chez le récepteur. La langue imagée de Bergson

---

1. *PM*, p. 185-186 (1399-1400), souligné par Bergson.

« travaille à réveiller » [1] le lecteur. Mais comment ce réveil s'opère-t-il ?

Il est important de noter que les images créent d'abord un déséquilibre de la pensée. Leur nombre, leur diversité, fait sortir l'intelligence de ses certitudes. Comme l'intuition elle-même, la méthode des images est d'abord négative. Bréhier, qui a le mieux cerné la question de l'usage bergsonien de ces images, montre clairement la tension qu'elles créent : « ce qui est important, c'est l'insuffisance de chacune [de ces images], qui est aperçue dans le *conflit* que l'on fait naître entre elles et qui force l'esprit à aller au-delà » [2]. L'esprit est bouleversé par la profusion d'images. Il doit donc, non pas les accepter telles quelles comme il le ferait d'un symbole, mais enclencher un véritable effort pour saisir ce qu'elles veulent dire. Là est la suggestion : alors que l'expression « dit » quelque chose, la suggestion « veut dire ». La distinction est d'importance puisque le récepteur doit percer l'intention du locuteur. Comme il ne peut pas aller dans sa conscience, il doit tenter de parcourir le même chemin que lui. Ce mouvement n'est plus du ressort du philosophe, qui ne fait qu'indiquer une orientation. Les images forment une étincelle qui peut déclencher la dynamique de la pensée. Mais le lecteur peut très bien l'éteindre et rester dans le confort utilitaire de ses « habitudes d'esprit ».

La multiplicité des images permet d'écarter le danger du symbolisme. Si Bergson n'utilisait qu'une image, toujours la même, pour suggérer la durée, cette image s'y substituerait et deviendrait un symbole. C'est pourquoi on ne doit pas s'appuyer que sur l'une d'elles, comme cela peut être fait avec celle, couramment citée, de la mélodie : on perdrait là l'intérêt de la méthode bergsonienne de communication. Celle-ci a pour vocation d'inscrire dans l'esprit du lecteur le parcours spirituel que Bergson lui-même a suivi. Il n'est pas étonnant que dans une philosophie du mouvant on ne communique une expérience qu'en créant un véritable mouvement spirituel. La suggestion est alors réel-

1. V. Delbos, « Matière et mémoire par Henri Bergson. Étude critique », *Revue de métaphysique et de morale*, mai 1897, p. 354.
2. É. Bréhier, « Images plotiniennes, images bergsoniennes », dans *Les Études bergsoniennes*, vol. II, Paris, PUF, 1949, p. 118, je souligne.

lement métaphysique : elle est dynamique et créatrice. L'expression est à l'opposé statique et spatiale.

Revenons à présent sur notre exemple de l'image de l'obus, et voyons comment elle suggère le déploiement évolutif :

> Le mouvement évolutif serait chose simple, nous aurions vite fait d'en déterminer la direction, si la vie décrivait une trajectoire unique, comparable à celle d'un boulet lancé par un canon. Mais nous avons affaire ici à un obus qui a tout de suite éclaté en fragments, lesquels, étant eux-mêmes des espèces d'obus, ont éclaté à leur tour en fragments destinés à éclater encore, et ainsi de suite pendant fort longtemps.

Ainsi,

> Nous ne percevons que ce qui est le plus près de nous, les mouvements éparpillés des éclats pulvérisés. C'est en partant d'eux que nous devons remonter, de degré en degré, jusqu'au mouvement originel[1].

Cette image est typique de l'utilisation bergsonienne. Déjà, la pluralité est respectée puisque d'autres images suggèrent l'évolution dans d'autres textes (celle de « gerbe », par exemple), et l'obus ne risque pas d'être pris comme symbole de l'élan vital. Ce concept, qui détermine le fond de la réalité évolutive dans *L'Évolution créatrice*, est particulièrement bien suggéré ici, puisque ses caractères de mouvement, de profusion, de déploiement généreux sont ici liés à une impression de puissance, d'aveuglement machinal qui synthétise en une expérience de pensée riche ce qu'un simple concept ne suffirait pas à donner. L'esprit du lecteur est alors guidé par l'intuition de l'auteur et peut la rejouer grâce à cette image.

Image, imaginaire et durée

Ce n'est bien sûr pas n'importe quelle idée qui est suggérée, dans cet exemple comme à chaque fois que le langage imagé est utilisé par Bergson, mais l'une de celle qui caractérise (ici dans le domaine vital) sa notion métaphysique fondamentale, la durée. C'est bien ce fonctionnement de l'image que nous avons constamment repéré : opérer une médiation entre un élément métaphysique, éloigné de l'expérience immédiate, et un élément plus lié à l'action, à l'utilité vitale. Il n'est donc pas surprenant qu'au fond, cette liaison s'applique à la

---

1. *EC*, p. 99 (578).

distinction la plus radicale de la philosophie bergsonienne, celle qui conditionne toute sa pensée : le couple durée/espace.

L'utilisation rhétorique de l'image met ainsi en relation ces deux éléments, en tant que le langage fait signe vers l'intuition. Mais un autre texte bergsonien soulève ce rôle philosophique de l'image, « L'intuition philosophique » [1]. Le problème posé est l'accès, pour son interprète ou pour le philosophe lui-même, à l'unité intuitive de sa pensée, au-delà de la variété conceptuelle d'un système philosophique. C'est encore à l'image, qualifiée ici explicitement de « médiatrice », qu'est dévolu ce rôle, car elle est par définition « intermédiaire » [2], elle « est presque matière en ce qu'elle se laisse encore voir, et presque esprit en ce qu'elle ne se laisse plus toucher » [3]. Nous retrouvons ainsi dans ce texte, de manière moins élaborée mais plus claire, les éléments qui structurent la conception bergsonienne de l'image.

Les relations assurées par l'image sont donc toujours dynamiques : virtualisation ou actualisation, intuition ou spatialisation, les images impriment toujours un mouvement qui va d'un terme à l'autre, fondamentalement de la durée à l'espace ou de l'espace à la durée. Ici entre un aspect important de la théorie de l'image, même s'il n'est pas étudié pour lui-même par Bergson : le risque de voir l'imaginaire fausser le savoir. Nous avons vu que cela était dû pour Bergson à une utilisation symbolique de l'image. En effet, autant le philosophe se sert des images pour suggérer son intuition, autant l'intelligence spatialisante peut souvent se servir de « grossières images » [4], comme la comparaison entre le temps et la ligne, qui s'interposent entre nous et la durée. L'image n'est donc par nature, ni destinée à l'hallucination, ni liée nécessairement à l'intuition. Tout dépend de la direction que leur imprime le schéma qui les organise.

La notion d'image médiatrice donne ici le fin mot à la nature que lui accorde Bergson. Elle est médiatrice en ce qu'elle permet, lorsque l'analyse doit, par soucis de précision, conduire à une distinction conceptuelle forte, de conserver la continuité dynamique qui définit la

---

1. *PM*, p. 117-142 (1345-1365).
2. *PM*, p. 130 (1356).
3. *PM*, p. 130 (1355).
4. *DI*, « Avant-Propos », p. VII (3).

durée. L'image est moins un être qu'une relation, mais les termes qu'elle relie sont ceux qui semblent apparemment inconciliables dans la théorie bergsonienne, puisque, au fond, c'est la continuité entre durée et espace qu'elle assure.

L'image n'est donc pas l'essence de la réalité matérielle, elle ne suffit pas à décrire le travail de la mémoire et de l'esprit et doit être utilisée bien qu'avec certaines précautions dans le langage philosophique. Ces limitations apparentes sont dues à son statut d'intermédiaire, qui seul permet d'en saisir l'unité. Mais depuis le début de cette étude, nous élargissons progressivement la signification de cet « entre-deux » qui était à première vue la seule caractérisation positive de l'image bergsonienne, en développant les deux termes que les images mettent en relation. L'image entre mouvement et perception et entre souvenir et action, permettait d'expliciter la fonction de ce concept dans les deux usages qu'en fait *Matière et Mémoire*. L'image entre virtuel et actuel et entre durée et espace soulignait enfin la nature même des images bergsoniennes, médiations fondamentales entre les deux directions du réel.

L'image n'est donc jamais un élément séparé, dont on pourrait par exemple user pour constituer à loisir un monde fantaisiste, mais son être est intimement lié aux éléments qu'elle relie et qui lui donnent sa valeur. L'image bergsonienne a ainsi une fonction cruciale, tant dans la structure de l'esprit que dans la réalité elle-même, et nous pouvons la définir de manière unitaire comme « fonction médiatrice », en mettant l'accent sur sa structure dynamique et son opposition au statut de « chose », vecteur de trop nombreux faux problèmes.

Olivier MOULIN

WITTGENSTEIN ET LE CLAIR-OBSCUR DE L'IMAGE

LOGIQUE, PSYCHOLOGIE, PHILOSOPHIE

L'image reçoit un traitement complexe de la part de Wittgenstein, qui lui reconnaît aussi bien une vertu de clarification de la pensée, mise à profit par l'activité thérapeutique qu'il conduit de bout en bout de son parcours philosophique, que des pouvoirs d'obscurcissement de l'esprit auxquels il s'agit de se soustraire. Pour peindre ce clair-obscur de l'image, et sans pouvoir prétendre aller au-delà d'une esquisse, il nous faudra considérer d'abord le rôle ambigu qu'elle a joué dans la philosophie de la logique du *Tractatus logico-philosophicus*, mais également les dangers qu'elle représente lorsqu'on aborde la philosophie de la psychologie ainsi que la place centrale qu'elle occupe dans la définition même que Wittgenstein donne de la philosophie.

LA PROPOSITION-IMAGE
DANS LE *TRACTATUS LOGICO-PHILOSOPHICUS*

Dès lors qu'on replace le traité de 1922 dans le contexte viennois du début du 20e siècle dans lequel il vit le jour, son recours à la notion d'image (*Bild*) apparaît relativement commun. Comme le rappellent deux historiens de l'histoire intellectuelle viennoise : « Loin de prendre sa source dans le *Tractatus* de Wittgenstein, l'idée de considérer le langage, les symbolismes et tous les moyens d'expression comme porteurs de "représentation" (*Darstellung*) ou de "tableaux" (*Bilder*) était, dès 1910, couramment admise à Vienne. Dans les milieux scientifiques cette notion existait au moins depuis Hertz, qui avait défini les théories physiques comme donnant précisément une représentation des phénomènes naturels »[1]. À cet égard, ce qui revient en propre à Wittgenstein est d'avoir proposé de cette notion une conception philosophique élaborée à l'occasion d'une réflexion sur la nouvelle logique apparue à son époque. Cette remarque liminaire signifie d'abord et avant tout que le concept d'image du *Tractatus* ne constitue pas le pivot d'une quelconque théorie de la connaissance, mais un paradigme pour penser de façon *a priori* et générale ce qu'est la figuration d'un fait par un autre, et en particulier comment le langage peut symboliser la réalité.

La cible russellienne[2]

Même s'il a d'abord reçu une formation d'ingénieur qui déterminera fortement sa pensée, Wittgenstein entre en philosophie par la porte de la logique contemporaine et par une discussion avec ceux qui l'ont fondée : Frege et Russell. En particulier, le sens et le rôle réservés au concept d'image par le *Tractatus* ne peuvent se comprendre sans l'arrière-fond du dialogue critique entretenu avec Russell au cours des années 1910, pendant la rédaction progressive de l'*opus* de 1922. Quelle prise de distance à l'égard de l'analyse russellienne conduit à l'utilisation du concept d'image ?

Russell a défendu à partir de 1910 une conception du jugement qui enregistre les conséquences de sa théorie des descriptions définies exposée en 1905[3]. Récusant son réalisme propositionnel initial, de même qu'il a récusé quelques années plus tôt au moyen d'une élucidation logique les pseudo-objets censés constituer la signification des descriptions définies, il considère désormais que la proposition n'est pas une entité objective qui posséderait par elle-même son unité, mais qu'elle résulte de l'unification de ses constituants élémentaires accomplie par l'acte de jugement (ou de croyance) d'un sujet. La

1. A. Janik et S. Toulmin, *Wittgenstein's Vienna*, trad. fr. J. Bernard, Paris, PUF, 1978, p. 23-24.

2. Sur la théorie de la proposition défendue par Russell dans les années 1910, voir D. Vernant, *La philosophie mathématique de Russell*, Paris, Vrin, 1993, p. 370-380.

3. *Cf.* « On Denoting », trad. fr. J.-M. Roy dans B. Russell, *Écrits de logique philosophique*, Paris, PUF, 1989, p. 201 *sq.*

proposition serait donc une construction, et pour cette raison, la phrase qui l'exprime ne possèderait un sens que grâce au sujet dont l'acte de jugement synthétise les éléments de la phrase et constitue ainsi le « ciment » de la proposition[1]. Dans ce cadre, Russell conçoit le jugement comme une relation multiple entre le sujet qui juge et les différents éléments de la proposition jugée qu'il met en ordre et articule : « Si, par exemple, je juge que *A* aime *B*, le jugement, comme événement, consiste en l'existence, à un certain moment d'une relation spécifique à quatre termes, appelée *jugeante*, entre moi, *A*, aime et *B* »[2].

Sans doute Russell reconnaît-il avec cette analyse, d'une part, qu'une proposition doit posséder un sens avant de pouvoir être qualifiée de vraie ou de fausse[3], et d'autre part, qu'une proposition possède une essentielle complexité et se trouve vérifiée lorsqu'à celle-ci correspond celle d'un fait[4] – toutes choses qui en première approximation le rapprochent des analyses du *Tractatus*. Mais plusieurs précisions coupent court à un tel rapprochement. Tout d'abord, le fait de la phrase qui exprime la proposition est nettement distingué de celle-ci et donc disqualifié du point de vue logique, dans la mesure où les éléments de la proposition (unifiés par le jugement) sont non pas les mots de la phrase, mais les particuliers et les universels connus par accointance qui en forment les constituants[5]. En outre, le sens de la proposition lui est désormais extrinsèque : il provient d'une mystérieuse activité de croyance sans laquelle il ne pourrait y avoir de

---

1. B. Russell, *The Problems of Philosophy*, trad. fr. F. Rivenc, Paris, Payot, 1989 (désormais cité *PP*), p. 151.
2. B. Russell, « Knowledge by acquaintance and knowledge by description », dans *Mysticism and Logic*, London, Unwin, 1917, p. 159; trad. fr. D. Vernant (dir.), *Mysticisme et logique*, Paris, Vrin, 2007.
3. *PP*, p. 152 où la vérité et la fausseté sont qualifiées de « propriétés extrinsèques » de la croyance.
4. *Ibid.*
5. L'« Introduction » de Russell au *Tractatus* manifeste clairement son incompréhension du statut logique de la factualité de la proposition. « La proposition prise en elle-même comme un fait, écrit-il, par exemple l'ensemble effectif de mots qu'un homme se dit à lui-même, ne concerne pas la logique » (*Tractatus logico-philosophicus*, trad. fr. G.G. Granger, Paris, Gallimard, 1993 (désormais cité *T*), p. 25 – nous nous permettons de modifier ponctuellement la traduction de Granger).

proposition. La phrase dans sa factualité ne fournit donc à la proposition ni les éléments dont elle se compose, ni leur articulation et le sens que celle-ci dessine. Enfin, et en conséquence, Russell pense de façon intensionnelle le rapport de la pensée à la proposition : il considère que l'acte de jugement est celui d'un sujet. C'est pour cette raison qu'il est possible que la phrase « *A* croit que *p* » soit vraie alors que *p* est fausse : la valeur de vérité de la proposition principale ne dépend pas de celle de la subordonnée, et ainsi la sphère empirique du sujet se manifeste comme la condition de possibilité de la proposition d'une nature irréductible à celle-ci.

Le geste fondamental de Wittgenstein à l'égard de cette analyse consistera à ramener dans la proposition considérée en sa factualité même – et donc à la phrase, qu'on ne peut plus distinguer de la proposition à la façon de Russell – l'articulation unitaire des éléments de la proposition et donc son sens, c'est-à-dire son intentionnalité ou sa picturalité. Et c'est le concept d'image qui lui permettra d'accomplir ce geste. Dans cette perspective, il s'agira de penser une certaine autosuffisance de la proposition. Dès lors, le sujet empirique ne sera plus un réquisit, mais se réduira à un ensemble d'images possibles qui se contentent de doubler celles fournies par le langage lui-même [1].

Le paradigme de l'image

1) Si l'on ne peut comprendre tout à fait le traitement que le *Tractatus* réserve à l'image sans discerner son contexte d'émergence et sa portée anti-russellienne, on ne saurait pas plus en prendre la mesure sans connaître ce que fut sa finalité. Très tôt Wittgenstein cherche à élucider comment le langage peut se rapporter au monde et cette entreprise doit être réinscrite dans l'horizon plus large de l'activité philosophique que dessine la remarque suivante : « Le but de la philosophie est la clarification logique des pensées » [2]. Ce que l'on

1. Cf. *T*, 5.54 pour la thèse d'extensionnalité radicale défendue par Wittgenstein, qu'il applique en 5.5422 au (prétendu) sujet russellien. Voir aussi la lettre de Wittgenstein à Russell de juin 1913 dans *Notebooks 1914-1916*, trad. fr. G.G. Granger, Paris, Gallimard, 1971 (désormais cité *N*), p. 221-222.

2. *T*, 4.112. Voir également *Philosophische Untersuchungen*, trad. fr. E. Rigal (dir.), Paris, Gallimard, 2004 (désormais cité *PU*), § 133.

appelle classiquement la «théorie picturale de la proposition» du *Tractatus* vise ainsi à dénouer une perplexité philosophique et par là à lui retirer son aura de mystère. De ce point de vue, faire de la relation que la proposition entretient avec ce qu'elle dit un cas particulier de celle de l'image à ce qu'elle dépeint [1] doit rendre son aspect ordinaire à la première et la clarifier – voilà sans doute pourquoi l'analyse de l'image dans le *Tractatus* (section 2) précède celle de la proposition (sections 3 et 4). Wittgenstein écrit ainsi, le jour où il jette pour la première fois dans ses pensées le germe de la conception picturale: «Le concept général de proposition entraîne avec lui un concept tout à fait général de coordination de la proposition et de l'état de choses: la solution de tous mes problèmes doit être *extrêmement* simple» [2]. Et il présentera de la façon suivante, quelque quinze ans plus tard, les raisons du recours au concept d'image: «Le terme "image" (*Bild*) a quelque chose de bon: il nous a aidés, moi et beaucoup d'autres, à rendre clair quelque chose en faisant signe vers une certaine commu-nauté [*sc.* de l'image et de la proposition] et en la montrant: C'est donc de cela qu'il s'agit! Notre sentiment est alors le suivant: Ah Ah! Maintenant je comprends: proposition et image sont donc du même genre» [3].

2) En quoi consiste la communauté invoquée et comment le concept d'image assure-t-il son rôle de clarification? Lors du même entretien de 1931, Wittgenstein revendique deux sources pour ce concept tel que le mobilise le *Tractatus*: d'une part, celle de l'«image dessinée», et d'autre part, celle de «l'image du mathématicien». La première est présente dans ce qui constitue l'exemple qui lui a suggéré le rapprochement de la proposition et de l'image. Le 29 septembre 1914, dans ses *Carnets*, Wittgenstein fait allusion à la reconstitution, rapportée par un journal, d'une scène d'accident au moyen de poupées et d'un plan devant un tribunal parisien; il double alors ce premier exemple de celui du dessin de deux personnages qui se battent en duel. Ce qui de ces exemples semble l'avoir frappé avant tout est qu'à

---

1. Cf. *T*, 4.01 et 4.03.
2. *N*, p. 32 (29.9.14).
3. *Wittgenstein und der Wiener Kreis*, trad. fr. G. Granel, Mauvezin, TER, 1991, p. 165 (09.12.31).

chaque fois l'image produite (la reconstitution, le dessin) « peut être vraie ou fausse » et qu'elle « a un sens indépendamment de sa vérité ou de sa fausseté ». Or, précisément, cela constitue deux propriétés essentielles de la proposition. Sur « la proposition écrite en images (*der Satz in Bilderschrift*) » semble donc pouvoir être démontré tout ce qui est essentiel à la proposition en général. Mais comment l'image peut-elle posséder les propriétés mentionnées? Deux traits de son fonctionnement en répondent.

En premier lieu, il faut que chaque élément de l'image soit mis en corrélation (*Zuordnung*) avec un élément de ce qu'elle dépeint, ce qui suppose que l'on établisse (conventionnellement) ce qui des éléments de l'image intéresse sa picturalité : ce seront, par exemple, les positions et les postures respectives des poupées sur le plan, plutôt que leur couleur ou leur poids, qui vaudront comme caractéristiques pertinentes, et ce seront alors les poupées en tant qu'elles occupent telle ou telle position et adoptent telle ou telle posture qui seront reliées aux positions correspondantes des personnes impliquées dans l'accident. Dans le cadre de l'atomisme logique du *Tractatus*, Wittgenstein soutient que la réalité est formée d'éléments simples (les « objets » ou les « choses ») [1] – de même, la proposition est formée de « noms », qui sont ses constituants ultimes – et que toute image (toute proposition, en particulier) suppose pour pouvoir dépeindre quelque chose que ses éléments ultimes soient reliés à certains objets [2]. Cette corrélation est ce qu'il appelle « la relation picturale (*die abbildende Beziehung*) » [3]. Mais, en second lieu, celle-ci ne dit encore rien des façons respectives dont s'agencent entre eux les éléments de l'image, d'une part, et ceux de la réalité, d'autre part, ni de l'éventuelle adéquation de l'une et de

1. Cf. *T*, 2 et 2.01.

2. Un enchaînement de « noms » forme une « proposition élémentaire », qui dépeint un « état de choses (*Sachverhalt*) » (cf. *T*, 4.21 *sq.*). Toutes nos propositions sont en définitive des complexes formés de propositions élémentaires et elles dépeignent des « faits (*Tatsachen*) » (cf. *T*, 4.4 *sq.*). Ces deux thèses sont exigées par le caractère déterminé du sens de nos propositions (3.23 et 3.25) et plus généralement des images : sans que l'on puisse accorder ici à ce point les développements qu'il mérite, il faut souligner que la capacité des images à montrer un sens est étroitement lié au cadre philosophique général du *Tractatus*.

3. *T*, 2.1515.

l'autre – elle ne dit rien de ce que Wittgenstein appelle « la forme de
dépiction (*die Form der Abbildung*) » de l'image[1]. En d'autres termes,
la structure de l'image peut très bien différer de celle du fait corres-
pondant, alors même que les éléments qui forment cette structure sont
en corrélation avec ceux de ce qui est prétendument reproduit :
« L'image (*das Bild*) dépeint la réalité (*bildet...ab*) en figurant une
possibilité de subsistance et de non-subsistance d'états de choses »[2].
Par exemple, l'une des poupées de la scène de reconstitution peut très
bien occuper une mauvaise position, et cela risque d'induire le tribunal
en erreur. Mais pour que quelque chose comme la fausseté de l'image
(celle de la scène, en l'occurrence) soit même possible, il faut d'abord
que les éléments de l'image soient reliés à ceux de la réalité (*i.e.* les
poupées aux personnes impliquées dans l'accident) et qu'ils le soient
entre eux (*i.e.* les poupées entre elles)[3] – où l'on retrouve la relation
picturale et la forme de dépiction, qui assurent donc l'antériorité du sens
à la valeur de vérité, qui ne sera fixée, selon une conception correspon-
dantiste de la vérité, que lors de la comparaison de l'image à la réalité[4].

3) Plusieurs précisions permettront de mesurer la portée de cette
théorie. L'un de ses aspects décisifs est que l'image est toujours un
fait, c'est-à-dire une partie articulée de la réalité – et ni la pensée ni la
proposition ne démentent, selon Wittgenstein, cette factualité[5]. À ce
titre elle possède une « structure », puisque ses éléments sont effectivement agencés de telle manière plutôt que de telle autre. Wittgenstein
reproche à Frege sur ce point d'avoir conçu la proposition comme un
« nom complexe »[6] – puisque le fait qu'elle dise quelque chose est
impossible sans le fait que ses éléments soient articulés comme ils le
sont, alors qu'un nom n'est pas plus articulé que l'objet qu'il désigne –
mais aussi à Russell de n'avoir pas su discerner la factualité au sein de

---

1. *T*, 2.15, 2.17, 2.18.

2. *T*, 2.201 – nous soulignons.

3. Plus précisément, les objets de la réalité ont une « forme » qui délimite leurs
occurrences possibles dans des « états de choses » (*T*, 2.012 et 2.0141), qui sont eux-
mêmes des faits élémentaires (2.01).

4. *T*, 2.21, 2.223.

5. *T*, 2.141, 3.14 et 3.251.

6. *T*, 3.143. Le texte visé est de toute évidence « Sinn und Bedeutung » dans G. Frege,
Kleine Schriften, trad. fr. Cl. Imbert, Paris, Seuil, 1971, p. 110.

la complexité de la proposition[1] : la complexité du signe propositionnel ne suffit pas à ce qu'il dise quelque chose ; c'est en outre *le fait
que* ses éléments se trouvent composer la structure comme ils la composent qui peut dire quelque chose[2]. De plus, cette structure possède
un statut bien particulier dans le fonctionnement du fait qui vaut comme
image : elle présente la *possibilité* d'un état de choses (celui précisément que dépeint l'image), ou encore, la structure d'un état de choses
possible. Voilà pourquoi la *structure* du fait-image, le mode d'agencement de ses éléments, est la *forme* de dépiction – la forme étant définie
comme la possibilité de la structure[3]. Mais cela signifie aussi bien que
le fait possible dépeint par l'image se laisse lire à même la structure de
celle-ci. Le sens n'est donc rien de mystérieux, mais la possibilité
immédiatement portée à la vue par la structure effective de l'image :
« L'image, écrit Wittgenstein, contient (*enthält*) la possibilité de la
situation qu'elle présente » et « Ce que l'image présente (*darstellt*) est
son sens »[4]. Voilà comment le concept d'image remplit sa tâche de
clarification[5]. Aussi discutable que cela soit, Wittgenstein soutient
que la proposition partage avec l'image cette iconicité structurelle et la
capacité corrélative de présenter immédiatement son sens : « Pour
comprendre l'essence de la proposition, pensons à l'écriture hiéro-
glyphique qui dépeint (*abbildet*) les faits qu'elle décrit. À partir d'elle
a été créée l'écriture alphabétique, sans que soit perdu l'essentiel de
la dépiction (*Abbildung*) ». Ainsi, la proposition aussi bien que la
notation musicale « se révèlent comme étant, même au sens usuel du
mot, des images de ce qu'elles présentent »[6].

1. Cf. *N*, p. 170.

2. Cf. *T*, 3.142-3.1432. Ces remarques doivent être prolongées par un examen de la
notion d'espace logique : voir sur ce point D.J. Hyder, *The Mechanics of Meaning :
Propositionnal Content and the Logical Space of Wittgenstein's* Tractatus, Berlin, de
Gruyter, 2002, chap. 5 et 6.

3. *T*, 2.033 et 2.15, 2.151.

4. *T*, respectivement 2.203 et 2.221 – voir 4.022 pour la même affirmation au sujet de
la proposition. Dans nombre de ses occurrences, le verbe *darstellen* signifie « présenter »
au sens de « placer sous les yeux, donner à voir » ; il s'apparente alors à *zeigen*.

5. *Cf.* M. Black, *A Companion to Wittgenstein's Tractatus*, Cambridge, Cambridge
University Press, 1964, p. 78-79.

6. *T*, 4.016 et 4.011. Voir également 3.1431 et 4.012.

Mais une deuxième précision doit compléter la première. Chaque image opère sa dépiction d'un point de vue particulier – c'est ce que Wittgenstein appelle sa forme de présentation (*Form der Darstellung*) – et manifeste ainsi une essentielle extériorité à ce qu'elle dépeint, sans laquelle d'ailleurs elle ne pourrait pas être vraie ou fausse[1]. Mais cette extériorité souligne, à l'encontre des analyses précédentes, combien le fait de l'image par lui-même peut difficilement assurer sa relation à la réalité et donc dépeindre quelque chose. Prise en elle-même, l'image, et le signe propositionnel en particulier, ne sont que des faits qui se juxtaposent à tous ceux qui composent le monde, sans se rapporter à eux par une quelconque intentionnalité. Ou plutôt, l'image n'est telle que si elle est plus que le simple fait qui la porte, même si celui-ci est prédisposé par sa structure propre à dépeindre tel ou tel fait. Que « l'image possède aussi la relation de dépiction qui fait d'elle une image »[2] suppose donc qu'elle soit quelque chose de plus qu'un simple arrangement de ses éléments : il faut qu'une corrélation de l'image et du fait dépeint soit effectuée, ou encore, qu'une « méthode de projection » soit établie qui fixe la correspondance pertinente et permette ainsi à l'image d'« aller jusqu'à la réalité »[3]. Mais cela revient à atténuer l'idée selon laquelle l'image par sa factualité même s'assurerait de son statut d'image. De là deux conséquences.

4) La première est qu'on ne peut pas réduire la picturalité de l'image telle que la conçoit le *Tractatus* à une simple ressemblance structurelle. Sans doute Wittgenstein s'intéresse-t-il à celle-ci dans la mesure où, lorsque l'image ressemble fortement à ce qu'elle dépeint, elle donne à saisir son sens de la façon la plus immédiate qui soit. Mais les cas de ce type présentent le danger de faire oublier l'intervention nécessaire d'une « loi de projection », et par là même, la seconde source du concept d'image : son acception mathématique[4]. En effet, Wittgenstein n'adopte pas en 1922 une conception « présentation-niste » qui destinerait l'image à reproduire fidèlement ce que présente

1. *T*, 2.173.

2. *T*, 2.1513 et 2.1514.

3. *T*, 2.1511 et 4.0141.

4. *Cf.* J. Bouveresse, *Le mythe de l'intériorité*, Paris, Minuit, 1974, p. 214-215 pour une mise au point à cet égard.

l'expérience en s'y conformant, à la façon d'un tableau parfaitement ressemblant[1], mais plutôt une conception «représentationniste», qui pense l'image comme un modèle théorique visant à proposer une hypothèse que l'expérience confirmera ou infirmera[2] : «Dans la proposition, une situation est pour ainsi dire agencée à titre d'essai (*probeweise*)»[3]. Wittgenstein tire sans doute le concept d'image de sa culture d'ingénieur, et plus particulièrement de l'élaboration qu'en donne la mécanique. Les analyses de Hertz, notamment, ont beaucoup compté sur ce point. Dans l'introduction de ses *Prinzipien der Mechanik* de 1894, Hertz écrit en effet : «Nous nous formons des simulacres internes (*innere Scheinbilder*) des objets extérieurs, de telle manière que les conséquences théoriques nécessaires des images (*Bilder*) soient toujours les images des conséquences réelles néces-saires des objets représentés (*abgebildeten*)». Et il ajoute un peu plus loin que ces images doivent permettre d'«anticiper les expériences futures de manière à pouvoir organiser nos affaires présentes en fonction de ces anticipations». Hertz précise en outre, au §418, la définition mécanique de l'image-modèle dans les termes suivants : «Un système mécanique est appelé modèle (*Modell*) dynamique d'un deuxième système si les connexions du premier peuvent être repré-sentées par des coordonnées telles que les conditions suivantes soient satisfaites : 1) le nombre des coordonnées du premier système est égal au nombre des coordonnées de l'autre, 2) si l'on établit une corrélation (*Zuordnung*) appropriée entre les coordonnées, les mêmes équations de condition sont valables entre les deux systèmes, 3) l'expression de la grandeur d'un déplacement coïncide dans les systèmes lorsqu'on adopte cette corrélation des deux systèmes»[4]. Outre leur proximité frappante avec certaines affirmations du *Tractatus* et leur recours à un lexique similaire, ces citations fixent assez largement le sens propre du concept tractarien d'image : celle-ci est un «modèle» de ce qu'elle

1. Même si, encore une fois, il arrive à Wittgenstein de comparer la proposition à un tableau (cf. *T*, 4.0311).

2. Nous empruntons ces expressions à Bouveresse, *op. cit.*, p. 204; sur le point évoqué ici, voir plus largement p. 200-216.

3. *T*, 4.031.

4. H. Hertz, *Die Prinzipien der Mechanik in neuem Zusammenhange dargestellt*, Leipzig, 1894, respectivement p. 1, 3 et 197.

dépeint[1], qui doit pour cela posséder la même « multiplicité » que ce qu'elle dépeint, *i.e.* avoir le même nombre d'éléments que le fait dépeint, ces éléments étant mis en « corrélation » biunivoque avec ceux du fait[2]. Dans ces conditions, on comprend que le point essentiel ne soit pas la ressemblance, mais ce que l'on désigne parfois par la notion mathématique d'« isomorphisme », qui relie l'image et le fait. L'essentiel n'est pas de copier celui-ci, mais de le modéliser.

La seconde conséquence est que la théorie picturale est conduite à ménager une place à la fois centrale et instable à la pensée. Sans la pensée, l'image ne pourrait être pourvue de son intentionnalité constitutive. La pensée du sens de la proposition est en effet « la méthode de projection » et c'est elle qui, en utilisant le « signe propositionnel », fait de lui un « symbole » signifiant[3]. Toutefois, elle n'est pas, *pace* Russell, un principe d'ordre qui construirait le fait de l'image, mais elle est elle-même d'emblée un tel fait[4], qui peut projeter le signe propositionnel et se projeter en lui, mais certainement pas créer sa factualité[5]. La pensée est donc également – de nouveau dans le sillage de la mécanique hertzienne, qui considère que nos représentations mentales constituent elles aussi un modèle dynamique de la réalité[6] – un type d'image dont la picturalité non seulement oblige à étendre la portée du concept d'image bien au-delà de celui de ressemblance, mais par là même met à nu ce que toute image doit avoir en commun avec la réalité, quelle que soit par ailleurs ses caractéristiques particulières. En effet, la pensée est insonore, sans couleur, sans spatialité, etc., et pourtant elle dépeint des faits. Sa forme de dépiction est à ce titre minimale. Mais ce minimum circonscrit un fondement[7] : toute image pour être telle doit être pourvue de sens, c'est-à-dire ne pas aller au-delà des limites du sens (ce qui serait aller nulle part) et donc respecter

---

1. *T*, 2.2, 4.01 et 4.463 pour l'utilisation de ce terme.
2. *T*, 4.032-4.041
3. *T*, 3.11 et 3.326-8.
4. Wittgenstein dit dans ce sens qu'elle est elle-même une proposition (cf. *T*, 4 et *N*, p. 154).
5. *T*, 3.2.
6. *Op. cit.*, p. 199 – cité par Bouveresse, *op. cit.*, p. 209-210.
7. *T*, 2.182 et 2.2.

les conditions de tout sens possible, qui sont des conditions logiques [1]. Dans sa nudité même, selon Wittgenstein, la pensée s'en tient à ces conditions; elle peut être appelée «l'image logique des faits» [2]. Elle a donc pour forme de dépiction la seule «forme logique (*die logische Form*)», que toute image doit avoir en commun avec la réalité pour pouvoir la dépeindre et qui constitue l'essence du monde [3].

À l'instabilité sémantique du concept tractarien d'image (due à son oscillation entre son acception figurative et son acception mathématique) et à celle du sens (puisque s'il semble d'abord assuré par la structure de l'image, il se révèle ensuite largement dépendant de la pensée et de son rôle de projection du signe propositionnel) s'ajoute donc celle du concept de pensée [4]. C'est que la pensée comme image semble présupposer ce qu'elle est censée accomplir : pour pouvoir être ce qu'elle est, *i.e.* une image, il faudrait qu'elle soit déjà, de façon à penser son propre sens et effectuer la projection de l'image qu'elle est sur le fait qu'elle pense. Quoi qu'il en soit des solutions que l'on peut proposer à ces difficultés en se maintenant à l'intérieur du *Tractatus*, il est certain que ces insuffisances ont semblé suffisamment graves à Wittgenstein au début des années 1930 pour qu'il se sépare de l'œuvre de 1922 et aborde une étape nouvelle de son parcours.

LA CRITIQUE ET LA REPRISE ULTÉRIEURES
DU CONCEPT D'IMAGE

L'image victime de la simplification

Que Wittgenstein ait eu très tôt ses idées fondamentales en main, comme il le dit lui-même, ne signifie pas qu'il les ait portées d'emblée à une formulation satisfaisante. Ainsi en va-t-il de son projet de clarification des pensées : le recours au modèle de l'image porte encore sur le langage une ombre philosophique que seules les nombreuses

1. *T*, 3.001 et 3.02-3.03.
2. *T*, 3.
3. Wittgenstein parle ainsi de la « forme [logique] de la réalité » (*T*, 2.18).
4. *Cf.* Bouveresse, *op. cit.*, p. 132-133 et 210.

remarques du début des années 1930 consacrées au concept tractarien d'image parviendront à dissiper.

1) La critique principale que Wittgenstein adresse alors à sa conception antérieure est double. Elle vise d'abord le fait que l'unique paradigme de l'image éclaire d'une lumière uniforme le fonctionnement de notre langage ordinaire et gomme toutes les différences irréductibles qui le caractérisent : toutes nos propositions ne se rapportent pas à ce qu'elles disent comme une image à ce qu'elle dépeint – c'est ce que nous apprend une activité que Wittgenstein place désormais au cœur de sa philosophie, à savoir la description des jeux de langage ordinaires, qui peuvent être définis comme les diverses façons dont le langage est utilisé et intégré à nos vies[1]. Comme il le note encore à la fin des années 1940 : « Le défaut fondamental de la logique de Russell comme de celle développée par mon *Traité* est que ce en quoi consiste une proposition y est illustré par deux ou trois exemples qui sont des lieux communs, et que l'on présuppose alors l'avoir compris de façon générale »[2]. À l'unique fonction picturale qu'elles endossent dans le *Tractatus*, il faut donc substituer les innombrables types d'emplois que nous effectuons de nos propositions : « Mais combien existe-t-il de catégories de phrases (*Sätze*) ? L'assertion, l'interrogation et l'ordre peut-être ? – Il y en a d'*innombrables*, il y a d'*innombrables* catégories d'emplois différents de ce que nous nommons "signes", "mots", "phrases" »[3]. Il ne faudrait pourtant pas réintroduire ici la conception de 1922 en supposant que la réunion de cette diversité sous le terme « phrase » trouve sa raison d'être dans la possession, par tout ce qui mérite d'être désigné par ce mot, d'un élément commun qui constituerait l'*essence* de la phrase[4]. Les phrases dans toute leur diversité n'entretiennent entre elles que des relations de ressemblance de

---

1. Cf. *PU*, § 23, 27 et 116.

2. *Bemerkungen über die Philosophie der Psychologie I*, trad. fr. G. Granel, Mauvezin, TER, 1989 (désormais cité *BPP I*), § 38.

3. *PU*, § 23.

4. Wittgenstein prétendait en 1922 avoir mis au jour « la forme générale de la proposition » (cf. *T*, 4.5). Sur l'essentialisme du *Tractatus*, *cf.* Bouveresse, « "Le tableau me dit de soi-même…" La théorie de l'image dans la philosophie de Wittgenstein », dans *Essais III. Wittgenstein et les sortilèges du langage*, Marseille, Agone, 2003, p. 151.

famille, à la façon de ces fils qui composent une seule et unique corde
sans pour autant qu'aucun ne s'étende sur toute la longueur de celle-ci[1].

Ce premier versant se prolongera en la critique de ce que
Wittgenstein appelle l'« image » du langage que présente Augustin au
Livre I des *Confessions*. Parce que celui-ci considère l'ensemble du
langage sur le modèle du rapport du nom à ce qu'il désigne, il « décrit
le jeu comme plus simple qu'il ne l'est ». Et Wittgenstein d'ajouter :
« La façon dont Augustin décrit l'apprentissage du langage peut nous
montrer de quelle conception/image (*Bild*) primitive provient sa
conception »[2].

Mais la tendance (typiquement philosophique) à simplifier nos
concepts se trouve également – et c'est le second versant de la critique
– au fondement de l'emploi que le *Tractatus* opère du concept d'image
lui-même. Nous avons souligné l'instabilité sémantique qui affecte
alors ce terme et le silence de Wittgenstein à son égard : s'affranchir
de la théorie picturale consistera également à s'affranchir du sens
simplifié du terme « image » que cette théorie présuppose. Après
avoir souligné à quelle diversité d'emplois le terme « représentation
(*Vertretung*) » est susceptible de donner lieu, Wittgenstein observe
dans ce sens au cours des années 1930 : « Et la même remarque vaut
pour le concept d'image (*Bild*)/de reproduction (*Abbildung*). Une
image est d'abord ce qui est semblable à son objet, ce qui fait la même
impression que l'objet. Par là, on passe par toute sorte de degrés
intermédiaires à l'image au sens mathématique, qui est un tout autre
concept. Le mot "image" est, précisément, équivoque »[3] – la distinction de l'image mémorielle et de l'image matérielle que nous envisa-
gerons illustrera à son tour ce dernier point. Outre la négligence
de la diversité des types d'image, c'est également le compte-rendu
de l'intentionnalité de celle-ci qui paraît discutable à Wittgenstein
rétrospectivement. Dans le *Tractatus*, la théorie picturale repose en

1. Cf. *PU*, § 65-67.

2. *Big Typescript*, dans *Wittgenstein's Nachlass – The Bergen Electronic Edition*,
Oxford, Oxford University Press, 1998 (désormais cité *BT*), § 7, p. 25-26. Voir également
le *locus classicus* qu'est le § 1 des *PU*.

3. *Dictées de Wittgenstein à Waismann et pour Schlick I*, Paris, PUF, 1997
(désormais cité *D*), p. 253.

définitive sur l'atomisme logique et le postulat qu'il existe une forme logique du monde comme sur autant de conditions qui permettent de penser l'iconicité de l'image, et donc sa capacité à montrer son sens. À cet égard, l'un des reproches majeurs que l'analyse wittgensteinienne adresse au philosophe, y compris à l'auteur du *Tractatus*, réside dans ce que l'on pourrait appeler sa cécité à l'*usage*, envisagé dans sa dimension à la fois prescriptive et ordinaire. C'est une démarche philosophique caractéristique, en effet, que de s'interroger sur ce en quoi peut bien consister la référentialité de l'image (et de la propo-sition) et de ressentir le besoin de peupler l'écart qui la sépare de ce qu'elle dit (par exemple, de l'action que l'image demande d'accomplir quand on a affaire à un croquis de travail) avec toutes sortes d'entités intermédiaires. En particulier, on peut être tenté de croire – comme le fait le *Tractatus* lorsqu'il dit que les corrélations noms/objets sont semblables à des « antennes » qui relient l'image au fait dépeint [1] – qu'au moment où nous voulons appliquer une image devraient flotter devant notre esprit, outre l'image elle-même, les lignes de projection qui la relient et l'appliquent à ce qu'elle représente. Mais comme le remarque Wittgenstein, de telles lignes de projection sont elles-mêmes susceptibles d'être reliées à la réalité de diverses manières et sont donc incapables de remplir le rôle que le philosophe voudrait leur faire jouer – faudra-t-il donc une méthode de projection pour appliquer les lignes de projection, et une seconde méthode de projection pour appliquer les lignes de projection de la première ? Bref, on ne doit pas confondre lignes de projection et méthode de projection : « si la méthode de projection est un pont, alors elle est un pont qui n'est pas jeté tant que l'application n'est pas faite » [2]. Rien de mystérieux n'est requis entre l'image et le fait pour qu'elle puisse dépeindre celui-ci ; l'application dans son effectivité (la méthode de projection comprise en ce sens) y suffit : nous appliquons ainsi telle image, et avec cela est épuisé le problème apparent de l'intentionnalité de l'image. Ce n'est donc pas parce qu'interviennent des entités intermédiaires que l'image parvient à référer à quelque chose, mais parce qu'elle réfère – par l'application

---

1. *Cf.* 2.1515.
2. *Philosophische Grammatik*, trad. fr. M.-A. Lescourret, Paris, Gallimard, 1980, p. 213. Voir aussi *PU*, § 139-141.

que nous en faisons le plus ordinairement du monde – que de telles entités nous semblent requises lorsque nous philosophons. En défi-nitive, ni quelque chose qui se trouverait dans l'image (sa structure), ni un quelconque intermédiaire ne sont susceptibles de conduire l'image jusqu'à la réalité.

2) S'il rejette incontestablement la conception picturale en tant que théorie générale de la proposition, Wittgenstein adopte cependant une attitude plus nuancée quant à la légitimité de rapprocher proposition et image. C'est que ces deux concepts entretiennent d'incontestables liens de parenté, comme le souligne la suite du texte cité à l'instant en visant le *Tractatus* : « Si maintenant on dit : la proposition est une image de la réalité, alors on suit une fausse analogie. On pense : la proposition est constituée de mots, les mots représentent les choses de la réalité, donc la proposition comme une image ou un modèle repré-sente une situation. Tout comme les mots sont liés dans la proposition, les objets sont liés dans l'état de choses. La proposition reproduit la réalité grâce à sa structure. [...] Il n'est justement pas exact que les mots ressemblent aux choses et que par conséquent la proposition, en tant qu'elle est une combinaison de mots, soit une image de la situa-tion. [...] On peut cependant comparer une proposition à une image. Mais ce qu'il y a d'exact dans cette pensée est, en ce cas, seulement que l'on peut insérer dans une proposition une image dessinée, c'est-à-dire que l'on peut employer une image comme une proposition. Si l'on veut souligner cette similitude, on a envie de dire : la proposition est une image de la réalité ». L'inflexion apportée par ce texte est décisive. D'abord parce que c'est une nuance, et non un simple rejet des analyses tractariennes : il s'agit pour Wittgenstein de discerner et préserver la parenté effective au sein de l'assimilation philosophique. Ensuite parce que cette parenté est présentée comme celle de deux emplois, et non pas comme le partage d'un élément commun (*i.e.* l'isomorphie de structure évoquée) : nous pouvons employer une image là où nous employons par ailleurs une proposition, par exemple pour donner un ordre si la structure de l'image possède la multiplicité adéquate pour montrer ce qu'est l'action prescrite. La comparaison des emplois respectifs de la proposition et de l'image a donc un sens, et il y au fond autant de comparaisons possibles que de types

d'images différents (que l'on pense à ce qui sépare une nature morte et un croquis de travail). C'est seulement « si on prend littéralement [l'expression "image"], si on tente de voir dans la proposition une image au sens originel, qu'elle est décidément trompeuse »[1].

L'imagerie mentale : le cas de la mémoire[2]

Le *Tractatus* soutenait que la pensée consiste essentiellement en images, même s'il ne précisait pas sa nature[3]. La tentation est grande de généraliser cette affirmation à l'ensemble de la vie psychologique et de supposer, logée au cœur de certains de nos états, processus ou dispositions psychologiques, une « image interne (*inneres Bild*) »[4] qui appartiendrait à leur constitution fondamentale : ainsi parle-t-on d'image mémorielle, d'image visuelle ou d'image de la représen-tation. Ce n'est plus alors l'intentionnalité de l'image qui est consi-dérée, mais plutôt le rôle que l'on peut être tenté de donner aux images dans l'intentionnalité de la vie psychique[5]. Mais dès lors que la théorie picturale a été dénoncée comme une simplification du fonctionnement de notre langage, naît le soupçon que nos concepts psychologiques demandent bien plutôt à être libérés du modèle de l'image et rendus à la signification que dessine leur usage ordinaire. Aussi est-ce pour une large part dans une chasse à l'image interne que s'engage la philo-sophie de la psychologie wittgensteinienne au cours des années 1930 et 1940.

Considérons le cas de l'image mémorielle. C'est soulever un problème tout à fait classique que de demander « quelle est la diffé-rence entre une image mémorielle, une image liée à l'attente et, disons,

---

1. *D*, p. 254-245. Voir aussi *PU*, § 522.
2. Il faudrait prolonger les analyses que nous consacrons ici à l'image mémorielle en examinant la distinction que trace Wittgenstein entre l'image et la représentation (*Vorstellung*) (cf. *PU*, § 301, 377-382, 389), l'intention (cf. *ibid.*, § 663, 680) et les analyses qu'il consacre aux images ambiguës dans le cadre de sa réflexion sur le voir-comme (cf. *ibid.* II, XI).
3. Cf. *N*, p. 233.
4. *BPP I*, § 109. Wittgenstein parle également d'« image privée » (cf. *PU*, § 294).
5. *Cf.* entre autres *PU*, § 6 et 73.

l'image d'un rêve éveillé »[1]. Mais Wittgenstein ajoute aussitôt à l'évocation de ce problème : « Tu es peut-être enclin à répondre "Il y a une différence intrinsèque entre ces images". – As-tu remarqué cette différence ou bien as-tu seulement dit qu'il y en a une parce que tu penses qu'il doit y en avoir une ? ». D'où nous vient ce besoin d'insérer une image dans notre souvenir ? Ce qui semble poser problème est que, par définition, ce dont nous nous souvenons n'appartient plus au présent, dans lequel nous nous tenons lorsque nous nous souvenons, et que le lien du souvenir à ce sur quoi il porte paraît de ce fait particulièrement distendu et incertain : comment puis-je me souvenir de ce à quoi je ne peux plus avoir accès ? Comment mon souvenir peut-il, sinon atteindre, du moins se diriger vers ce qui m'échappe désormais ? L'intentionnalité du souvenir semble alors exiger qu'il y ait quelque chose comme une « ombre » de ce dont on se souvient pour assurer le relais nécessaire. Et l'image offre en apparence une bonne façon de penser cette présence fantomatique du passé : certes, dira-t-on, ce qui est passé est passé, mais nous en conservons une image qui en constitue la copie.

Penser le souvenir sur le modèle général d'une image se paie cependant d'une lourde contrepartie. Russell – qui sur ce point encore est directement visé par Wittgenstein – écrit ainsi : « Pourquoi croyons-nous que les images mentales (*images*) sont, parfois ou toujours, de façon approximative ou exacte, des copies de sensations ? Quelle sorte de preuve y a-t-il ici ? Et quelle sorte de preuve est logiquement possible ? La difficulté que cette question soulève tient au fait que la sensation qu'une image est censée copier se trouve dans le passé au moment où l'image existe et ne peut être connue, pour cette raison, que par la mémoire, tandis que d'un autre côté, le souvenir des sensations passées paraît n'être possible que par le moyen d'images présentes. Mais alors comment pouvons-nous trouver une quelconque façon de comparer l'image présente et la sensation passée ? »[2]. On voit la difficulté : afin de comparer l'image du souvenir à ce dont elle

1. *The Brown Book*, trad. fr. M. Goldberg et J. Sackur, Paris, Gallimard, 1996, p. 279. Une formulation classique en est donnée par Hume, *A Treatise of Human Nature*, trad. fr. Baranger & P. Saltel, Paris, GF-Flammarion, 1995, p. 50-51.

2. B. Russell, *The Analysis of Mind*, London, Routledge, 1995, p. 158-159.

prétend être l'image et savoir si elle en constitue une copie fidèle, on est condamné à recourir à l'image, puisqu'elle est le seul biais dont on dispose pour accéder au passé ; on ne pourrait donc comparer l'image mémorielle qu'à elle-même, toute vérification serait exclue dans son cas et sa valeur épistémique s'en trouverait gravement entamée.

Du point de vue de Wittgenstein, le problème soulevé par Russell a sa source en amont de la question qu'il formule, dans la façon dont il se représente ce qu'est le souvenir. En l'occurrence, Russell suppose que tout souvenir est comme une photographie mentale de quelque chose de passé. Et c'est la force de séduction qu'exerce sur nous cette analogie qui soulève la difficulté mentionnée : « Une analogie (*Gleichnis*) intégrée aux formes de notre langage produit une fausse apparence qui nous inquiète : "Il n'en est pourtant pas *ainsi !*" – disons-nous. "Mais il doit pourtant en *être ainsi !*" »[1]. Dès lors qu'on pense « qu'il doit y avoir » une image dans le souvenir, la difficulté rencontrée par Russell devient aussi inévitable qu'insoluble : « Cela doit conduire au non-sens si l'on veut parler avec le langage propre à cette analogie [*sc.* la mémoire comme "image conservant plus ou moins bien l'événement passé"] de la mémoire comme source de notre connaissance, comme vérification de nos propositions »[2]. C'est que là encore le propos du philosophe repose sur une extrême simplification de notre langage : il ne se contente pas d'affirmer que dans certains cas d'emplois du concept de souvenir quelque chose comme une image joue un rôle (ce que Wittgenstein admet tout à fait), mais il assimile le souvenir en général à une image-copie et cette image mémorielle à l'image matérielle. Pour se soustraire à cette illusion, il est indispensable de distinguer deux emplois du concept de mémoire irréductibles l'un à l'autre, ou encore deux « syntaxes » différentes s'appliquant au même terme « mémoire ». On peut d'abord parler de la mémoire en un sens qui la rapproche d'« une image (*Bild*), et elle est alors l'image d'un événement physique ». En ce premier sens, l'emploi du concept de mémoire apparente celle-ci à une photographie : comme elle, la mémoire peut pâlir et elle n'est qu'un témoignage parmi d'autres.

---

1. *PU*, § 112.
2. *BT*, § 105, p. 518. Les citations qui suivent sont tirées de ce même passage.

Mais il en va tout autrement, remarque Wittgenstein, si l'on considère la mémoire comme « la source du temps » : « Ici, elle n'est plus une image et elle ne peut pas pâlir – au sens où une image pâlit, de telle sorte qu'elle représente son objet de moins en moins fidèlement ». C'est qu'il nous arrive très souvent de recourir à notre mémoire non pas avec une parfaite assurance mais sans que le doute n'ait aucun sens.

Wittgenstein illustre ce genre de cas en évoquant le souvenir de ces intentions anticipatrices que nous avons parfois lorsque la solution d'un problème mathématique nous vient soudain à l'esprit : « Ce processus est dans tous les cas fondamentalement différent de celui qui a lieu lorsqu'on essaie de reconstruire la formulation d'une expression et que l'on se demande en doutant : "A-t-il réellement parlé ainsi ?". Ici aussi [*i.e.* lorsqu'on se souvient d'une intention anticipative], on a affaire à une comparaison, avec le souvenir cette fois. Nous voudrions seulement faire remarquer à ce sujet que les mots "comparaison", "accord", "rendre", ici, ont un tout autre sens (et naturellement, à nouveau, un autre sens que dans le cas de l'image que l'on reproduit). *Car le critère de l'accord* [de l'affirmation présente avec l'intention anticipative] *est ici le souvenir* » [1]. Dès lors, le rapport du souvenir à ce qui est passé n'est plus celui d'une photographie à ce qu'elle représente, dans la mesure où il n'y a même plus de sens à vouloir comparer le souvenir à autre chose : la comparaison est exclue grammaticalement, *i.e.* par les règles de syntaxe selon lesquelles nous utilisons le terme « mémoire » dans le cas considéré. Ce qu'était mon intention, c'*est* alors ce dont je me souviens. Et c'est pour avoir oublié ce type d'usage, sous l'emprise de la parenté qu'a parfois la mémoire avec une image, que Russell a pu formuler le problème qu'il a formulé. « Nous avons utilisé une analogie (*Gleichnis*), et maintenant l'analogie nous tyrannise » [2].

---

1. *D*, p. 151.
2. *BT*, § 105, p. 518. C'est le même type d'analogie qui conduit à postuler l'existence d'images visuelles conçues sur le modèle des images matérielles, avec cette particularité de ne pouvoir être vues que par celui qui (prétendument) les « a ». Cf. *D*, p. 160, *BT*, § 97-98 et les analyses que Bouveresse consacre à ce point dans *Langage, perception et réalité*, Nîmes, J. Chambon, 1995, vol. 1, p. 315 *sq.*

Le rôle philosophique de l'image

Wittgenstein soulignait, au sujet de l'image mémorielle, la tyrannie qu'une analogie (*Gleichnis*) – en l'occurrence, celle de l'image matérielle – est susceptible d'exercer sur notre esprit, et il désignait la manière dont Augustin décrit la signification de nos mots comme l'effet d'une certaine présentation (*Darstellung*) ou image (*Bild*) du langage. C'est qu'il exploite largement, à partir du début des années 1930, l'acception selon laquelle l'image constitue une façon de voir ou de parler de quelque chose. Son activité philosophique se dit désormais à la fois comme une lutte contre certaines images qui nous ensorcellent et la recherche d'une image aussi juste et éclairante que possible de la façon dont notre langage fonctionne au sein de notre vie ordinaire. Récusée quant à son rôle de paradigme d'élucidation de l'essence de la proposition[1], l'image est en ce sens une construction spontanée, et le plus souvent non reconnue comme telle, d'une vision de notre grammaire – que l'on pense à l'analogie de l'image matérielle d'après laquelle on peut vouloir se représenter ce qu'est le souvenir. Si en apparence le terme « image » trouve ici un nouvel emploi, distinct de celui que le *Tractatus* lui donnait, il partage cependant avec ce dernier, même de façon lointaine, l'idée du recours à un modèle de représentation de la réalité[2] : l'image demeure une façon de présenter les choses.

L'entrée en scène de cette nouvelle acception est à rattacher à l'idée – sur laquelle Wittgenstein insistera beaucoup – que les problèmes philosophiques ne sont pas de *simples* problèmes de langage[3]. Les images dont le philosophe est victime sont en effet inhérentes à notre langage lui-même et aux formes qui sont les siennes : « Pourquoi les problèmes philosophiques sont-il si ardus et apparemment si difficiles à extirper – parce qu'ils sont liés aux plus vieilles façons de penser, c'est-à-dire aux plus vieilles images (*Bildern*)

1. Au motif, précisément, qu'elle est alors une analogie déformante (cf. *PU*, § 114-115).

2. L'emploi du terme « représentation/présentation (*Darstellung*) » est marqué à cet égard par une certaine continuité (on pourrait comparer utilement *T*, 2.201-2 et *PU*, § 3, 122 et 295).

3. Cf. *PU*, § 111.

incrustées dans notre langage lui-même »[1]. Et Wittgenstein remarque :
« Oui, si nous regardons en nous lorsque nous philosophons, nous
parvenons souvent à voir une telle image [*sc.* en l'occurrence l'image
de la douleur comme un objet mental privé que chacun aurait
par-devers soi]. Littéralement, une présentation imagée de notre
grammaire (*eine bildliche Darstellung unserer Grammatik*). Non pas
des faits; mais pour ainsi dire des tours de langage illustrés »[2]. Parler
un langage, c'est donc aussi bien être pris dans les images qu'il nous
suggère sans cesse, et il appartient à notre condition d'êtres parlants de
pouvoir en être les victimes. Il serait donc naïf de croire que nous
pourrions adopter un point de vue de nulle part qui découvrirait selon
un regard tout à fait pur et neutre l'ordre unique et fondamental
de notre langage, puisque cela reviendrait purement et simplement à
vouloir regarder notre langage sans qu'il soit nôtre et profondément
ancré dans ce que Wittgenstein appelle nos « formes de vie ». L'image
comme modèle ou conception philosophique n'est donc pas le résultat
d'une simple erreur de langage, regrettable quoique marginale, mais
en définitive notre façon d'être dans le langage et d'avoir affaire à lui,
que la pensée wittgensteinienne travaille à remodeler[3].

La philosophie ne peut donc plus trouver son terme dans la
suppression définitive des infractions grammaticales dont les philosophes se rendent fautifs; elle doit bien plutôt « instaurer un ordre dans
notre usage du langage : un ordre dans un certain but [*sc.* celui de
se libérer des images qui nous fourvoient]; un parmi beaucoup qui
sont possibles; et non pas *l*'ordre »[4]. Et cet ordre auquel aspire
Wittgenstein consiste précisément en la construction d'une certaine
« présentation (*Darstellung*) » de notre langage : « Le penseur philosophique veut tracer un portait de l'application du langage. Et pour
chaque portrait, ce qui est important, ce n'est pas de tracer de nombreux
traits, mais de tracer les bons traits, les traits caractéristiques, les traits
justes »[5]. À la « présentation imagée » qui s'abandonne à ce que nous

1. *BT*, § 90, p. 423.
2. *PU*, § 295.
3. Voir *ibid.*, § 108 et 144 pour cet aspect.
4. *Ibid.*, § 132.
5. *D*, p. 33.

suggèrent les formes de notre langage (le mental comme une intériorité privée, la mémoire comme une image interne, le temps comme un
flux, etc[1].), il faut donc préférer une autre image de notre langage,
celle qu'offre une «présentation synoptique (*übersichtliche Darstellung*)» dont le but sera de «*mettre en évidence* des différences que
nos façons de parler habituelles nous font facilement négliger»[2] :
«L'une des sources principales de nos incompréhensions est que
nous n'*avons* pas *une vue synoptique* de l'emploi de nos mots. –
Notre grammaire manque de caractère synoptique. – La présentation
synoptique nous procure la compréhension qui consiste à "voir les
connexions". D'où l'importance qu'il y a à trouver et inventer des
maillons intermédiaires [comme lorsque Wittgenstein soulignait tous
les degrés intermédiaires qui séparent les sens mathématique et
figuratif d'"image"]. Le concept de présentation synoptique a pour
nous une signification fondamentale. Il désigne notre forme de présentation (*Darstellungsform*), la façon dont nous voyons les choses»[3]. Le
philosophe wittgensteinien se présente dès lors comme celui qui doit
travailler avec et sur les images[4], que ce soit pour dénoncer ce qu'elles
introduisent d'obscurité dans notre esprit, pour les utiliser à des fins
de clarification de nos pensées ou pour les reconnaître quant à la part
effective qu'elles prennent dans notre usage du langage[5].

Denis PERRIN

1. Cf. *BT*, § 90, p. 424.
2. *PU*, § 132.
3. *Ibid.*, § 122.
4. Cf. *ibid.*, § 109 *in fine*.
5. Sans pouvoir développer ce point ici, il faut indiquer que Wittgenstein en vient
peu à peu à reconnaître non plus seulement la nocivité de l'image suggérée par notre
langage, mais son rôle constitutif dans nos jeux de langage (*cf.* par exemple *Bemerkungen
über die Philosophie der Psychologie*, trad. fr. G. Granel, Mauvezin, T.E.R., 1994, vol. II,
§ 651 à propos de l'image de l'intériorité psychique).

LE STATUT PHÉNOMÉNOLOGIQUE DE L'IMAGE
CHEZ HUSSERL

D'un bout à l'autre de son œuvre Husserl s'est confronté, avec opiniâtreté et rigueur, à la problématicité du phénomène esthétique. Plus précisément, si dans un premier temps il a abordé le domaine esthétique avec l'assurance d'une proximité de nature entre l'attitude phénoménologique et celle esthétique [1], et si le sens du phénomène esthétique lui a tout d'abord paru pouvoir être déchiffré par l'interrogation phénoménologique de l'image et de l'imagination, peu à peu, au fil de ses réflexions sur les rapports entre la perception, l'image mentale de la *Phantasie* et l'image extérieure produite par l'art (le *Bild*), l'étrangeté de ce phénomène lui est devenue une source de perplexité croissante et, c'est le point le plus important, l'occasion d'une remise en chantier de sa théorie.

La fragilité de ces commencements – qui constituent les premiers essais d'une esthétique phénoménologique – peut surprendre aujourd'hui, après les avancées de Heidegger, Sartre, Merleau-Ponty, Dufrenne, Henry ou Maldiney. *Pour nous* donc, aujourd'hui, l'exemplarité du phénomène esthétique et sa fécondité au regard de la réflexion phénoménologique relèvent du consensus le plus général. Mais s'il en est ainsi, c'est grâce à l'effort prométhéen du fondateur de la phénoménologie qui, en ce domaine comme en tant d'autres, a fait œuvre novatrice au prix de difficultés théoriques dont la présente étude voudrait contribuer à réveiller l'écho.

---

1. *Cf.* la Lettre à Hofmannsthal de 1907, traduite et publiée par E. Escoubas, « Une lettre de Husserl à Hofmannsthal », dans *La Part de l'œil*, 7, « Art et phénoménologie », 1991, p. 13-15.

Valeur et jugement esthétiques

Le texte topique sur cette question est sans doute celui du manuscrit de 1912 qui a été publié, sous le n° 15 h, dans le tome XXIII des *Husserliana* et qui est intitulé «Conscience esthétique»[1]. Ce manuscrit traite de la conceptualisation de l'image, de l'expérience et de l'attitude esthétiques proprement dites, ce que ne font pas, comme nous le verrons, d'autres textes plus souvent cités et analysés, tels les § 100 et 111 des *Ideen I* ou les appendices aux § 11 et 20 de la cinquième *Recherche logique*. Cependant, pour ne pas répéter ici les analyses qui ont déjà été proposées ailleurs[2], nous aborderons la thématisation husserlienne de l'image, de l'expérience et du jugement esthétiques sous un autre angle.

Nous allons nous appuyer sur un texte de 1915 qui se trouve au chapitre I de la première section des *Ideen II* – c'est-à-dire en un lieu qui paraît peu propice aux considérations esthétiques, puisqu'il y est question de «La constitution de la nature matérielle» (titre de la première section) et, plus précisément encore, de «L'idée de nature en général» (titre du chapitre un). Dans ce chapitre Husserl traite de la constitution des objets sensibles. Son projet est de déterminer le mode de constitution par les sciences de la nature des «choses pures et simples», des *bloße Sachen* qui sont les corrélats de ces sciences et de l'attitude théorique qui leur correspond. «La nature», écrit-il, «est ce qui existe pour le sujet théorique; elle prend place dans sa sphère de corrélat [...]. La nature en tant que simple nature ne contient pas de

---

1. *Cf.* E. Husserl, *Phantasie, Bildbewusstsein, Erinnerung*, «*Hua* XXIII», Dordrecht, Kluwer, 1980; trad. fr. R. Kassis et J.-F. Pestureau, Phantasia, *conscience d'image, souvenir. De la phénoménologie des présentifications intuitives. Textes posthumes (1898-1925)*. La traduction du n°15 h se trouve aux p. 374-379 (= *Hua* XXIII, p. [386-393]). En un sens, le volume *Hua* XXIII tout entier constitue le texte topique pour notre question, mais le n°15 h est plus directement centré sur la problématique du jugement; *cf.* en outre les textes n°1 (long extrait du cours de 1904-1905), n°16 et n°20.

2. *Cf.* M. Richir, «Commentaire de *Phénoménologie de la conscience esthétique* de Husserl», *Revue d'esthétique*, 36 (1999), p. 15-23; F. Dastur, «Husserl et la neutralité de l'art», *La Part de l'œil*, 7 (1991), p. 19-27; D. Lories, «Remarques sur l'intentionnalité esthétique: Husserl ou Kant?», dans P. Rodrigo et J.-Cl. Gens (éd.), *Esthétique et Herméneutique. La fin des grands récits?*, Dijon, E.U.D., 2004, p. 99-115.

valeurs, ni d'œuvres d'art, etc. »[1]. Apparemment donc, l'expérience esthétique n'a pas lieu d'être évoquée dans ce chapitre. Pourtant, lorsque Husserl note que l'attitude théorique s'accomplit dans des actes judicatifs de type objectivants, il se fait la remarque suivante :

> C'est une chose que d'avoir conscience en général que le ciel est bleu ; c'en est une autre que de vivre par l'attention, la saisie, la visée spécifique dans l'accomplissement du jugement que « le ciel à présent est bleu »[2].

L'exemple est *a priori* assez inattendu, car juger du bleu du ciel est assurément un acte qui n'est pas esthétiquement neutre... Husserl surenchérit au paragraphe suivant en soulignant la différence qui existe entre « la vue du ciel d'un bleu resplendissant [que] nous vivons dans le ravissement »[3] et l'accomplissement de cette expérience de type esthétique dans une attitude judicative de type théorique. Il explique alors que la vision du bleu resplendissant du ciel relève de ce qu'il nomme « l'attitude du sentiment (*Gemütseinstellung*) », alors que l'attitude du jugement qui porte sur le fait que le ciel est bleu représente, elle, une « attitude théorique », *différente* en ce qu'elle est non esthétique, mais *non exclusive* cependant de la première :

> Tandis que nous adoptons une attitude théorique, le plaisir peut parfaitement subsister quand, l'observant en tant que physicien, nous sommes dirigés sur le ciel d'un bleu resplendissant ; mais alors nous ne vivons pas dans le plaisir. Selon que nous passons d'une attitude à l'autre, il y a là une modification phénoménologique eidétique du plaisir, ou encore de la vue, et du jugement[4].

De plus, dans ce passage introductif des *Ideen II*, l'analyse du changement eidétique qui a lieu entre l'expérience esthétique de vision – qui est vécue avec tout ce qu'elle comporte, *en* elle-même et par elle-même, de plaisir et de jugement – et le jugement théorique produit à partir d'elle, ou *sur* elle, acquiert une valeur exemplaire pour tous les actes de conscience. Husserl ajoute en effet à la même page, en

1. *Ideen II*, p. 25.
2. *Ibid.*, p. 26.
3. *Ibid.*, p. 31.
4. *Ibid.*

le soulignant dans son texte : « *Un tel changement d'attitude bien particulier appartient en tant que possibilité idéale à tous les actes* ». Ces indices montrent que c'est bien le sens de l'articulation du phénomène esthétique aux jugements produits *en lui* et *sur lui* – donc le sens de l'articulation de l'*Erlebnis* esthétique à ses modes d'évaluation – qui se joue dans les notions de « modification d'attitude » et « d'accomplissement éminent » :

> Nous pouvons regarder un tableau « en y trouvant une jouissance ». Nous vivons alors dans l'accomplissement du plaisir esthétique, dans l'attitude de plaisir, qui est précisément une attitude de « jouissance ». Nous pouvons ensuite, le considérant avec les yeux du critique d'art ou de l'historien de l'art, juger le tableau en termes de « beauté ». Nous vivons alors dans l'accomplissement de l'attitude théorique, de l'attitude judicative et non plus dans l'attitude d'évaluation et de plaisir [1].

Bien qu'un tel changement semble constituer une rupture entre les deux attitudes, Husserl considère qu'il n'en est en un sens rien car, si l'évaluation judicative théorique diffère de la jouissance vécue, c'est seulement parce qu'elle en est une *modification*, et qui plus est, une modification qui la porte à l'éminence. C'est cette continuité qui permet d'aborder la question de l'évaluation esthétique en la considérant, cette fois, telle qu'elle est *esthétiquement vécue* dans l'expérience même. Husserl nous invite donc à conférer *déjà* un caractère axiologique au vécu esthétique le plus immédiat, à savoir à « l'abandon à la jouissance pure ». Il note en effet que l'œuvre artistique ou le spectacle naturel, à la jouissance esthétique desquels nous nous abandonnons sans être pour autant critiques d'art ou historiens de l'art – autrement dit, sans qu'il y ait prise d'attitude théorique constituante – sont vécus dans un « comportement de sentiment » qui peut parfaitement « apprécier (*werten*) », « attacher de la valeur (*werthalten*) » sans être du tout un acte théorique. On peut donc dire que « la constitution de valeur la plus originaire s'accomplit au sein du sentiment » [2], même s'il est vrai que le remplissement intuitif de cette visée de valeur n'advient que pour celui qui adopte, en spécialiste, l'attitude théorique, car l'œuvre est alors donnée non seulement à son intuition

---

1. *Ideen II*, p. 31.
2. *Ibid.*, p. 31 et 32.

sensible, « mais aussi à l'intuition axiologique » [1]. Il s'ensuit que, dans le jugement théorique porté sur l'œuvre et sur l'expérience esthétique, l'œuvre n'est ni du même ordre que la chose pure et simple que les sciences de la nature constituent comme telle, ni non plus du même ordre que ce qui est immédiatement vécu et évalué esthétiquement.

On sait par ailleurs que, pour Husserl, l'œuvre d'art appartient à ce que le § 56 h des mêmes *Ideen II* appellera, à la fin de la troisième section consacrée à «La constitution du monde de l'esprit», les *begeistete Objekte*, les «objets investis d'esprit». On se souvient aussi que Husserl en vient, dans ce même paragraphe, à parler des objets investis d'esprit en termes «d'unité de chair et de sens (*Einheiten von Leib und Sinn*)» [2], en spécifiant même assez audacieusement, sur l'exemple de la peinture, que «la chair sensible du tableau n'est pas le tableau accroché au mur» [3]. Et l'on sait enfin que le mode d'être de cette chair signifiante des œuvres, ne peut s'atteindre, d'après les analyses du § 111 des *Ideen I*, que par le biais d'une «modification imageante» qui neutralise toute position existentielle d'objet et qui, en ce sens, relève d'une prise d'attitude non doxique et non objectivante [4].

Mais ce sur quoi il faut surtout insister pour l'instant, c'est sur *l'ancrage du processus de constitution de la valeur esthétique dans le sentiment vécu*. Ce qui est digne d'attention, poursuit en effet remarquablement Husserl, c'est que dans la modalité esthétique de l'*Erlebnis*, dans la jouissance esthétique vécue donc, l'acte de la *Wahrnehmung* perceptive dans lequel l'intention objectivante vient à se remplir intuitivement se double d'emblée d'un «*analogon*» [5], que

1. *Ibid.*
2. *Ibid.*, p. 333.
3. *Ibid.*, p. 334.
4. Pour autant qu'elle n'apparaît pas dans le monde des choses et pas davantage dans le « maintenant » de leur perception, la chair sensible signifiante du tableau, et en général d'une œuvre, constitue proprement *l'image* ou, plus précisément encore, «l'objet-image» en son sens non trivial (mondain). Ce point est traité en profondeur dans le texte n°1 (§ 7-14) du recueil Phantasie, *conscience d'image...*, *op. cit.*, p. 61-75 (où l'on peut lire : «l'objet-image (*Bildobjekt*) n'existe pas véritablement [...], il n'a absolument aucune existence», p. 66). Cf. *infra*.
5. *Ibid.*, p. 32. *Cf.* aussi p. 38 : «Je vois la beauté *à même* l'objet, *autrement*, il est vrai, que sa couleur et sa forme dans une perception sensible » (nous soulignons).

l'on peut nommer une *Wertnehmung*, en tant que « sentiment de valeur (*Wertfühlen*) ». L'évaluation théorique dans l'acte du jugement porté *sur* l'œuvre devient alors pour Husserl, par analogie avec la perception, l'accomplissement d'une *visée de valeur* propre au *Wertnehmen* (déjà axiologique) vécu ; c'est pourquoi il parle « d'intentions évaluantes » qui demandent, comme les intentions de connaissance, à être remplies intuitivement :

> D'un seul regard, je saisis la beauté d'un gothique ancien que je ne saisirai pleinement que dans une préhension continue de valeur, seule capable de livrer, par une conversion correspondante, une intuition de valeur dans sa plénitude. Le regard fugace peut finalement opérer par anticipation, complètement à vide, présumant en quelque sorte la beauté d'après des indices, sans la moindre saisie effective. Et cette anticipation de sentiment suffit déjà pour produire une conversion doxique et une prédication [1].

Cette difficile tentative de penser en une seule venue la genèse du processus d'évaluation, depuis un niveau esthétique non objectivant jusqu'à un niveau théorique objectivant – tentative que l'on pourrait appeler *la constitution évaluante de l'œuvre d'art en tant qu'image*, à partir de l'*Erlebnis* esthétique, c'est-à-dire à partir des « anticipations » d'un vécu non objectivant – a quelque chose d'assez héroïque. Par fidélité à l'expérience, mais aussi par fidélité à sa détermination de l'*Erlebnis* comme sens de la phénoménalité, Husserl doit en effet redoubler la donation originaire perceptive, la *Wahrnehmung*, par une *Wertnehmung* qui en est l'*analogon* et qui, du coup, demande elle aussi, comme la perception, le remplissement de sa visée propre (évaluatrice). Selon Husserl, ce remplissement advient, comme on l'a vu, par le biais du passage à « l'attitude théorique » du jugement à partir d'une *Wertnehmung* non théorique vécue dans le « comportement de sentiment ».

Dans ces conditions, le « regard fugace » non théorique – par lequel le sujet de l'expérience esthétique l'apprécie d'un seul coup d'œil et par lequel, écrit superbement Husserl, il « présum[e] en quelque sorte la beauté d'après des indices, sans la moindre saisie effective » – est bel et bien un pur *Augenblick* : un pur *instant décisif* en

---

1. *Ideen II*, p. 33.

lequel s'amorce un jeu de va-et-vient ou de clignotement entre l'objet à juger, donc à saisir, et ses *insaisissables* modes d'apparition esthétique, qui sont à proprement parler ce qui génère les sentiments esthétiques vécus. Or, c'est ce mouvement de va-et-vient qui constitue, d'après la leçon du manuscrit de 1912 sur la phénoménologie de la conscience esthétique, le cœur même de l'expérience esthétique vécue :

> *Le type d'apparition est porteur de caractères affectifs esthétiques.* Je ne vis pas en eux, je n'accomplis pas les sentiments si je ne réfléchis pas sur le type d'apparition. L'apparition est apparition de l'objet, l'objet [est] objet dans l'apparition. Je dois, du vivre dans l'apparaître, revenir à l'apparition et inversement, et alors le sentiment devient vivace : l'objet […] reçoit une coloration esthétique *eu égard au type d'apparition*, et le retour sur l'apparition donne vie au sentiment d'origine [1].

L'héroïsme de Husserl consiste donc à chercher à comprendre comment le jugement esthétique non objectivant vécu peut, malgré tout, conduire à une modalité judicative de constitution objectivante. Ainsi, écrit-il dans notre texte des *Ideen II*, lorsque finalement j'en viens à porter un regard évaluateur sur la beauté *objective*,

> Je porte mon regard sur l'objet et je trouve en celui-ci, mon attitude ayant maintenant changé, étant devenue théorique, les corrélats de [mes] actes de sentiment, je trouve une couche objective *superposée à* la couche des prédicats sensibles, c'est-à-dire la couche du « gai », du « triste » […], du « beau », du « laid », etc. [2].

Mais ce langage de la « superposition », de l'*Überlagung* de couches de prédicats esthétiques objectifs aux couches de prédicats sensibles objectifs est-il véritablement capable de décrire du strict point de vue phénoménologique le processus d'évaluation esthétique ? La réponse est sans doute négative, car on ne voit guère en vertu de quels traits logiques propres à l'expérience elle-même on serait phénoménologiquement fondé à admettre un semblable processus de constitution de la beauté objective par couches, c'est-à-dire à admettre une idée de la beauté comme une sorte de *supplément* aux qualités

---

1. E. Husserl, Phantasie, *conscience d'image…*, « *Hua* XXIII » , *op. cit.*, n°15 h, p. [389] = 376.
2. *Ideen II*, p. 38 (nous soulignons).

sensibles... Il faut donc reconnaître que l'éminence qui était censée être celle de l'acte judicatif théorique est devenue, dans la théorie husserlienne, une simple superposition de couches prédicatives hylétiques, de type sensible puis esthétique – lesquelles sont toutes vouées, par principe, au remplissement des visées perceptive et évaluatrice déjà présentes dans le sentiment vécu. Husserl peut bien répéter, pour se démarquer (à juste titre) des théories idéalistes du jugement esthétique, que « le sentiment de valeur reste l'expression la plus générale pour la conscience de valeur »[1]. Il n'en demeure pas moins pris dans l'horizon – certes ouvert, mais aussi limité – par le couple formé par l'intention noétique et le contenu noématique, c'est-à-dire par la visée et le remplissement : la visée *signitive* et son remplissement, pour ce qui concerne l'expérience perceptive en général ; la visée *évaluatrice* et son remplissement, pour ce qui concerne l'expérience esthétique en particulier. Or, force est d'admettre que ce couple visée/remplissement dépend de l'idée métaphysique de l'objet en tant que plénitude d'être et, corrélativement, de l'idée de la constitution en tant que saisie d'un contenu interne et institution d'un sens d'être *plein*. Autrement dit, force est de reconnaître que l'intuitionnisme gouverne ces idées de la constitution, du remplissement et de l'objet. Mais on ne doit pas minimiser pour autant le bougé que Husserl introduit, dans son manuscrit de 1912, dans le couple visée/remplissement, lorsqu'il conclut par la précision suivante :

> *Vivre* dans le sentiment a deux sens. D'une part cela veut dire [...] la tournure (*Zuwendung*) vers le type d'apparition dans le sentiment esthétique, lequel y gagne un mode particularisé. D'autre part, cela veut dire le traitement préférentiel (*Bevorzugung*) thématique[2].

On ne doit donc pas minimiser le fait que dans ce jeu entre *Zuwendung* et *Bevorzugung*, ou entre la tournure vers le type d'apparition et l'élection de traits objectifs thématiques, dans ce jeu donc entre la *formalité esthétique de l'apparaître* et les *contenus esthétiques de l'apparaissant*, Husserl retravaille non seulement la troisième *Critique* kantienne, mais aussi ses propres déterminations ontologi-

---

1. *Ibid.*, p. 33.
2. *Hua* XXIII, n°15 h, *op. cit.*, p. [392] = 378 (trad. fr. légèrement modifiée).

ques du sujet et de l'objet pour, en somme, les évider en introduisant un jeu d'écarts constitutifs qui resterait à préciser. Tout cela étant accordé, il semble néanmoins que la thèse selon laquelle le phénomène esthétique ne peut ultimement être évalué à plein que dans et par une intuition axiologique remplissante venant saturer une intention de visée vécue, gouverne la problématique husserlienne du jugement esthétique et de son fondement dans le sentiment. Sans doute est-ce pour cette raison profonde que Husserl peut écrire comme s'il s'agissait d'une évidence que : « In einem Blick *erfasse ich die Schönheit einer alten Gotik – D'un seul regard*, je saisis la beauté d'un gothique ancien » [1]…

IMAGE ET « FICTION PERCEPTIVE »

On se souvient que, lors de l'évocation au § 111 des *Ideen I* de la gravure d'Albrecht Dürer, *Le Chevalier, la Mort et le Diable*, Husserl mobilise les concepts d'« image » (*Bild*), d'« image-copie » (*Abbild*) et de réalité « dépeinte » (*abgebildete*) ou figurée « en image » (*im Bilde*) [2]. On se rappelle aussi la distinction qu'il fait, dans ce même paragraphe, entre le *Bildobjekt* et le *Bildsubjekt*, autrement dit entre l'objet-image comme tel et le sujet figuré en image : l'objet-image ne doit être confondu ni avec la réalité perçue, qu'il est pourtant par son matériau, ni avec le motif représenté ou « présentifié ».

Nous nous demanderons comment cette évocation d'une œuvre d'art intervient dans le cours de l'argumentation des *Ideen I*, mais, pour amorcer la réflexion sur l'approfondissement des analyses husserliennes de l'expérience esthétique, et sur la problématicité croissante de cette expérience, citons tout d'abord un extrait du manuscrit 18 b du tome XXIII des *Husserliana*, dont la tonalité est très profondément différente de celle du texte des *Ideen I* qui vient d'être évoqué :

---

1. *Ideen II*, p. 33 (nous soulignons).
2. *Cf.* F. Dastur, « Husserl et la neutralité de l'art », *op. cit.* ; M.M. Saraiva, *L'imagination selon Husserl*, *Phae.* 34, La Haye, Nijhoff, 1970, p. 234-235 et, pour le commentaire de la position de Sartre dans *L'imaginaire*, n. 59, p. 227.

L'art est le domaine de la *Phantasie* mise en forme, perceptive ou reproductrice, intuitive mais en partie aussi non intuitive. On ne peut pas dire que l'art doive nécessairement se mouvoir dans la sphère de l'intuitivité. J'ai pensé par le passé qu'il appartiendrait à l'essence des arts plastiques de figurer en image, et j'ai conçu ce figurer comme figurer par image-copie.

La différence de ton apparaît :

Mais tout bien réfléchi, ce n'est pas correct. Dans une représentation théâtrale, nous vivons dans un monde-de-*Phantasie* perceptive, nous (avons) des « images » dans l'unité d'enchaînement d'une image, mais pas pour autant des images-copies (p. [514-515], trad. fr. p. 486).

Il est clair que le ton de ce manuscrit est autocritique et qu'à la faveur d'un changement de paradigme, puisque l'exemple du théâtre se substitue ici à ceux de la peinture et de la gravure dans les *Ideen I* et du buste de marbre évoqué dans la sixième *Recherche logique*, Husserl accentue ici, au détriment de l'image, du *Bild*, le rôle de la *Phantasie* en art – ce qui suppose qu'en retour la *Phantasie* désigne désormais moins l'imagination immédiate interne opposée à la médiation apportée par l'image externe (comme c'était le cas dans les *Recherches logiques*), que la puissance de présentification en général. Deux remarques s'imposent alors :

– d'une part, dire qu'au théâtre les spectateurs vivent « dans un monde-de-*Phantasie* perceptive » (*in einer Welt perzeptiver Phantasie*), ce n'est pas du tout la même chose que de soutenir, comme Sartre le fera dans *L'imaginaire*, que l'acteur « s'irréalise dans son personnage » – non seulement parce qu'il s'agit des spectateurs et non de l'acteur, mais surtout parce que Sartre, lorsqu'il parle d'irréalité, parle de *l'image*, de l'être de l'image, alors que Husserl lui, en 1918, ne parle justement pas essentiellement du *Bild*, ni de l'*Abbild*, mais d'une énigmatique *Phantasie* perceptive. C'est un point essentiel ;

– d'autre part, Husserl rejette dans ce passage l'exigence d'intuitivité qu'il posait précédemment en art (ainsi que nous l'avons vu dans la première partie). « On ne peut pas dire que l'art doive nécessairement se mouvoir dans la sphère de l'intuitivité » : c'est donc que la thèse qui jouait encore un rôle cardinal dans le cas des représentations figurées du Chevalier, de la Mort et du Diable dont il était question dans les *Ideen I*, à savoir la thèse d'une « présentification positionnelle» par image-copie du figuré ou du modèle, qui était directement héritée de la théorie de l'image des *Recherches logiques*, est à présent tenue pour inapte à rendre compte de l'expérience esthétique.

Tout cela laisse entrevoir que la détermination de la nature des rapports entre *Phantasie, Bild* et perception a bien été remise en chantier par Husserl lorsqu'il a creusé la question du phénomène esthétique et en particulier, comme nous le verrons, la question de *l'expression* esthétique. N'oublions pas en effet que Husserl écrivait en 1901, dans l'appendice aux paragraphes 11 et 20 de la cinquième *Recherche logique*, que «L'image ne devient véritablement image que grâce à la faculté qu'a un moi doué de représentation d'utiliser le semblable comme représentant en image de ce qui lui est semblable, de l'avoir présent à l'intuition et de *viser* cependant l'autre à sa place»[1]. Et n'oublions pas non plus que la sixième *Recherche* répétait, dans un paragraphe consacré aux différences entre l'intention signitive en général et l'intention *intuitive* de la conscience imageante, que «la représentation par image a manifestement cette propriété que […] son objet qui apparaît comme "image" s'identifie par ressemblance avec l'objet *donné* dans l'acte remplissant»[2].

C'est donc cette thèse initiale d'une donation nécessairement intuitive en image qui est critiquée par Husserl dans le fragment 18 b du volume XXIII des *Husserliana*, alors qu'elle gouverne l'analyse de la gravure de Dürer dans les *Ideen I* – même si la fin du § 111 se réfère à une seconde attitude, dite «attitude *purement esthétique*»[3], qui non

---

1. E. Husserl, *Recherches logiques, op. cit.,*, t. II-2, 1961, p. 229. *Cf.* aussi le § 9 du frgt. 1 de *Hua.* XXIII, datant de 1904-1905 : «De l'image physique [*i.e. :* la chose-image accrochée au mur] nous distinguons donc l'image représentante, l'objet apparaissant qui a la fonction de figurer en image-copie, et à travers ce dernier le sujet-image est figuré en image-copie» (p. 64). Le § 40 de ce même frgt. 1 est également éloquent : «L'imagination au sens propre, la représentation au moyen d'une *image*, consiste en ceci qu'un objet apparaissant vaut comme image-copie (*Abbild*) pour un autre objet (qui lui est) identique ou semblable» (p. 114), alors que la *Phantasie*, ajoute alors Husserl, «est nettement séparée de la fonction propre d'image par ceci qu'il lui manque un *objet-image* se constituant spécifiquement» (p. 115). Ce dualisme sera remis en cause dans le frgt. 18 b.

2. *Ibid.*, t. III, 1974, p. 73.

3. E. Husserl, *Idées directrices pour une phénoménologie et une philosophie phénoménologique pures*, trad. fr. P. Ricœur, Paris, Gallimard, 1950, p. 373 = *Hua.* III, p. [270] : «*wenn wir uns rein ästhetisch verhalten*».

seulement neutralise la perception usuelle des choses réelles (ce qui est nécessaire pour qu'apparaisse l'image-copie, comme Husserl l'a montré dès les *Recherches logiques*), mais qui neutralise aussi, en passant si l'on peut dire au carré, la position d'existence ou de non-existence du motif dépeint.

Pour clarifier maintenant davantage ces questions, revenons à la définition de la *Phantasie*, de l'imagination, que propose le début du § 111 des *Ideen I* :

> L'*imagination* en général est la *modification de neutralité appliquée à la présentification «positionnelle»*, donc au souvenir au sens le plus large qu'on puisse concevoir (*das* Phantasieren *überhaupt [ist] die* Neutralitätsmodifikation der «setzenden» Vergegenwärtigung, *also der Erinnerung im denkbar weitesten Sinne*) (p. [268], trad. fr. p. 371).

La question qui se pose ici est de savoir pourquoi la modification de neutralité imaginaire ne s'applique qu'au seul souvenir et non à la perception présente[1]. Pourquoi donc Husserl caractérise-t-il le vécu d'imagination comme un vécu certes présent, comme l'est tout vécu, mais présent et *suspendu* en même temps, «flottant»[2] ? Et pourquoi ajoute-t-il qu'«il faut tenir pour une propriété eidétique de la conscience imaginante que non seulement le monde, mais en même temps le percevoir lui-même qui "donne" ce monde est imaginaire»[3] ? Le problème demeure en effet entier de savoir ce qu'est un percevoir imaginaire délié ou «flottant», et de savoir aussi pourquoi ce percevoir n'implique de neutraliser *que* les présentifications. C'est en considérant le mouvement d'ensemble de l'argumentation du chapitre IV de la troisième section des *Ideen I* que nous pourrons résoudre ces questions, et c'est aussi par ce biais que nous comprendrons pourquoi et comment Husserl en vient à la gravure de Dürer.

Dans ce chapitre l'analyse porte sur les modes de la corrélation de la conscience et du monde, c'est-à-dire sur les «structures noético-

---

1. *Cf.* E. Escoubas, «*Bild, Fiktum* et esprit de la communauté», *Alter*, 4, 1996, p. 281-300 ; M.M. Saraiva, *op. cit.*, p. 204-216.

2. On lit en effet au § 113 des *Ideen I* : «La conscience n'atteint pas l'imaginaire comme "réellement" présent, passé ou futur, il flotte (*es schwebt vor*) seulement devant l'esprit, en tant qu'imaginaire, sans être posé actuellement» (trad. fr. p. 380).

3. *Ideen I*, § 111, p. [268] = 372.

noématiques ». Le point de départ est pris, au § 97, dans la perception d'un arbre. Husserl dégage alors les notions, d'une part, de moments « réels » (*reell*) du vécu (moment hylétique et moment noétique, autrement dit matière et sens du perçu d'arbre en tant que vécu) et, d'autre part, de moments non « réels » du vécu, à savoir ceux qui concernent le noème, l'arbre *réel* (celui « qui peut flamber », disait le § 89). C'est sur cette base qu'il différencie, au § 99, plusieurs modalités de donation à une conscience d'un même noème (d'un même arbre réel) : « tantôt de façon "originaire", tantôt "par souvenir", ou encore "par image", etc. »[1], soit sa « présentation » perceptive (sa *Gegenwärtigung*) et ses « présentifications » (*Vergegenwärtigungen*). Parvenu en ce point, il précise que la conscience d'un souvenir implique nécessairement un avoir perçu passé et que, de plus, « la perception "correspondante" [...] accède d'une certaine façon à la conscience dans le souvenir, sans toutefois y être réellement contenue »[2]. On a donc affaire avec le souvenir à une modification de l'élément perceptif positionnel originaire *et aussi* à sa conservation. C'est ce que signifie « présentification positionnelle ». En revanche, ajoute-t-il, « la modification *par image* relève d'une autre série de modifications » que celles qui sont apportées par le souvenir et cela, qu'il s'agisse d'une image externe (*Bild*) ou d'une *Phantasie* imaginative. La différence spécifique entre souvenir et image ne sera cependant pas étudiée avant le § 111, et il est frappant de constater que Husserl entremêle jusque là les différents types de présentifications – ainsi au § 100, lorsqu'il insiste sur la possibilité d'emboîtements des présentifications par souvenirs, par signes et par images, en exemplifiant ce trait par l'allusion à un nom prononcé, celui du peintre David Teniers, qui lui évoque aussitôt le souvenir d'une visite à la *Gemäldegalerie* de Dresde où il a pu voir un tableau de Teniers représentant l'image d'un cabinet d'amateur rempli d'autres tableaux, c'est-à-dire d'autres images emboîtées dans l'image.

L'essentiel dans ce mouvement argumentatif est qu'il conduit Husserl à poser que la forme primitive, l'*Urform* de laquelle proviennent par modifications toutes les modalités intuitives de souvenir

---

1. *Ideen I*, § 99, trad. fr. p. 347.
2. *Ibid.*

ou d'image qui sont susceptibles, comme on vient de le voir, de s'emboîter à l'infini – cette *Urform* donc, est la certitude noétique de croyance [1], dont le modèle est, comme toujours chez lui, celui qu'offre la perception. Il se confirme ainsi que ce chapitre des *Ideen I* vise à construire par son argumentation une *série* allant, par modifications successives, de la perception avec ses caractères de certitude doxique et de présentation thétique d'objet, au souvenir, qui est quant à lui une présentification, mais encore positionnelle (ou thétique) par son aspect de présent passé, puis à l'imagination libre, à la *Phantasie*, qui n'a plus rien de thétique puisqu'elle *neutralise* le caractère positionnel du souvenir se rapportant à un présent passé, et puisque ce présent passé devient ainsi imaginairement «flottant».

On peut en conclure que si la *Phantasie* constitue, dans les *Ideen I*, une modification de neutralité appliquée au souvenir et *à lui seul*, c'est, très logiquement, parce que Husserl a procédé par construction de la *série ordonnée* perception/souvenir/*Phantasie*. Quant à l'image externe (*Bild*), elle ne joue aucun rôle déterminant dans le mouvement argumentatif qui vient d'être retracé, même si l'évocation de la galerie de peintures de Dresde peut faire illusion à cet égard. Non seulement donc, on ne relève aucune trace d'un souci proprement esthétique dans ces analyses, mais c'est aussi la considération du statut spécifique de l'image externe qui y fait défaut. Or au § 111, avec l'analyse de la gravure de Dürer, l'image externe entre de plain-pied dans le raisonnement. Deux points sont alors à relever :

– Premièrement, l'évocation de la gravure de Dürer fait *hiatus* dans le développement argumentatif car, comme on a pu le noter : «Nous devons avouer que nous attendions autre chose, à savoir des exemples dans la ligne de la modification imageante des vécus dont Husserl a si longuement parlé. […] Du coup, nous sommes transportés dans un tout autre contexte, nous passons du phénomène de l'imagination libre au phénomène de la conscience d'image»[2]. Un tel saut, on l'aura compris, perturbe la série perception/souvenir/*Phantasie*, car un objet externe perçu *au présent* intervient d'un coup en bout de chaîne, ce qui ne peut qu'entraîner un conflit entre la présence perçue et le souvenir

---

1. Cf. *ibid.*, § 104, p. 357.
2. M.M. Saraiva, *op. cit.*, p. 230.

neutralisé – conflit qu'il faudra que Husserl aplanisse, ou neutralise à nouveau, en introduisant une différence entre l'objet-image et la chose perçue. Mais, sommes-nous sûrs que cette fois encore la conscience imageante procède, comme la *Phantasie*, en neutralisant le *souvenir* et lui seul ? En fait, rien n'est moins assuré puisque tout se passe, dans le cas de l'expérience du *Bild*, dans le présent du perçu, même si l'on accorde que ce perçu « flotte ». C'est pourquoi la théorisation des *Ideen I* se révèle fragile en ce point crucial.

– Deuxièmement, l'intervention de la gravure de Dürer *après* ce qui a été précédemment établi par Husserl au sujet de la série perception/souvenir/*Phantasie* ne peut que conduire à privilégier – et même à hypostasier – le caractère de copie de l'image. Étant pensée, en effet, *après* la perception, *après* la remémoration du perçu et *après* l'acte d'imagination autour de ce qui fut perçu, l'image se voit immanquablement grevée d'un présupposé *reproductif*, du présupposé d'un rapport à un modèle ou à des éléments de modèle renvoyant à quelque modification du perçu. Bref, l'image se voit grevée d'un rapport à ce que Husserl nomme explicitement « les réalités dépeintes, à savoir le chevalier en chair et en os, etc. » (p. 373). La catégorie de l'*Abbild*, de l'image-copie gouverne dès lors l'ensemble du raisonnement, et avec elle celle du remplissement intuitif perceptif par ce qui a été vu auparavant et qui est ensuite reconnu dans l'image. La conscience d'image externe, celle de la gravure ou du tableau, est donc conçue comme encore *positionnelle*, comme une sorte de cote mal taillée entre l'image interne de *Phantasie* non positionnelle et le souvenir positionnel. C'est pourquoi, lorsqu'un souci proprement esthétique se manifeste, à la toute fin du § 111 des *Ideen I*, Husserl ne peut que redoubler son dispositif de neutralisation, pour court-circuiter en quelque sorte *in fine* le rapport de type positionnel de l'*Abbild* au modèle dépeint, en espérant retrouver ainsi la spécificité du *Bild* dans une attitude dite « *purement esthétique* ». Mais il faut avouer que ni la dimension esthétique ni ses structurations logiques ne sont décrites, et ne sont même descriptibles, à partir de tels présupposés… Sans doute en va-t-il ainsi parce que ce qui motive réellement Husserl dans ce § 111 ce n'est pas un souci d'ordre esthétique, mais c'est de parvenir à différencier l'attitude phénoménologique de neutralisation par *epokhè* de l'attitude de modification imaginante par neutralisation, afin que la méthode phénoménologique ne tombe pas sous le coup d'une accusation de procédure imaginaire. Autrement dit, parce que ce qui le motive ici, c'est de sauver la méthode phénoménologique bien plus que le phénomène esthétique.

Pourtant, nous l'avons dit, Husserl a pris conscience de l'irréductibilité du phénomène esthétique à ce type d'analyse. Le tome XXIII des *Husserliana* en offre plusieurs témoignages. On y trouve par exemple cette remarque extraite du cours de 1904-1905 dans laquelle Husserl relève qu'en contemplant un tableau de Véronèse « nous nous sentons transportés dans la vie somptueuse des nobles vénitiens du 16e siècle » et qu'à travers la contemplation des gravures sur bois de Dürer, si riches en détails représentatifs, nous « intuitionnons [...] l'humanité allemande de son temps » (p. 78); cependant, précise-t-il aussitôt, un point de vue véritablement *esthétique* sur ces œuvres demande qu'au lieu de s'adonner ainsi aux plaisirs de l'image-copie, « la *Phantasie* ne sui[ve] pas ces nouvelles représentations, mais que l'intérêt retourne continuellement à l'objet-image et s'y attache intérieurement, trouvant le plaisir dans la *manière* dont il met en image ». C'est dire que, si l'on en juge par ce texte, le sentiment esthétique n'est pas lié à la perception des contenus représentatifs et des détails reconnus dans l'*Abbild*, mais qu'il est affaire de perception d'un *style* propre à l'image elle-même et que de plus, c'est la *Phantasie* qui prend désormais en charge cette sorte d'*errance esthétique* du regard lorsqu'il s'attache au mode spécifique de la mise en image.

Dans le même ordre d'idée, Husserl a, quelques pages plus loin, une autre remarque déterminante à propos des aspects matériels de la « considération esthétique » : « [l']intérêt affectif esthétique s'attache à *l'objet-image* et s'y attache aussi d'après des moments qui ne rendent pas analogue [*i.e.* des moments non représentatifs]. Comme je n'en ai pas encore parlé, je rappelle la fonction esthétique des moyens et matériaux de reproduction, par exemple le large coup de pinceau de certains maîtres, l'effet esthétique du marbre, etc. » (p. 89). De même encore, réfléchissant sur une reproduction photographique du tableau du Titien, *L'amour sacré et l'amour profane*, dont l'original se trouve à la Galerie Borghèse de Rome, Husserl note tout d'abord avec précision quelques traits matériels de cette reproduction : « nous avons une reproduction en copie "réduite", sans couleurs, "au lieu" d'une en couleurs, une photographie au lieu d'un tableau» (p. 176), puis il ajoute que le tableau du Titien lui-même «n'a pas pour fonction de rendre représenté quelque chose "d'autre"», autrement dit, que «ce qui m'y intéresse, c'est là, ce n'est pas indirectement représenté» (p. 177). Et il donne enfin une analyse qui s'enfonce dans la difficulté la plus extrême de la description :

> Plus nous regardons au dedans de l'image (objet-image) et y prêtons attention aux moments de la concordance, aux moments qui analogisent [donc à son aspect figuratif d'*Abbild*], moins la relation au *Gegenstand* est externe, s'émancipant de l'objet-image. [...] La conscience d'image immanente [...] est caractérisée par ceci que la représentation du sujet n'est pas une deuxième (représentation) à côté de celle de l'objet-image, rattachée à celle-ci par un lien symbolique, mais une représentation qui s'interpénètre avec elle et coïncide partiellement avec elle (p. [156], trad. fr. p. 178).

Husserl affronte ici le comble du paradoxe de l'image : plus l'on s'intéresse *esthétiquement* à la construction formelle de l'image comme telle, à son style propre, et plus son caractère figuratif *s'intériorise*, comme si l'intérêt esthétique, tout en ne s'attachant pas aux traits reproductifs de l'image, aux contenus, était néanmoins – tel est le paradoxe – loin de les mettre totalement entre parenthèses, de les ignorer ; comme s'il parvenait plutôt à les intégrer. Forme et contenus de la représentation semblent ainsi devoir se réciproquer d'une façon aussi inattendue que difficilement explicable par la théorie de la neutralisation. Certes, Husserl nous a appris que neutraliser n'est pas annuler, mais comment concevoir l'intégration de contenus perçus neutralisés à une présentification qui ne se rapporte, du point de vue formel, qu'au passé et dont le modèle est, précise un texte de 1904-1905, celui de la «conscience-*de-non-présence* (*das* Nichtgegenwärtigkeits-*Bewusstsein*) [qui] appartient à l'essence de la *Phantasie*»[1] ? Ces interrogations montrent à quel point Husserl éprouve des difficultés à articuler *Bild* et *Phantasie* dès qu'il se risque hors du schéma imitatif-reproductif, hors de la considération de l'*Abbild* – donc lorsqu'il se risque à des analyses «purement esthétiques».

---

1. *Hua* XXIII, p. [58] = 95 ; *cf.* aussi p. [144] = 167.

Mais nous avons dit l'opiniâtreté de Husserl face au problème de la détermination du *Bild* par la *Phantasie*, examinons donc à nouveau ses textes de travail.

L'un des fragments dans lesquels on voit le mieux le conflit entre une conception analogique du *Bild* et de la *Phantasie* et une autre conception, fort différente, du sentiment esthétique devant l'objet beau en général ou l'œuvre d'art en particulier, est le fragment 1 de *Hua* XXIII, qui se rapporte à un cours de 1904-1905 et à ses appendices de 1905-1906. On y lit en effet, d'un côté, que «l'image comme objet-image (*Das Bild als Bildobjekt*) [est] l'exact *analogon* de l'image-de-*Phantasie* (*Phantasiebild*)» (p. [19], trad. fr. p. 63), ce qui ne peut évidemment qu'enfermer l'analyse dans les difficultés du conflit, que nous avons déjà analysé, entre le perçu présent et le phantasmé non présent. Mais on y trouve aussi, d'un autre côté, une page magnifique consacrée à «l'apparition [considérée] du point de vue esthétique» [1] qui remet tout en chantier. Partant du point de vue formel, qui est celui de la théorie de la neutralisation et de l'intérêt porté à l'apparition du *Bildobjekt* comme tel (ce qui est le préalable nécessaire à toute attitude esthétique), Husserl se demande : «Tout intérêt à l'apparition est-il esthétique? Certainement pas». Puis il entreprend d'expliquer le sentiment esthétique, en tant qu'intérêt pris à l'apparition, à l'aide d'un tout autre modèle (p. [145-146], trad. fr p. 168) :

> Différentes apparitions du même objet [ne sont] pas d'égale valeur dans cette direction affective [*i.e.* celle esthétique]. Mise en place des vases, des cendriers, etc. dans le salon, «Quelle est la plus belle position?». C'est donc bien esthétique. Là l'apparition la plus favorable est choisie.

Se précise la corrélation entre sentiment esthétique et apparition :

> Éveil clair de la conscience d'objet, bien que l'intérêt ne concerne pas l'objet en tant que membre du monde effectivement réel, selon ses propriétés objectales, ses relations etc., mais précisément l'apparition seulement. Or puisque à présent l'apparition objectale est là, et naturellement inévitable, et puisque la fonction de l'objet, son but etc. sont co-stimulés, alors ils doivent l'être de manière claire. L'objet lui-même [doit être] adéquat à son but, sinon conflit entre la forme de l'objet et sa fonction. Quelque chose de déplaisant [s'en] mêlant.

---

1. Cf. *ibid.*, frgt. 1, Appendice VI au § 17 (1906), p. [145-146] = 168-169.

Introduisant alors une analogie :

> De même aussi dans la configuration de l'être humain. Groupe. Pas un tas de membres humains dont on ne sait au juste à qui ils appartiennent. Avec quelle tête ces jambes, ces bras etc. vont-ils ? Que fait celle-ci, où va celui-là ? Position caractéristique. Photographie du moment : parmi les innombrables positions particulières qui se produisent effectivement, laquelle est celle « vue », et parmi celles vues, laquelle est la « meilleure » ;

il peut ainsi en conclure :

> Chaque nerf, chaque muscle harmonisé pour l'action. Rien d'indifférent, de fortuit. Le plus d'expression possible (*Möglichst viel Ausdruck*), c'est-à-dire : une stimulation la plus forte possible, la plus intuitive possible en apparition, de la conscience d'objet.

L'intérêt de ces lignes réside dans la théorie de *l'expression esthétique* qu'elles esquissent en marge de toute considération sur le dualisme forme/contenu. L'expression est en effet liée, dans ce texte, à la « stimulation la plus forte possible », à la stimulation la plus dense produite sur le spectateur par *l'œuvre* même : ni par son contenu, ni par sa forme, ou si l'on veut par l'un et par l'autre. Plus exactement, comme Husserl le rappelle dans le fragment 15 h, que nous avons analysé dans la première partie, si « le type d'apparition » est, dans sa forme même, « porteur de caractères affectifs esthétiques » (p. [389], trad. fr. p. 376) puisque, pour que l'on soit en mesure d'évaluer une œuvre ou un paysage naturel, il faut que l'apparition se fasse selon la procédure de neutralisation, il n'empêche qu'on ne doit pas se laisser obnubiler par le seul moment de l'apparition, car tout moment apparitionnel est par nécessité eidétique moment d'une apparition-de-chose. Rappelons le texte cardinal à cet égard :

> L'apparition est apparition de l'objet, l'objet [est] objet dans l'apparition. Je dois, du vivre dans l'apparaître, revenir à l'apparition et inversement, et alors le sentiment [esthétique] devient vivace : l'objet [...] reçoit une coloration esthétique *eu égard au type d'apparition*, et le retour sur l'apparition donne vie au sentiment d'origine (p. [389], trad. fr. p. 376).

Dans ces passages Husserl parvient à thématiser le phénomène esthétique plus finement qu'en ayant recours au couple forme/contenu ou représentation/copie. En effet, que la « coloration esthétique » de l'expérience trouve sa *vivacité expressive* la plus propre dans le va-et-vient entre le moment apparitionnel et la conscience d'objet la plus intense et la plus stimulante eu égard à l'objet lui-même, cela signifie que le conflit peut enfin s'apaiser entre le vécu de perception et le vécu de *Phantasie*. Cet apaisement a lieu, nous dit le fragment 18 b, dans un « monde-de-*Phantasie* perceptive » (*eine Welt perzeptiver Phantasie*) (p. [514], trad. fr. p. 486), dans un monde peuplé de « fictions percep-tives » (*perzeptiven Fiktionen*) – tels que Richard III que je vois s'avancer sur la scène du théâtre, la *Septième Symphonie* de Beethoven que j'entends à l'auditorium, ou *L'amour sacré et l'amour profane* que je contemple dans la Galerie Borghèse.

Sommes-nous revenus là au « libre jeu » kantien des facultés ? Malgré la tentation qu'il peut y avoir à répondre par l'affirmative, avec Sartre et d'autres après lui[1], nous répondrons négativement, car Husserl ne cesse de répéter que

> Pour l'attitude esthétique l'essentiel n'est pas la *Phantasie*, mais l'attitude envers ce qui intéresse esthétiquement, l'objectité dans le comment (*Gegenständlichkeit im Wie*) (p. [591], trad. fr. p. 551).

Pour Husserl donc, la jouissance esthétique des œuvres est « phantasmatique », certes, ou si l'on veut imaginaire, mais elle l'est en un sens précis qui n'est pas celui, sartrien, de processus d'irréalisation. Elle n'est en effet imaginaire que pour autant qu'elle peuple le monde d'images, ou de « fictions perceptives » effectives, qui sont – c'est le point capital – autant *d'apparitions d'objets dans leur comment le plus expressif*. Autrement dit, le plaisir esthétique suppose, au sein de la modalité de conscience neutralisante, un « éveil clair de la conscience d'objet » (p. [145] = 168), bien plutôt qu'un saut dans une supposée irréalité de l'image ou qu'un pur désintérêt vis-à-vis de l'objet. « Ce qui n'exprime rien », remarque finement Husserl dans une note lapidaire, sur laquelle nous conclurons, « c'est l'*adiaphoron* esthétique »[2].

Pierre RODRIGO

---

1. *Cf.* D. Lories, « Remarques sur l'intentionnalité esthétique… », *op. cit.*
2. *Hua.* XXIII, frgt. 1, Appendice VI, n. 254, p. [146] = 169.

SARTRE : UNE PHÉNOMÉNOLOGIE DE L'IMAGE

La problématique de l'*image* traverse de bout en bout l'œuvre de Sartre. C'est à étudier *L'Image dans la vie psychologique* que, sous la direction d'Henri Delacroix, le jeune Sartre consacra son diplôme d'Études supérieures. C'est encore à partir de son livre sur *L'Imaginaire* que le philosophe vieillissant interprétait l'entreprise de Flaubert : « J'ai repensé certaines des notions exposées dans *L'Imaginaire* », déclarait-il en 1971, « mais je dois dire que, malgré les critiques que j'ai pu lire, je tiens encore l'ouvrage pour vrai […] »[1].

Suscitée par une réflexion plus largement occupée de psychologie, la phénoménologie sartrienne de l'image enveloppe d'emblée une dimension ontologique. Elle engage également une interrogation relative à l'esthétique dans son rapport à l'éthique, qui présidera notamment au livre sur Genet, où Sartre déplace du sensible vers l'imaginaire la question kantienne du mal radical : « La volonté qui se veut mauvaise est volonté qui veut ce qu'elle ne veut pas. À ces signes indubitables, Genet a connu que l'imaginaire était le digne objet de sa mauvaise volonté […] Non : le Mal ne se *fait* pas ; il s'imagine ; là est la solution de toutes ses contradictions. Le Mal radical n'est pas le choix de la sensibilité, c'est celui de l'imaginaire »[2]. Cette prégnance de la question tient à sa profondeur : l'enjeu n'en est rien de moins que la possibilité de la liberté. Lorsqu'en 1943, dans *L'Être et le néant*, il comprend la liberté par la possibilité, qui définit la conscience, de

1. J.-P. Sartre, « Sur *L'Idiot de la famille* », *Situations X*, Paris, Gallimard, 1976, p. 102.
2. J.-P. Sartre, *Saint Genet comédien et martyr*, Paris, Gallimard, 1952 (désormais cité *SG*), p. 331.

« secréter un néant qui l'isole »[1], Sartre s'empresse de rappeler que dès son premier livre, *L'Imagination*, il avait caractérisé la conscience imageante par sa négativité, sa puissance de poser un objet comme existant ailleurs ou n'existant pas. En 1940, *L'Imaginaire* concluait à l'implication réciproque de l'imagination et de la négation. Sartre allait jusqu'à y faire de l'imagination « une condition essentielle et transcendantale de la conscience »[2]. Loin de se ramener à un supplément empirique de la conscience, l'imagination coïncide ainsi avec « la conscience tout entière en tant qu'elle réalise sa liberté »[3].

En s'appuyant sur la conception intentionnaliste de la conscience, Sartre trouve les ressources pour corriger les psychologies de l'imagination. Ce déplacement critique l'amène, en marquant par là l'écart vis-à-vis de la psychologie des facultés, à cerner l'imagination dans la perspective d'une phénoménologie de la *conscience imageante*. Il entraîne le rejet de la notion de l'image entendue à la manière d'une copie ou d'un intermédiaire entre l'objet et la conscience. C'est littéralement que Sartre identifie l'*image* à la conscience, elle-même conçue comme un pur rapport intentionnel. Dire, comme *L'Imaginaire* le fait d'entrée de jeu, que la conscience imageante vise, non l'image de l'objet, mais l'objet lui-même, l'autorise à désigner par *image* « le rapport de la conscience à l'objet »[4]. Le concept d'*imaginaire* s'offre comme le corrélat d'une telle visée intentionnelle. Au même titre que le réel, il qualifie un monde[5]. Toutefois, parce qu'il entend par *monde* « un tout lié, dans lequel chaque objet a sa place déterminée et entretient des rapports avec les autres objets »[6], Sartre hésite à parler d'un monde imaginaire (« *il n'y a pas de monde imaginaire* »[7], va-t-il jusqu'à écrire) ou encore, il se risque à définir l'imaginaire par son

---

1. J.-P. Sartre, *L'Être et le néant*, Paris, Gallimard, 1943 (désormais cité *EN*), p. 61. Je me permets de renvoyer à mon texte « Imaginaire, monde, liberté », dans R. Barbaras (éd.), *Sartre. Désir et liberté*, Paris, PUF, 2005, p. 41-57.

2. J.-P. Sartre, *L'Imaginaire*, Paris, Gallimard, 1940 (désormais cité *Iaire*), p. 239.

3. *Ibid.*, p. 236.

4. *Ibid.*, p. 17.

5. *Ibid.*, p. 34 : « Les deux mondes, l'imaginaire et le réel [...] ».

6. *Ibid.*, p. 170.

7. *Ibid.*, p. 215.

opposition au réel, comme un *anti-monde*[1]. Ainsi, ce que, d'un point de vue au moins nominal, on peut appeler le monde imaginaire, est étranger à l'espace de la perception, comme, au demeurant, il échappe au temps. Ou plus exactement, l'espace imaginaire est soustrait aux relations d'extériorité; la spatialité s'y trouve dotée d'une qualité que Sartre qualifie d'*absolue*. Ce personnage que j'imagine à cinq mètres n'est réellement à cinq mètres de personne. Seulement, « il apparaît avec la taille et l'aspect qu'il aurait dans la perception s'il se trouvait à cinq mètres de moi, voilà tout. C'est une sorte de qualité absolue »[2]. Il n'est pas négligeable à cet égard que l'essai de 1948 sur la sculpture de Giacometti s'intitule justement « La recherche de l'absolu ». De même que les personnages peints sont définitivement placés à vingt pas de moi, Giacometti, prenant la peinture pour guide, inscrit les personnages qu'il sculpte à une distance qu'il faudrait, elle aussi, dire absolue : « Il crée sa figure "à dix pas", "à vingt pas", et quoi que vous fassiez, elle y reste. Du coup, la voilà qui saute dans l'irréel, puisque son rapport à vous ne dépend plus de votre rapport au bloc de plâtre : l'art est libéré »[3]. Dans l'espace imaginaire que Giacometti sculpte ainsi à la manière dont le peintre peint, les objets irréels apparaissent, en tant qu'ils échappent à la contrainte du monde, comme une négation de l'être-au-monde.

C'est dire que l'enjeu de la question déborde la seule critique phénoménologique de la psychologie. Il n'y va pas seulement du congé donné à la psychologie des facultés par la découverte d'une autre conception de la conscience, définie comme une unité synthétique intégralement manifestée en chacune de ses modalités intentionnelles. Cette substitution est elle-même inséparable d'une ontologie que Sartre formule de plus en plus franchement en termes d'*être* et de *néant*. Si *L'Imagination* n'évoque encore qu'avec un brin de désinvolture le néant de l'image[4], c'est résolument que *L'Imaginaire* pose

---

1. *Ibid.*, p. 175. Sur ce point, *cf.* « Imaginaire, monde, liberté », *op. cit.*

2. *Ibid.*, p. 65.

3. J.-P. Sartre, « La recherche de l'absolu », *Situations III*, Paris, Gallimard, 1949, p. 299.

4. J.-P. Sartre, *L'Imagination*, Paris, PUF, 1969 (désormais cité *Ion*) [1re éd. 1936], p. 147 : « Mais, précisément, Husserl restitue au centaure sa transcendance au sein même

les termes que thématisera *L'Être et le néant* et range parmi les caractéristiques de l'image la donation de son objet comme « un néant d'être »[1].

L'IMAGINATION

Pour une bonne part, le livre sur *L'Imagination* consiste en un examen critique des doctrines de l'image. Au terme de ce parcours, le dernier chapitre montre comment la phénoménologie de Husserl lève, dans une large mesure du moins, les difficultés dans lesquelles les psychologues étaient venus s'enfermer, ainsi que l'avaient fait avant eux les philosophes dont ils avaient hérité. L'Introduction du livre récuse d'emblée la confusion entre la perception de la chose dans sa « présence réelle »[2], d'une part, sa manifestation en image, d'autre part. Pareille « ontologie de l'image » différencie l'image du percept en degrés plus qu'en qualités, par sa moindre clarté et sa moindre distinction. Une « métaphysique naïve » tend à conférer à l'image l'inertie qui caractérise la chose physique tout en la restreignant à n'être qu'« une copie de la chose, existant elle-même comme une chose »[3]. En face de cette naïveté prolongée, il suffit pourtant de dresser sans prévention les données de « l'intuition interne ». En somme, Sartre commence par ramener les théories non phénoméno-logiques de l'image à une même erreur, elle-même nouée à une ontologie naïve. Les théories classiques de Descartes, de Leibniz et de Hume convergent vers une conception commune de l'image ; et les psychologues reprennent à leur compte cette conception sans la remettre radicalement en question. En postulant que l'image est une espèce de chose soumise, comme la chose physique, au principe d'inertie, ils s'enferment dans des contradictions dont, seule, l'inten-tionnalité husserlienne indiquerait l'issue. Sans doute Leibniz et

de son néant. Néant tant qu'on voudra : mais par cela même il n'est pas dans la conscience ». *Cf.* aussi p. 154, à propos de l'irréalité du noème.

1. *Iaire*, p. 25.
2. *Ion*, p. 3.
3. *Ibid.*, p. 4.

Hume apportent-ils à la séparation que Descartes trace entre le *cogito* et l'image des remèdes contrastés. Le premier reconduit l'image à la subjectivité ; le second, à l'inverse, fond la pensée dans l'image en renvoyant la subjectivité à l'extériorité. Mais, ensemble, les solutions au problème de l'image qu'avancent Descartes, Leibniz et Hume s'accordent pour faire d'elle une espèce de chose : « Un règne de la pensée radicalement distinct du règne de l'image – un monde de pures images – un monde de faits-images, derrière lequel il faut retrouver une pensée, qui n'apparaît qu'indirectement, comme la seule raison possible de l'organisation et de la finalité qu'on peut constater dans l'univers des images (un peu comme Dieu, dans l'argument physico-théologique, se laisse conclure de l'ordre du monde) : voilà les trois solutions que nous proposent les trois grands courants de la philo-sophie classique. Dans ces trois solutions, l'image garde une structure identique. Elle reste *une chose* » [1]. De cet éventail de solutions, les théories psychologiques ont hérité en même temps que du postulat métaphysique qui les supporte uniment. Et, s'inscrivant dans cet héri-tage, elles en ont perpétué les erreurs foncières. Tout autant que les grands systèmes métaphysiques, les théories psychologiques consi-dérées par Sartre échouent à soustraire l'image à la réification. L'opposition que Bergson dresse devant la démarche analytique de Taine, son souci de se débarrasser de l'emprise de l'associationnisme, n'y changent finalement rien : le bergsonisme continue, lui aussi, à obéir à la présupposition selon laquelle l'image est une chose.

Aux yeux de Sartre, l'apport de Husserl est décisif à cet égard. L'intentionnalité – que Sartre condense déjà ici, comme il le fera volontiers, dans la formule « toute *conscience* est conscience *de* quelque chose » [2] – fraie à la pensée de l'image la possibilité d'une réforme. La distinction phénoménologique entre la conscience et ce dont il y a conscience délivre l'image en tant que rapport intentionnel. Puisqu'elle est essentiellement un rapport intentionnel, l'image n'est pas un contenu psychique. Au psychologisme, il faut objecter, par

---

1. *Ibid.*, p. 19.
2. *Ibid.*, p. 144. La confrontation systématique avec les textes husserliens a été entreprise par A. Flajoliet, « Deux descriptions phénoménologiques de l'imagination », *Alter*, 10, 2002, p. 119-156.

exemple, que, quoiqu'il ne soit effectivement rien, le centaure apparaît comme un objet transcendant par rapport à la conscience[1]. C'est sans restriction que Sartre crédite Husserl d'avoir délesté la pensée de l'image de l'équivoque ontologique du simulacre, cet «objet du monde matériel égaré parmi les êtres psychiques»[2]. On doit à Husserl d'avoir rappelé à cette évidence que, non moins que la perception, l'imagination vise l'être réel. Que je le perçoive ou que je l'imagine, il existe un seul et même Pierre; et c'est bien lui que visent l'imagination comme la perception.

Instruite par la méthode de la réduction eidétique, qui permet de conjuguer le probable de l'induction avec la certitude intuitive[3], la phénoménologie de l'image se voit prescrire, au terme de l'enquête menée par *L'Imagination*, plusieurs tâches. Il s'impose à elle, une fois qu'elle a osé s'affranchir de l'autorité de la tradition, d'aller d'un coup à l'essentiel. Il lui incombera très précisément d'opérer la réduction à l'essence, d'acquérir ce que Sartre désigne comme «une vue intuitive de la structure intentionnelle de l'image»[4]. Il lui faudra aussi cerner la différence essentielle entre l'image et le signe. Mais davantage encore, elle aura à s'employer, «enfin et surtout», à élucider la matière de l'image, sa «*hylé* propre». Husserl, il est vrai, a déjà commencé de baliser le chemin et, avec les solutions qu'il préconise, et qui reposent en dernière instance sur la différence entre synthèse active et synthèse passive, Sartre marque son assentiment. Mais, pour plusieurs raisons, il le fait tout au plus du bout des lèvres. *En premier lieu*, parce que ces solutions rendent malaisément franchissable la fracture entre les images du souvenir et les images de la fiction. Ce souci d'unifier la famille de l'image se concrétisera dans *L'Imaginaire* : procédant à partir de l'identité de l'attitude imageante, Sartre étendra la notion pour y inclure à la fois l'image mentale et les images du monde extérieur telles que le portrait, le miroir ou l'imitation. *En second lieu*,

1. *Ion*, p. 147.

2. *Ibid.*, p. 148.

3. *Ibid.*, p. 143. *L'Imaginaire* fera du *certain* le thème de la première de ses quatre parties, du *probable* celui de la deuxième. Dans son cours de 1952, «Les sciences de l'homme et la phénoménologie», M. Merleau-Ponty a mis en cause cette démarche; cf. *Parcours deux, 1951-1961*, Lagrasse, Verdier, 2001, p. 95 *sq.*

4. *Ibid.*, p. 158.

parce que la distinction entre les actes intentionnels ne suffit pas à fonder le partage entre la perception et l'image mentale. La distinction entre les intentions est la condition nécessaire de ce partage. Mais elle n'en constitue pas une condition suffisante, s'il s'avère que la matière de l'image mentale ne peut être identique à la matière de la perception.

L'IMAGINAIRE

En simplifiant exagérément son ambition, on pourrait considérer que *L'Imaginaire* accomplit le programme tracé au terme de *L'Imagination* : dégager la structure essentielle de l'image, cerner sa différence d'avec le signe, déterminer sa matière. En outre, il saute aux yeux que la conclusion de *L'Imaginaire* débouche sur une réappropriation en termes de phénoménologie de l'image, de la question kantienne de l'objet esthétique, à peine effleurée dans une note allusive de *L'Imagination* [1]. À ces dernières pages du livre de 1940, Sartre assigne d'ailleurs une origine contingente : dans le film que lui ont consacré A. Astruc et M. Contat [2], il confie que c'est seulement à l'initiative de Bernard Groethuysen qu'il avait été conduit à compléter son texte par ce développement relatif à l'expérience esthétique.

D'emblée, *L'Imaginaire* explicite la méthode phénoménologique : elle est réflexive, elle procède par description, non par induction. Tandis que la plupart des psychologues commencent par construire des hypothèses explicatives qui, par principe, resteront de l'ordre de la probabilité, la réduction eidétique livre au phénoménologue des données certaines : « La méthode est simple : produire en nous des images, réfléchir sur ces images, les décrire, c'est-à-dire tenter de déterminer et de classer leurs caractères distinctifs » [3]. C'est

---

1. *Ibid.*, p. 150.

2. Cf. *Sartre. Un film réalisé par Alexandre Astruc et Michel Contat*, Paris, Gallimard, 1977, p. 59. Il reste que la description du portrait de Charles VIII, qui fournit le premier exemple allégué par la conclusion, était déjà rapportée plus haut à la conscience imageante magique, et que la notion de *prélogique*, évidemment empruntée à Lévy-Bruhl, y était associée à la structure de l'image (p. 38-39).

3. *Iaire*, p. 14. Et déjà les premières pages de *L'Imagination* : « Le seul moyen de constituer une théorie vraie de l'existence en image serait de s'astreindre rigoureusement

du reste autour de cette divergence radicale entre le donné intuition-
nable et le construit hypothétique que passera bientôt la ligne de
partage entre l'ontologie rigoureusement phénoménologique et la
métaphysique[1].

L'Introduction de *L'Être et le néant*, occupée de déconstruire les
dualismes de la métaphysique, butera contre l'irréductible dualité de
l'infini et du fini; Sartre condensera là l'être de l'objectivité dans la
formule «l'infini dans le fini». Trois ans auparavant, la réduction
eidétique de l'image, qui ouvre *L'Imaginaire*, sépare la perception et
l'imagination à partir de ce couple oppositionnel. L'opposition du fini
et de l'infini structure celle de la perception et de l'imagination:
«L'objet de la perception est constitué par une multiplicité infinie de
déterminations et de rapports possibles. Au contraire, l'image la
mieux déterminée ne possède en soi qu'un nombre fini de déterminations, celles précisément dont nous avons conscience»[2]. Alors que
l'objectivité de l'objet perçu recèle la richesse inépuisable de l'*infini
dans le fini*, la donation intuitive de l'image en sa «pauvreté
essentielle» se résume à la finitude.

La conscience percevante et la conscience imageante constituent
l'une et l'autre des représentations. Sur ce fond commun, le dualisme
de l'activité et de la passivité, – sur lequel, on s'en souvient, Kant
faisait reposer la différence entre l'entendement et la sensibilité –, se
voit réinvesti à nouveaux frais: «Dans la perception, l'élément
proprement représentatif correspond à une passivité de la conscience.
Dans l'image, cet élément, en ce qu'il a de premier et d'incommu-
nicable, est le produit d'une activité consciente, est traversé de part en
part d'un courant de volonté créatrice»[3]. Par définition, comme toute

---

à ne rien avancer sur celle-ci qui n'ait directement sa source dans une expérience
réflexive» (p. 3).

1. Cf. *EN*, p. 715: «L'ontologie se bornera donc à déclarer que *tout se passe comme
si* l'en-soi, dans un projet pour se fonder lui-même, se donnait la modification du pour-
soi. C'est à la métaphysique de former les *hypothèses* qui permettront de concevoir ce
processus comme l'événement absolu qui vient couronner l'aventure individuelle qu'est
l'existence de l'être. Il va de soi que ces hypothèses demeureront hypothèses puisque
nous ne saurions attendre ni confirmation ni infirmation ultérieure».

2. *Iaire*, p. 28.

3. *Ibid.*, p. 27.

conscience, la conscience imageante est en droit conscience de soi. Elle se donne à elle-même comme une spontanéité productrice et conservatrice de l'objet. Outre sa spontanéité, qui l'oppose ainsi à la passivité de la conscience percevante, l'image, phénoménologi-quement comprise comme conscience imageante, présente plusieurs caractéristiques que *L'Imaginaire* commence par épeler. *Avant tout*, elle est, comme la perception, conscience intentionnelle. Pour Kant, la différence entre la chose en soi et le phénomène correspondait, non à une différence ontologique, mais à une différence de rapports à une même chose ; pour Sartre, la conscience percevante et la conscience imageante constituent deux rapports différents à une même chose.

Ensuite, parce que l'image est intuition, elle peut être interprétée en termes d'observation. Mais, parce que l'intuition y est intuition de la chose absente, parce que sa présence intuitive y est seulement celle de l'*analogon* qui tient lieu de la chose, Sartre parle, s'agissant de l'image, de *quasi-observation*. La perception enveloppe un infini potentiel, son corrélat déborde ce qu'en j'en perçois maintenant, et prétendre épuiser cette « infinité de rapports déterminés avec l'infinité des autres objets » supposerait « un temps infini » [1]. Au contraire, parce qu'elle donne d'un coup tout ce qu'elle a, parce qu'elle n'entretient pas de rapport avec le reste du monde, parce qu'elle autorise la coexistence de termes discordants dans la réalité, l'image souffre, par comparaison avec l'observation, d'une pauvreté qui lui est essentielle.

Enfin, considérer que la conscience imageante est conscience de quelque chose revient à dire qu'elle pose son objet. Mais elle le pose à sa manière, qui n'est pas celle de la perception. Contre « l'illusion d'immanence », qui s'acharne, comme le faisait Berkeley, à « consti-tuer le monde avec des *contenus* de conscience » [2], il faut souligner sans relâche que la conscience est intuitive. L'image n'est pas un signe. Ce dernier ne donne pas son objet ; il est « intention vide » [3]. L'image, au contraire, donne son objet ; mais, à la conscience ima-geante, celui-ci apparaît comme absent. Quand j'imagine Pierre, c'est Pierre que je vise dans sa corporéité ; et le viser dans sa corporéité, c'est

1. *Ibid.*, p. 20.
2. *Ion*, p. 144.
3. *Iaire*, p. 39.

le viser en tant que je puis le toucher. Toutefois, paradoxalement, en même temps, je pose qu'il m'est impossible de le toucher. Il ne s'agit pas d'invoquer une conscience animée par une intention vide. La conscience imageante est intuitivité; mais cette intuitivité n'a pour corrélat qu'une quasi-présence. L'image donne bien son objet, mais elle le donne comme un néant. Cette intuitivité spécifique, Sartre la précise en forgeant le concept d'un objet « intuitif-absent ». Lorsque je vise Pierre en image, « la caractéristique de Pierre n'est pas d'être non-intuitif, comme on serait tenté de le croire, mais d'être "intuitif-absent", donné absent à l'intuition »[1]. C'est en interrogeant la structure du signe linguistique, en montrant que le fonctionnement de celui-ci complique la distinction d'essence entre la représentation imaginaire et la réalité, que, un quart de siècle après, Derrida s'emploiera subtilement à brouiller l'opposition du réel et de l'imaginaire jusqu'à la compromettre[2]. Il est vrai que ce geste, Derrida allait l'accomplir à la limite de la phénoménologie, en contestant, à partir de Husserl et contre Husserl, la possibilité de la donation intuitive de la chose même, ce principe des principes auquel la phénoménologie sartrienne puisait résolument.

La description phénoménologique permet de ranger les images mentales dans la même sphère que les images externes. Les unes et les autres obéissent à une même visée, qui est de rendre présent un objet absent. À la différence de l'intention vide propre à la visée signifiante, l'intention imageante se dirige vers un objet présent qui se donne, non cependant pour lui-même, mais « à titre de "*représentant* analogique" de l'objet visé »[3]. Définir de la sorte l'image comme « un acte qui vise dans sa corporéité un objet absent ou inexistant, à travers un contenu physique ou psychique qui ne se donne pas en propre, mais à titre de "*représentant* analogique" de l'objet visé », parler d'*analogon*, comme Sartre le fait bientôt[4], revient à s'interdire de confondre la matière de l'image avec la matière du signe. La matière du signe est

1. *Iaire*, p. 25-26.

2. *Cf.* ma contribution, intitulée « Nécessité de la fiction », au numéro de *L'Herne* consacré en 2004 à Jacques Derrida.

3. *Iaire*, p. 34.

4. *Ibid.*, p. 44.

indifférente à l'objet signifié ; la matière du portrait reste habitée par ce que Sartre appelle une *ressemblance*[1]. Il ne s'agit pas d'entendre, banalement, une telle ressemblance à la manière d'une relation d'extériorité rattachant deux termes donnés simultanément, mais de la ressaisir, phénoménologiquement, comme la marque d'une *quasi-présence* de l'objet, presque semblable à celui-ci.

Lorsque, dans *L'Imagination*, Sartre se penche sur les *Recherches logiques*, il lui semble que Husserl assimile le remplissement de l'intention par l'intuition de l'image à son remplissement par l'intuition de la chose même. L'intention signifiante du mot « alouette », l'image de l'alouette peut aussi bien la combler que ne le fait la perception de la chose en chair et en os. Si je pense à une alouette, il m'est possible de la viser en une intention vide, fixée sur le mot « alouette ». Pour remplir cette conscience vide, pour m'en donner une conscience intuitive, peu importerait, tout compte fait, que je perçoive l'alouette ou que je m'en forme une image. Avaliser la possibilité que le remplissement s'accomplisse par l'image, c'est convenir « que l'image elle-même possède une matière impressionnelle concrète et qu'elle est elle-même un *plein*, comme la perception »[2]. C'est, du même coup, suggérer que, comme l'image externe, l'image mentale partage la même matière que la perception. Mais c'est aussi succomber à l'illusion d'immanence que l'intentionnalité avait précisément, et si puissamment, dissipée. Si l'on se déprend de la conception qui fait de l'image une copie ou un simulacre, si, décisivement, l'image doit être conçue comme un rapport intentionnel, on voit mal comment on effectuerait le remplissement de l'intention signifiante en se procurant une intuition de l'image. La fidélité à l'enseignement de Husserl pousse Sartre à se distancier de lui lorsque celui-ci paraît conférer à l'image une plénitude capable de saturer le vide de la conscience signifiante. La différence qui sépare l'image du signe ne coïncide pas avec celle qui opposerait à la plénitude de l'une la vacuité de l'autre, qu'elle serait en mesure de remplir. Entre l'image et le signe,

---

1. *Ibid.*, p. 36-37.
2. *Ion*, p. 151-152.

L'Imaginaire le montrera méthodiquement, la différence essentielle réside ailleurs : « Dans la signification, le mot n'est qu'un jalon : il se présente, éveille une signification, et cette signification ne revient jamais sur lui, elle va sur la chose et laisse tomber le mot. Au contraire, dans le cas de l'image à base physique, l'intentionnalité revient constamment à l'image-portrait »[1]. Cette distinction intentionnelle éclaire la fonction poétique du langage. Sartre l'écrira plus tard : le langage poétique est l'image, non le signe du monde. Le poète adopte une attitude imageante qui le range à côté de l'artiste : « [...] L'empire des signes, c'est la prose ; la poésie est du côté de la peinture, de la sculpture, de la musique »[2]. Le musicien « s'arrête » à la qualité du son ou de la forme et il y « revient sans cesse » ; et cette couleur, le peintre la transforme « en objet *imaginaire* »[3]. Semblablement, le poète cesse d'user du mot comme d'un signe destiné à nommer un aspect du monde. Dans le mot, il voit « l'*image* d'un de ces aspects »[4]. C'est abusivement qu'on rabattrait l'image artistique sur l'intention signifiante : une maison peinte, par exemple, ne signifie pas un objet du monde ; elle est « une maison imaginaire sur la toile et non un signe de maison »[5].

Ainsi réactivée, l'image explicite la notion kantienne de plaisir désintéressé[6]. Si, comme Kant l'a vu, la fascination pour le spectacle esthétique résulte bien de la suspension de l'existence, qui s'y accomplit, c'est, pour le phénoménologue, que l'attitude imageante y a remplacé l'attitude réalisante. Les conséquences de cette essentielle différence d'attitude sont, suggère Sartre, décisives pour la morale. Adopter dans sa vie une attitude esthétique revient à ignorer ce qui sépare le réel et l'imaginaire. La morale n'est pas l'esthétique, et

---

1. *Iaire*, p. 37.
2. *Situations II*, Paris, Gallimard, 1948 (désormais cité *SII*), p. 63.
3. *Ibid.*, p. 60-61.
4. *Ibid.*, p. 65.
5. *Ibid.*, p. 62.
6. L'acquiescement à la notion kantienne de *plaisir désintéressé* n'entraîne pas l'accord avec celle, qui l'accompagne dans la troisième *Critique*, de *finalité sans fin* : « Qu'est-ce que la littérature ? » repousse en même temps l'idée d'un « jeu libre de l'imagination » (*SII*, p. 97) dont *L'Imaginaire* (p. 173-174) rapprochait pourtant la spontanéité prévolontaire.

Sartre juge *stupide* de les confondre [1]. Mais il n'est pas davantage
question de confondre l'irréalité de l'objet esthétique avec l'idéalité
des essences, étrangère au monde spatio-temporel. Le beau correspond à un ensemble d'objets irréels qui se manifestent par l'entremise
de l'objet réel, lequel joue à leur endroit le rôle d'un *analogon*. Il faut
dire, en rigueur, que l'objet esthétique n'existe pas. L'existence réelle
de la toile peinte, les sons réels de la symphonie fonctionnent à titre
d'*analoga*. Sartre avait précédemment, en 1939, éclairé l'émotion
à partir de la magie; il invoque ici l'«espèce de possession» [2] par
laquelle, une fois adoptée l'attitude irréalisante qui fait d'elle un
analogon, les objets irréels s'emparent de la toile réelle.

L'IMAGE ET SA MATIÈRE

Si l'image est un rapport intentionnel, si elle correspond à
l'animation spécifique d'un contenu hylétique, le tableau qui me
fait face constitue, à côté de l'image mentale, une espèce de l'image
conçue comme conscience imageante. L'analyse de la gravure de
Dürer, *Le Chevalier, la Mort et le Diable*, qui figure au § 111 des *Idées
I*, fournit à Sartre, lorsqu'il se penche sur ce texte de Husserl dans
L'Imagination (avant d'y revenir dans *L'Imaginaire* [3]), l'occasion de
scruter la question de la matière sensible. Une même matière hylétique
– ces traits noirs gravés sur la feuille blanche – est animée autrement
selon que ma perception s'y arrête ou que, par son entremise, j'ima-

---

1. Il n'est pas insignifiant à cet égard de noter que Sartre, qui évoque au passage
«l'écœurement nauséeux qui caractérise la conscience réalisante» (p. 245), décrit phénoménologiquement cette échappée hors de l'existence, ce salut par l'art que dessinait *La
Nausée* en 1938.

2. *Ibid.*, p. 242. Je remarque que, traitant plus haut de l'imitation de Maurice
Chevalier par la fantaisiste Franconay, Sartre concluait (p. 45) qu'«un imitateur est un
possédé» et suggérait de s'interroger sur le rôle de l'imitation dans les danses rituelles.
Sur l'articulation entre conduite magique et imaginaire, je renvoie à Ph. Cabestan, *L'Être
et la conscience. Recherches sur la psychologie et l'ontophénoménologie sartriennes*,
Bruxelles, Ousia, 2004, et plus particulièrement au chap. III, «Spontanéité et captivité de
la conscience».

3. *Iaire*, p. 40 et 70.

gine les figures du Chevalier, de la Mort et du Diable. Mais le constat est-il transposable à l'image mentale ? Interroger la matière de l'image ne conduit-il pas à conclure à l'équivocité du terme suivant qu'il s'applique à l'image externe ou à l'image mentale ? L'image mentale n'est-elle pas par principe exclusive de la visée perceptuelle, pour cette raison que, « dès qu'il s'agit d'une image mentale, chacun peut vérifier qu'il est impossible d'animer sa *hylé* de façon à en faire la matière d'une perception »[1] ? Et si novatrice que soit la percée qu'autorise la phénoménologie husserlienne de l'image, ne risque-t-elle pas, à son corps défendant, de provoquer entre l'image externe et l'image mentale une fracture irréparable qui en limite la portée ? Incontestable et nécessaire, la différence des intentions ne suffit pas à asseoir le partage – sur lequel Sartre ne transigera jamais fondamentalement – entre la perception et l'imagination : pour rendre raison de ce partage, il faut aussi, outre la différence des intentions, « que les matières soient dissemblables »[2].

Dans *L'Imaginaire*, la distinction des matières de la perception et de l'image interne échappe à la certitude de la description phénoménologique. Si l'on peut affirmer qu'indubitablement, la matière de la toile peinte, perceptible comme telle, constitue également la matière du portrait, quelle réflexion pourrait hisser à la certitude « la matière représentative de l'image mentale » ? En effet, une fois qu'une autre intention consciente s'est substituée à la conscience imageante, aucun résidu ne demeure de celle-ci, rien n'en subsiste sur le mode du donné présent. Il convient donc de rappeler à cette loi d'essence selon laquelle l'image mentale, comme toute image, nécessite *a priori* un représentant analogique. Le monde des choses fournit la matière des images externes ; la matière des images internes – puisqu'il est nécessaire qu'il y en ait une – doit être empruntée au monde mental. Irréductible à la perception comme à l'intention signifiante, l'image mentale ne présente pas davantage la chose elle-même qu'elle ne la vise à vide. Elle consiste en un rapport à l'objet absent, médié par une matière d'ordre psychique. Ainsi, à côté de l'impression kinesthésique

1. *Ion*, p. 156.
2. *Ibid.*, p. 158.

du mouvement et du langage, Sartre reconnaît dans l'*affectivité* la matière psychique de l'image mentale.

L'idée d'intentionnalité ne laisse pas indemne la pensée de l'affectivité. En regard du «solipsisme de l'affectivité» dont *L'Imaginaire* veille à se déprendre, elle apporte les promesses d'une délivrance : «[…] Si nous aimons une femme, c'est parce qu'elle est aimable»[1]. Pas plus que l'amour n'est d'abord conscience de soi, la haine n'est d'abord cette conscience de haine qui se révélera à l'après-coup de la conscience réfléchissante. L'amour est conscience des qualités affectives de la personne aimée ; la haine que j'éprouve à l'égard de Pierre est conscience de Pierre lui-même en tant qu'il est haïssable. La solution que *L'Imaginaire* propose au problème de la matière de l'image mentale reprend en quelque sorte les résultats de l'article, publié en 1937, sur «La transcendance de l'ego». Sartre y discriminait de l'*ego* transcendant, d'une part, la pure visée anonyme de la conscience synthétique, d'autre part. Il y concluait qu'«un sentiment en tant que tel (un amour ou une haine) est un objet transcendant et ne saurait se contracter dans l'unité d'intériorité d'une "conscience"»[2]. Le rapprochement s'impose avec la détermination de la matière de l'image mentale par *L'Imaginaire* : «Cette nécessité pour la matière de l'image mentale d'être déjà constituée en objet pour la conscience, nous l'appellerons la *transcendance* du représentant. Mais transcendance ne veut pas dire extériorité : c'est la chose représentée qui est extérieure, non son "analogon" mental. L'illusion d'immanence consiste à transférer au contenu psychique transcendant l'extériorité, la spatialité et toutes les qualités sensibles de la chose. Ces qualités, il ne les a pas ; il les représente, mais à sa manière»[3]. Avec l'*ego*, la

1. J.-P. Sartre, *Situations I*, Paris, Gallimard, 1947, p. 34.

2. J.-P. Sartre, *La Transcendance de l'ego et autres textes phénoménologiques*, Paris, Vrin, 2000, p. 125-126.

3. *Iaire*, p. 76. Merleau-Ponty avait aperçu cette consécution entre les textes pour prendre ses distances vis-à-vis de l'idéalisme qu'il décelait chez Sartre. Il notait que «La transcendance de l'ego» se bornait à poser mes sensations devant ma conscience et s'empêchait ainsi de penser «le rapport de cette conscience vide à sa *hylé*» (M. Merleau-Ponty, *L'Union de l'âme et du corps chez Malebranche, Biran et Bergson*, Notes de cours à l'École Normale Supérieure, 1947-1948, recueillies et rédigées par J. Deprun, Paris, Vrin, 1997, p. 28).

matière de l'image mentale partage, on le constate, cette transcendance sans extériorité que *L'Imaginaire* découvre à son tour.

On ne saurait surestimer l'importance que Sartre confère à l'*analogon*. De l'*analogon*, Sartre attend qu'il prenne en charge la complexité de l'intuition imageante, et plus précisément la *quasi-présence* qui lui est corrélative. Nul, sans doute, ne l'aura vu avec plus d'acuité que Maurice Merleau-Ponty. Très tôt, dès le compte rendu qu'il avait donné de *L'Imagination* en 1936, Merleau-Ponty avait une première fois pointé du doigt une difficulté majeure de la phénoménologie sartrienne : la distinction entre *hylé* et *morphé*[1], qu'elle accorde trop facilement à Husserl. Pour l'auteur de *L'Imagination*, le poids de la *hylé*, qui deviendra excessivement pesant pour l'auteur de *L'Être et le néant*, semblait encore contribuer à l'abandon de ce qu'il désignait comme « la métaphysique immanentiste de l'image »[2].

Dans ses cours[3], Merleau-Ponty manifeste, souvent pour s'en départir, une attention insistante à la psychologie sartrienne. C'est en particulier au crédit accordé à l'*analogon* que Merleau-Ponty impute les hésitations de la phénoménologie sartrienne de l'image. L'*analogon*, estime-t-il, masque la véritable difficulté : la positivité et la plénitude fascinantes de l'image. Commentant Heidegger en 1958-1959, Merleau-Ponty remarque que « chez Sartre, on se décharge sur l'*analogon* de ce qu'il y a de positif dans l'image pour être libre de définir l'imaginaire négativement [...] »[4]. Sartre n'aurait, somme

1. *Cf.* M. Merleau-Ponty, « L'imagination », repris dans *Parcours, 1935-1951*, Lagrasse, Verdier, 1997, p. 53-54. On sait quel sort la *Phénoménologie de la perception*, rejetant la distinction de la sensation et de la perception, allait réserver à ce dualisme.

2. *Ion*, p. 148. Sur le destin de la *hylé* dans *L'Être et le néant*, je me permets de renvoyer à mon article « Le refus de la *hylé* chez Sartre », *Études phénoménologiques*, 39-40, 2004, p. 259-274.

3. Les références à la phénoménologie sartrienne de l'imagination ont été rassemblées par F. Colonna, dans son article « Merleau-Ponty penseur de l'imaginaire », *Chiasmi international*, 2003, p. 111-144, et resserrées dans la précieuse note 16. *Cf.* aussi A. Renault, « Phénoménologie de l'imaginaire et imaginaire de la phénoménologie : Merleau-Ponty lecteur de Sartre et Freud », *ibid.*, p. 149-175, et C. Rea, « Perception et imaginaire : l'institution humaine entre créativité et sédimentation. Une lecture à partir de Merleau-Ponty et Castoriadis », dans S. Klimis et L. Van Eynde (éd.), *L'Imaginaire selon Castoriadis. Thèmes et enjeux*, Bruxelles, Facultés Saint-Louis, 2006, p. 75-110.

4. M. Merleau-Ponty, *Notes de cours, 1959-1961*, Paris, Gallimard, 1996, p. 124.

toute, que repoussé d'un cran le problème de savoir « d'où vient que l'image-objet est habitée par la signification qu'elle est chargée de symboliser »[1]. Cette question, Merleau-Ponty l'avait déjà soulevée dans un cours de 1947-1948 : « Soit l'analyse de *L'Imaginaire* : l'image n'y est pas donnée comme une chose présente dans ma conscience, mais comme une conscience imageante. Or l'analyse de Sartre n'est pas tout à fait explicite : comment la conscience imageante se distingue-t-elle de la conscience jugeante ? Quand j'imagine, il n'y a pas seulement devant moi un *analogon* de l'être absent : l'être absent me paraît mystérieusement présent, présent d'une quasi-présence magique. Comment puis-je me donner cette quasi-présence ? Je l'évoque, comme on évoque l'esprit des morts »[2]. Dès son article sur « la transcendance de l'ego », relevait Merleau-Ponty, Sartre avait, en la coupant de la *hylé*, réduit la conscience à une pure vacuité. Ainsi formulé, le problème du rapport entre cette conscience et la matière sensible ne devenait-il pas insoluble ? L'image conteste de sa présence cette conscience, en quelque sorte divine, déliée de la *hylé*. Entre la conscience et l'image se noue une relation de fascination. C'est donc, concluait Merleau-Ponty, qu'il s'établit entre la conscience fascinée et la *hylé* « un rapport secret »[3]. Le diagnostic coïncide avec celui que posera le cours de 1954-1955 relatif à la passivité. Concevoir la conscience imageante comme néantisation, c'est manquer ce qu'il y a d'imageant dans l'image ; c'est, glisse Merleau-Ponty dans une note, discerner seulement ce qui, dans l'image, *n'est pas* « présence vraie », et laisser inexpliqué ce par quoi l'image « est une présence imaginaire », ou encore, une « quasi-présence »[4]. D'un côté, Sartre fait passer une différence de nature entre le sommeil et la veille, et, plus généralement, il discerne, d'une différence essentielle, la conscience imageante de la conscience percevante. D'un autre côté, il ne les sépare que par une « distinction hylétique » qui préserve leur homo-généité foncière. Pour Sartre, « dormir comme veiller, c'est avoir

---

1. M. Merleau-Ponty, *ibid.*, p. 124.

2. M. Merleau-Ponty, *L'Union de l'âme et du corps…*, *op. cit.*, p. 28.

3. M. Merleau-Ponty, *ibid.*, p. 28.

4. M. Merleau-Ponty, *L'Institution. La passivité*. Notes de cours au Collège de France, 1954-1955, Paris, Belin, 2003, p. 163.

conscience de quelque chose »; la seule différence entre ces modalités intentionnelles réside « dans la structuration hylétique : adéquation dans un cas, inadéquation dans l'autre »[1]. Or, cette distinction hylétique est contredite par la quasi-présence dont l'*analogon* est investi : « D'ailleurs du moment qu'il y a *analogon*, et que cet *analogon* est pris comme "évoquant" l'être réel de l'objet absent, la conscience imageante n'est pas vide »[2]. La distance souvent polémique que, dans ses cours à présent publiés, il manifeste envers la phénoménologie sartrienne, corrige le sentiment qu'un commentateur aussi avisé qu'Alphonse DeWaelhens pouvait encore exprimer en 1961, lorsque, retrouvant dans la *Phénoménologie de la perception* les questions classiques de la psychologie (sensation, association, souvenir, jugement, perception) à l'exception de l'image, il supposait que Merleau-Ponty devait, à propos de celle-ci, s'accorder avec Sartre[3]. La convergence restait forte, il est vrai, dans *La Phénoménologie de la perception*, et c'est en référence à *L'Imaginaire* qu'immédiatement après avoir évoqué Cézanne, Merleau-Ponty y mesurait la pauvreté de l'imaginaire à l'inépuisabilité du réel : « Comme la chose, le tableau est à voir et non pas à définir, mais enfin, s'il est comme un petit monde qui s'ouvre dans l'autre, il ne peut pas prétendre à la même solidité. Nous sentons bien qu'il est fabriqué à dessein, qu'en lui le sens précède l'existence et ne s'enveloppe que du minimum de matière pour se communiquer. Au contraire, la merveille du monde réel, c'est qu'en lui le sens ne fait qu'un avec l'existence et que nous le voyons s'installer en elle pour de bon. Dans l'imaginaire, à peine ai-je conçu l'intention de voir que déjà je crois avoir vu. L'imaginaire est sans profondeur, il ne répond pas à nos efforts pour varier nos points de vue, il ne se prête pas à notre observation. Nous ne sommes jamais en prise sur lui »[4]. Mais on le comprend sans doute mieux aujourd'hui, si Merleau-Ponty faisait alors sienne la position sartrienne, c'était en

1. Merleau-Ponty, *L'Institution. La passivité, op. cit.*, p. 195.

2. *Ibid.*, p. 196.

3. *Cf.* A. De Waelhens, « Situation de Merleau-Ponty », *Les Temps modernes*, 184-185, 1961, p. 379.

4. M. Merleau-Ponty, *Phénoménologie de la perception*, Paris, Gallimard, 1945, p. 374.

quelque sorte par provision. Dix ans après, les notes du cours sur la passivité en émoussent considérablement le tranchant. En rupture explicite avec les analyses sartriennes, Merleau-Ponty y fait désormais valoir que le rêve excède et déjoue les oppositions de l'observable et de l'inobservable, de l'adéquation et de l'inadéquation, dont pouvait encore se réclamer une phénoménologie de l'objet sensible ou du corps vivant. Le rêve, mais aussi la veille, oppose-t-il à Sartre, ne sont pas constitués de ces objets observables; ils sont faits d'événements : « Notre vie réelle, en tant qu'elle s'adresse à des êtres, est déjà imaginaire. Il n'y a pas de vérification ni d'*Erfüllung* pour l'impression que nous donne quelqu'un dans une rencontre. Il y a donc un onirisme de la veille, et inversement un caractère quasi perceptif du rêve – Le mythique » [1].

ÉPILOGUE : LE RÉEL ET L'IMAGINAIRE

La réflexion sartrienne sur l'image reçoit son impulsion d'un geste qu'on peut dire *critique*. Il s'agit bien, dès l'entame de *L'Imagination*, de rappeler les théories philosophiques, scientifiques, mais aussi les élaborations théoriques plus spontanées, à l'évidence de l'incompatibilité foncière entre l'imagination et la perception. Ainsi, les difficultés qui lestent l'entreprise des surréalistes s'évanouissent pour peu que l'on s'interdise de confondre le perçu et l'imaginaire : « [...] Je me place », écrit Sartre dans une très longue note de *Qu'est-ce que la littérature?*, « dans l'hypothèse surréaliste qui reconnaît à l'image *la même nature* qu'à la perception; il va de soi qu'il n'y aurait même plus lieu de discuter si l'on pensait, comme je fais, que ces natures sont radicalement distinctes » [2]. Sous la plume de Sartre, le mot *hypothèse* n'est, on l'a vu, nullement insignifiant : en somme, la démarche surréaliste commence, elle aussi, par délaisser la certitude, inentamable en tant que telle, des données de la conscience.

La *radicalité* de la distinction de nature entre l'image et la perception, Sartre l'entend littéralement. Elle fonde, par exemple, son

1. M. Merleau-Ponty, *L'Institution. La passivité*, *op. cit.*, p. 194.
2. *SII*, p. 323.

interprétation de l'Éternel Retour, dans des pages dont un spécialiste de pointe de la pensée de Nietzsche a reconnu l'acuité[1]. Derrière l'affirmation nietzschéenne de l'Éternel Retour, Sartre diagnostique un empiètement de l'imaginaire sur le réel. Prodigieuse, mais vaine, l'entreprise nietzschéenne recourt à ce que le *Saint Genet* appelle un *stratagème*. Comment vouloir la totalité de ce qui est? Une décision ne peut porter que sur le possible, donc sur le futur: comment, sans mauvaise foi, porterait-elle sur le présent? Et quel sens y a-t-il à vouloir le présent comme futur? «À Surlèj, l'antinomie reçoit une solution imaginaire qui permet à Zarathoustra "d'incarner en soi l'approbation universelle, le oui, l'*amen* illimité" »[2]. La croyance de Nietzsche à l'Éternel Retour revient donc à traiter le réel comme un possible; ou, plus précisément, à faire jouer au présent le rôle d'*analogon* de lui-même: «J'ai expliqué ailleurs comment l'imagination s'empare d'objets présents pour viser à travers eux des absents et comment l'acte imaginaire produit d'un même mouvement une "présentification" de l'absence et une "absentification du présent"; j'ai nommé *analogon* un être présent en proie à une absence. Ainsi la volonté nietzschéenne livre le monde aux fantômes, transforme l'état présent en *analogon* de lui-même et le fait ronger par sa propre absence »[3].

Cette distinction essentielle qui préside à la critique sartrienne, c'est elle que Merleau-Ponty a lui-même soumise à la critique[4]. La radicalité de ce partage est-elle implacable, ou demande-t-elle à être à son tour interrogée sur ce qui la fonde? À plusieurs reprises, Merleau-Ponty a contesté ce qu'il nomme l'*antinomie* ou encore le *clivage* du réel et de l'imaginaire. Comment, objectait-il à Sartre, comprendre les puissances de l'image, comment expliquer que «l'imaginaire puisse

---

1. B. Pautrat, «Nietzsche médusé», dans *Nietzsche aujourd'hui?*, Paris, UGE, 1973, p. 18. En 1971, un an avant le colloque de Cerisy dont sa communication fait l'ouverture, B. Pautrat avait consacré à Nietzsche un livre important, *Versions du soleil*.

2. *SG*, p. 321; Sartre cite là *Ecce homo*.

3. *Ibid.*, p. 321-322.

4. Dans «Les sciences de l'homme et la phénoménologie», Merleau-Ponty remarque cependant que la seconde partie de *L'Imaginaire* doit bien rencontrer, et rencontre effectivement, «la possibilité d'une situation antérieure à la distinction claire de l'imaginaire et du perçu» (*Parcours deux, op. cit.*, p. 97).

déplacer le réel » [1], si l'on pose initialement l'hétérogénéité de l'imaginaire et du réel ? Comment rendre compte du mythe, de son allure onirique, balançant entre la veille et la fiction ? Sartre le souligne : ce qui se passe dans le rêve, j'y crois. Mais en va-t-il, au fond, tout autrement de la perception ? Elle aussi implique la croyance, objecte Merleau-Ponty, laquelle ne différencie donc pas l'imagination de la perception. La conscience imageante se soustrait-elle par sa dimension proprement conjecturale à l'évidence qui accompagne la perception ? Entre l'ambiguïté de l'une et la distinction de l'autre, la relation est-elle de stricte exclusion ? Pour que l'imaginaire puisse passer dans le réel, pour qu'il lui arrive de se faire passer pour lui, ne faut-il pas admettre que, comme la conscience imageante, la perception comporte aussi sa part inéliminable d'ambiguïté ?

Daniel GIOVANNANGELI

---

1. J'ai cité quelques passages convergents en confrontant Sartre et Merleau-Ponty, dans *La Passion de l'origine*, Paris, Galilée, 1995, p. 41 *sq.*

L'IMAGE
DELEUZE, BERGSON ET LE CINÉMA

La découverte bergsonienne d'une image-
mouvement, et plus profondément encore d'une
image-temps garde encore aujourd'hui une
telle richesse qu'il n'est pas sûr qu'on en
ait tiré toutes les conséquences[1].

Au début de son œuvre, Deleuze utilise l'expression « image de la pensée » pour qualifier la manière dont la pensée se représente son propre pouvoir, et parfois, mutile de manière abstraite la définition de son usage[2]. Vingt ans plus tard, l'image ne se cantonne plus dans le domaine mental des idéations. Elle quitte le domaine psychique des représentations et prend le sens bergsonien d'une apparition, d'une donnée en soi de la matière. La « découverte bergsonienne de l'image-mouvement » interdit désormais qu'on oppose l'image psychique au mouvement physique. Voilà le point de départ, « d'une telle richesse qu'il n'est pas sûr qu'on en est tiré toutes les conséquences », qui permet à Deleuze d'élaborer une sémiologie entièrement neuve du cinéma à partir d'une philosophie de l'image ne la réduisant plus à son domaine mental. Cet essai si curieux de taxinomie et de classification des images s'appuie sur une lecture inventive de Bergson : « rien ne peut, estime Deleuze, empêcher la conjonction de l'image-mouve-ment et de l'image cinématographique »[3].

1. Gilles Deleuze, *L'Image-mouvement*, Paris, Minuit, 1983, p. 7.
2. Deleuze, *Proust et les signes*, Paris, PUF, 1964, rééd. 1976, p. 115.
3. Deleuze, *L'Image-mouvement*, *op. cit.*, p. 7.

La philosophie du cinéma ne se contente donc pas d'ajouter un chapitre à la philosophie de l'art, si décisive pour Deleuze. Elle élucide en même temps la conjonction entre matière, mouvement, image et temps. Que ces découvertes s'effectuent à propos du cinéma, art industriel et récent, signale une fois de plus l'importance méthodologique d'une analyse concrète des arts pour la philosophie, et implique que la sémiotique de l'image s'appuie sur une cinétique du mouvement.

L'IMAGE, MOUVEMENT DE LA MATIÈRE

Matière et images

La définition de l'image que Deleuze élabore, à la suite de Bergson est d'une simplicité déroutante et d'une nouveauté difficile à saisir. L'image n'est pas une représentation de la conscience, une donnée psychologique interne au cerveau. Elle n'est pas davantage un représentant de la chose, une visée d'objet, un doublet. Elle est une apparition, rigoureusement comprise sur le plan des forces : « appelons Image l'ensemble de ce qui apparaît » [1]. L'image se produit comme une apparition, une composition de rapports de forces, un système d'actions et de réactions au niveau de la matière elle-même, de sorte qu'elle n'a nul besoin d'être aperçue, mais existe en soi comme ébranlement, vibration, mouvement. Si l'image est une réalité, et non une visée mentale, elle n'est pas une représentation de la conscience (une donnée psychologique), ni un représentant de la chose (une visée d'objet).

Dans cette mesure, l'image n'est pas un phénomène. Bergson pose une image en soi qui déjoue toute intentionnalité. L'image n'a pas besoin de se manifester à une conscience pour apparaître. Cela permet de définir une image entièrement acentrée, qui ne réclame ni d'être rapportée dativement à un sujet qui l'éprouverait, ni d'être posée comme le duplicata d'un objet qu'elle viserait. Une telle image est strictement immanente et récuse tout dualisme de la conscience et des choses. C'est en cela qu'elle installe, comme le voulait Bergson, la perception dans la matière.

1. Deleuze, *L'Image-mouvement*, *op. cit.*, p. 86 et Henri Bergson, *Matière et Mémoire* (1896), dans *Œuvres*, Paris, PUF, 1959, rééd. 1984.

Ainsi comprise, l'image est identiquement image et mouvement : elle n'est plus un support, mais un rapport de forces, un système d'actions et de réactions. Les perceptions, les cerveaux sont des images comme les autres, c'est-à-dire des actions et des réactions, des forces, des mouvements. Voilà ce que Deleuze exprime par le concept d'image-mouvement, par lequel il rend hommage à Bergson, mais auquel il injecte également sa lecture de la force et de la puissance selon Nietzsche, et de l'individuation comme composition de mouvement selon Spinoza.

L'image est alors une telle individuation plurielle de mouvements différentiels, qui composent des ensembles fluctuants dont la puissance varie. Un tel mode d'individuation n'assume aucune unité, ni identité stable, mais compose un rapport de forces matériel et transitoire. Deleuze reprend à sa lecture de Spinoza la définition d'une individuation modale et non substantielle, qu'il appelle une « heccéité ». Un corps quelconque s'individue par l'ensemble des parties qui lui appartiennent sous tels rapports de vitesses et de lenteurs (longitude), et en fonction des affects dont il est capable sous tel degré de puissance (latitude). L'individuation ne se définit ni par son unité, ni par son identité, mais se détache, dans l'univers mouvant des forces, comme un rapport provisoire de vitesses, de lenteurs et d'affects. Deleuze combine cette définition de l'individu avec la complémentarité entre rapport de forces et évaluation chez Nietzsche. Tel signe, ou complexe de rapports de forces, ne renvoie aucunement à un signifiant, seulement à un état de la puissance, ou plus exactement, à un état des forces (sémiotique des images) qui correspond à un certain affect (évaluation de leur puissance). Cela permet à Deleuze de développer une sémiotique du cinéma comme typologie des images et des signes.

L'image renvoie à un rapport de forces, une composition d'actions et de réactions, de vitesses et de lenteurs, dont on peut évaluer l'état, le rapport différentiel des forces en présence. À tel rapport de forces correspond une variation de puissance. Ainsi définie, l'image est composition de rapports de forces et durée, affection, variation de puissance. D'où ce premier résultat, qui rompt avec les théories classiques de l'image comme représentation. L'image mouvante est strictement du même ordre que la matière, elle n'en propose ni une copie seconde, ni une traduction psychique. Au contraire, dans ce monde où « image = mouvement », la matière, l'image, le mouvement s'équivalent.

L'image-mouvement et ses trois variétés

Il n'existe alors rigoureusement que des images. Un tel réalisme de l'image doit être pris à la lettre : l'image ne représente pas une réalité d'un autre ordre, elle est à elle-même toute sa réalité. En ce sens nouveau et décisif, l'image n'est donc pas un cliché mental, un double, une fiction, mais une composition réelle de rapports de forces différentielles, faites de vitesses et de lenteurs, d'actions et de réactions qui varient, fluctuent, et connaissent des variations de puissance, d'affects. Ces images interagissent instantanément les unes avec les autres, de sorte qu'on ne peut réellement les séparer ou les différencier les unes des autres.

Dans cet univers d'universelle variation, il faut alors concevoir des images *spéciales*, qui introduisent entre les actions et les réactions matérielles le battement d'un intervalle temporel. C'est ainsi que l'on passe de la matière, mouvement physique acentré, à cette image spéciale que sont les perceptions vitales ou les images cinématographiques, images individuées, ou relativement centrées le temps que dure leur rapport. De telles images s'individuent et détachent de l'univers acentré de la matière par sélection, en négligeant des autres images tout ce qui ne les intéresse pas. Autrement dit, la perception se produit par un cadrage soustractif, qui tire, dans l'univers mouvant des forces matérielles, des images incomplètes rapportées à une image spéciale. La perception n'est rien de plus qu'une individuation de l'image. L'image perceptive finie émerge du mouvement acentré infini par cette opération soustractive de cadrage vital. Percevoir, pour une image déterminée – corps organique ou machine cinématographique, sans aucun privilège du vivant ou de l'humain –, c'est donc tracer une diagonale myope à travers les autres images. On passe de l'univers acentré des images-mouvement au corps subjectivé des images secondes, sans quitter un instant le plan immanent des forces.

L'image est donc une réalité. Mais, dans certaines conditions, un délai, un interstice temporel distend la succession instantanée de l'action et de la réaction. Ce délai marque le point d'insertion d'une subjectivation de l'image, sur le plan de la matière elle-même. À la faveur de cet écart, l'image s'individue en se dotant d'une zone sensible, qui sépare le mouvement reçu du mouvement exécuté. De sorte qu'au mouvement reçu, l'image individuée oppose sa face perceptive, et déclenche après un délai qui favorise son individuation, une réponse motrice singulière. Le cadrage perceptif provoque une riposte motrice, et fait émerger dans le tissu des images la zone sensible d'un circuit sensori-moteur. Ainsi passe-t-on de la perception à l'action par l'affection.

Les images cinématographiques sont de telles images subjectives. Dans le même souffle, Deleuze invente une classification du cinéma et une taxinomie de l'image qui répond à une constitution matérielle et immanente du sujet, de l'image individuée, organique, humaine ou artificielle. Il faut bien insister sur la radicale nouveauté d'une telle génétique du sujet, à partir d'une sémiotique matérielle de l'image. Deleuze revient systématiquement au premier chapitre de *Matière et Mémoire*, qui permet de passer du mouvement à la perception et de définir la subjectivité avec une économie sidérante, sans se donner un sujet substantiel tout formé, mais en procédant génétiquement à sa constitution. Ces images-perception, images-affection et images-action sont des images subjectivées, non parce qu'elles renverraient à un sujet comme support de ces affections, ni parce qu'elles seraient rapportées à un sujet qui les éprouveraient, mais seulement parce qu'il s'agit d'images distendues, qui intercalent entre l'action et la réaction des forces, la sensorialité, l'affect et la motricité d'un centre provisoire. La matière physique se plisse, s'incurve, s'individualise et dote l'image d'une zone sensible d'affection qui sépare la perception de l'action. À la faveur de ce délai, l'intervalle sensoriel d'un centre d'indétermination temporaire se déplie en images-perception, images-affection et images-action.

Il n'y a plus lieu, alors, de distinguer les images vitales et des images techniques, pas plus qu'il n'y a lieu de rapporter l'image cinématographique à la vision du cinéaste, à un support humain. Plus exactement, l'intérêt du cinéma vient de ce qu'il offre à notre perception humaine des images acentrées, images-perception gazeuses, solides ou liquides, affects de machine, intervalles et coupures perceptives non humaines. L'image-mouvement subjective du cinéma rend elle aussi sensible l'écart entre image perçue et mouvement déclenché, mais elle le fait sur un mode artistique achevé, indépendant et stimulant, qui propose des images que le corps humain seul n'aurait pu provoquer.

L'image cinématographique

L'image-mouvement sert donc de cadre à une classification libre et mobile du cinéma, en fonction des types de montage et des modes d'actualisation des images-mouvement. L'image-perception du cinéma, comme l'image vivante, double d'une membrane sensitive l'action qu'elle subit : au lieu de se dissiper tout de suite en action, elle développe entre sa face sensitive (image-perception) et sa face motrice (image-action) une zone d'affect, par lequel elle expose et creuse sa réceptivité subjective en s'éprouvant elle-même, en vaporisant le circuit de la perception à l'action et en rapportant le mouvement à une qualité comme état vécu (image-affection), plutôt qu'à des actes (image-action) ou à des corps (image-perception). Dès que les images-mouvement sont rapportées à un centre d'indétermination, elles se divisent en images-perception, images-affection, images-action : ce sont les grandes catégories qui commandent la classification de l'*Image-mouvement*. Si tous les films mélangent les trois variétés de l'image-mouvement, on peut distinguer les styles et les œuvres en les rapportant tantôt plutôt à l'image-perception, valorisant les plans d'ensemble et les panoramiques (westerns d'Anthony Mann), tantôt au plan moyen et au montage rapide, segmentarisé de l'image-action (films noirs de Hawks), tantôt au gros plan de l'image-affection (Dreyer, Ozu).

Le cinéma n'est donc pas un « art de l'image » au sens ordinaire d'une reproduction et projection de photogrammes, mais l'art qui répond le mieux à la problématique contemporaine de l'image-mouvement. Cela rend le cinéma particulièrement intéressant, comme production industrielle et comme art, mais il n'a pas le privilège de l'image. L'image ne se limite nullement au visuel, mais concerne toutes les apparitions sensibles, y compris sonores ou tactiles. Tout complexe de rapports de forces est image, et c'est pourquoi Deleuze définit l'art comme capture de forces, non comme représentation, ou imitation de la nature. « D'un art à l'autre, la nature des images varie et est inséparable des techniques : couleurs et lignes pour la peinture, sons pour la musique, descriptions verbales pour le roman, images-mouvement pour le cinéma »[1].

Ainsi, dans les deux volumes intitulés *L'Image-mouvement* et *L'Image-temps*, le concept d'image ne désigne pas une opération spécifique au cinéma, mais qualifie la matière elle-même, comme image-mouvement. L'image a une portée physique avant de produire ses effets esthétiques et les titres « Image-mouvement » et « Image-temps » désignent une exposition réelle de rapports de forces avant de servir de catégories qui permettent de classer et de penser les productions cinématographiques. Pour autant, la sémiotique de l'image se cale dans le cadre physique de l'image-mouvement, à laquelle Deleuze ajoute une image-temps pour répondre à cet enjeu qui concerne autant la science, l'art et la philosophie : penser le mouvement selon une métaphysique du devenir, faire émerger le temps directement dans l'image. La cinétique du mouvement et la philosophie du devenir s'allient pour offrir un cadre souple à une nouvelle classification du cinéma. L'art et la science entrent en résonance.

DEVENIR, IMAGE ET MOUVEMENT

En cessant d'opposer la matière et la représentation, et en revendiquant une philosophie du devenir qui donne un privilège au changement au détriment des théories statiques ou spatialisantes du mouvement, Bergson permettait de définir un monde d'universelle variation, où tout est image et matière, où les images se mélangent et se confondent, glissent les unes dans les autres sur ce mode acentré. Les images, vibrations de matière et blocs d'espace-temps, ne s'individuent que par cadrage relatif, formant des foyers instables et provisoires qu'il faut se garder de considérer comme des centres de détermination. S'il s'agit de centres en effet, leur effet de cadrage perspectif résulte plutôt d'une indétermination, d'un *hiatus*, d'une distension temporelle.

Cette transformation du concept d'image répond à la transformation du concept de mouvement, et explique la greffe surprenante

1. Deleuze, *Deux Régimes de fous*, Paris, Minuit, 2003, p. 194.

que Deleuze opère entre l'apparition du cinéma et la philosophie de Bergson. Avec la théorie de l'image-mouvement, qu'il introduit toujours par un commentaire littéral des premières pages de *Matière et Mémoire*, Deleuze expose en réalité un dispositif complexe et fort peu bergsonien, où le statut du temps et celui du mouvement, l'état des sciences et la philosophie bergsonienne concourent pour explorer des problématiques bien différentes et étrangères à Bergson : l'invention technique du cinéma comme art industriel permet de statuer sur les rapports du temps et du mouvement, et d'élaborer une sémiotique relevant d'une physique des forces, non d'une interprétation signifiante rabattant l'image sur le discours. Il faut penser ce nouveau monde social de la vitesse et des images, en fonction des théories de l'espace-temps qu'il réclame, et mettre en rapport le rôle de l'image à l'âge industriel de l'accélération des déplacements moteurs et de la diffusion des images sensorielles, avec sa nouvelle place d'enjeu stratégique pour la théorie de la connaissance et pour la philosophie de la nature. Le cinéma émerge, non comme un effet passif, mais comme un acteur impliqué, une réponse, créatrice autant qu'économique et commerciale, à cette nouvelle problématique.

Il importe de penser la corrélation entre philosophie et science, industrie et art, pour élucider la logique inventive de l'image. La science, l'art et la philosophie affrontent chacune le même problème : comment passer d'une conception statique et transcendante du mouvement à une véritable cinétique du devenir ? Un moment de philosophie, le premier chapitre de *Matière et Mémoire* de 1896, marque pour l'image l'accès à la réalité : « dites que mon corps est image ou dites qu'il est matière, peu m'importe le mot »[1]. Bergson tire la conséquence des transformations qui affectent la science contemporaine et qui substituent à l'univers statique de la mécanique classique une cosmologie cinétique, où l'espace et le temps s'avèrent aussi indissociables que la matière, la lumière et l'énergie. Bergson revendiquait cette conjonction, lui qui s'attachait explicitement à fournir à la science de son temps la métaphysique qu'elle réclame. De Bergson, Deleuze retient l'analyse de l'image et celle du mouvement, la conjonction entre philosophie et science, et bien entendu, la tâche de

---

1. Bergson, *Matière et Mémoire, op. cit.*, p. 171.

penser le devenir, mais il tire de ces thèses une conséquence qui n'est plus bergsonienne. La nouvelle cinétique du mouvement exige de penser l'image comme une coupe mobile de la durée. Seulement, penser l'image et le mouvement exige d'en passer par une sémiotique de l'image qui détaille et analyse précisément l'image-mouvement, et ses trois variétés, et qui montre comment dans l'image, le mouvement et le temps se composent. Deleuze ouvre l'image-mouvement cinématographique, avec ses trois variétés de perception, d'action et d'affection, sur un nouveau type d'image, qui ne s'exténue plus dans la riposte sensori-motrice, mais s'ouvre sur l'affect du temps. C'est l'image-temps, qui correspond au passage du mouvement actuel au virtuel temporel. Le temps surgit dans le *hiatus* du mouvement, et l'affect de la force se libère à l'interstice du sensori-moteur, comme l'image-subjective se dégageait dans la césure entre actions et des réactions.

La nouvelle conception du mouvement et l'image

La conjonction inévitable entre cette nouvelle conception de la matière en mouvement et l'invention du cinématographe répond d'abord à la crise historique de la psychologie, que Bergson entendait résoudre avec *Matière et Mémoire*. Impossible de se contenter plus longtemps d'une dualité de la conscience et de la chose, de l'image et du mouvement, bref, de la vieille dichotomie entre le sujet et l'objet, le psychique et le corporel. L'ancienne séparation du corporel et du psychique s'avère intenable dans un monde mettant toujours « plus de mouvement dans la vie consciente, et d'images dans le monde matériel »[1]. Bergson établit donc une continuité entre matière et perception, la matière complète n'étant autre que l'ensemble des images, tandis que la perception rapporte ces images à l'action limitée d'une image singulière[2]. Cette conception de la matière-image acentrée et de la perception comme zone d'indétermination soustractive exige une nouvelle conception du mouvement et du changement.

À la crise de la psychologie répond la crise cosmologique du mouvement. Le déplacement spatial se fait changement, en subordon-

1. Deleuze, *L'Image-mouvement*, *op. cit.*, p. 84.
2. Bergson, *Matière et Mémoire*, *op. cit.*, p. 173.

nant la conception du mouvement à celle du devenir. Le mouvement, y compris le déplacement le plus simple, n'implique jamais un simple changement de position affectant un mobile invariable dans un espace inerte. Tout parcours est un acte au cours duquel le mobile se transforme autant que le tout dans lequel il se déplace. On passe d'une conception statique à une cinétique du mouvement, qui restitue au déplacement moteur son aspect temporel, et ouvre le déplacement sur le devenir. De translation spatiale, le mouvement se fait vibration dans le temps. Voilà pourquoi Deleuze établit cette relation si forte entre la philosophie de Bergson, le statut de l'image-mouvement, et l'invention du cinématographe.

Deleuze traite donc l'image cinématographique comme le laboratoire sensible où se règlent les rapports du mouvement et du temps. Usage paradoxal si l'on se souvient que Bergson lui-même récusait le cinéma comme le dernier avatar d'une longue tradition hostile au devenir, incapable de penser le mouvement sans le ramener à une succession de poses immobiles. Le cinéma, selon Bergson, relève de la métaphysique spontanée de l'intelligence, et prend modèle sur la perception naturelle. Un film propose une bande statique de photogrammes inertes disposés spatialement les uns à la suite des autres sur une pellicule perforée, animée abstraitement par un défilement mécanique. Nulle transformation dans cette succession, aucune imprévisible nouveauté, nul devenir dans ces images trompeusement animées. La nouvelle technique devenait pour Bergson le modèle d'une *illusion cinématographique*, procédant à la reconstitution du mouvement à partir de poses immobiles. Deleuze s'emploie alors à contourner le jugement par lequel Bergson disqualifie le cinéma, pour appliquer au septième art les analyses sur l'image et le mouvement que Bergson développe par ailleurs. Pour y parvenir, Deleuze décompose pédagogiquement cette critique en trois temps.

Premièrement, le mouvement ne se réduit pas au déplacement d'un mobile dans l'espace. Plutôt, le déplacement ne doit plus être conçu comme un rapport statique entre parties dans l'espace, mais comme un véritable changement qui affecte le mobile autant que le tout dans lequel il se meut. Le mouvement est la réalité même, non un accident survenant à un substrat invariable parcourant un espace inerte[1]. Donc, – thèse en effet bergsonienne –, le mouvement ne se confond pas avec l'espace parcouru, mais relève d'une véritable durée.

Pourtant, estime Deleuze, on ne peut identifier le procédé cinématographique à une juxtaposition spatiale. Car, deuxième thèse, il existe au moins deux manières de réduire le mouvement à une succession de poses statiques, l'une qui correspond à la science antique, l'autre à la physique moderne. Le cinéma appartient à la deuxième série, et relève pleinement de la conception moderne du mouvement. À partir de là, on peut identifier le cinéma à la métaphysique de l'éternel qui correspond à la science antique, et c'est ce que fait Bergson en estimant que cela revient au même de composer le mouvement avec des poses éternelles, comme dans l'Antiquité, ou avec des coupes immobiles, comme à l'âge classique. Dans les deux cas, on rate le devenir. Mais on peut également, comme le propose Deleuze, considérer que le cinéma propose en réalité à la pensée un problème absolument neuf, qui répond au paradigme moderne du mouvement, et qu'on ne peut ramener au paradigme antique.

La science antique se proposait de penser l'éternel, la science moderne propose une nouvelle tâche à la pensée : penser le devenir et la production du nouveau. Bergson a cru à tort que le cinéma mimait la réduction du mouvement à l'identique, alors qu'il appelait, par sa corrélation avec la cosmologie moderne, une « conversion totale de la philosophie », conforme d'ailleurs à son projet : « donner à la science moderne la métaphysique qui lui correspond »[2]. Bergson n'a pas mesuré combien l'invention du cinéma correspond à cette nécessité. Les arts, le cinéma en particulier répondent à cette nouvelle conception du mouvement. C'est la troisième thèse, qui formule directement le principe déjà impliqué par les deux précédentes : le mouvement est devenir.

En cela, le cinéma « appartient pleinement à cette conception moderne du mouvement » et apparaît comme « l'organe à perfectionner de la nouvelle réalité »[3]. Dans son opération technique, le cinéma

1. Bergson, *La Pensée et le Mouvant* (1934), dans *Œuvres, op. cit.*, p. 1381.

2. Bergson, *L'Évolution créatrice* (1907), dans *Œuvres, op. cit.*, p. 786.

3. Deleuze, *L'Image-mouvement, op. cit.*, p. 16-17.

répond à la physique de l'âge moderne. Il rapporte le mouvement à l'instant quelconque, non plus à des instants privilégiés, instaure un intervalle régulier entre les photogrammes immobiles qu'il aligne sur la pellicule et s'inscrit dans la lignée technologique du temps comme variable indépendante. Dans l'Antiquité, la conception du mouvement était subordonnée à des Formes intelligibles, qui reconstituaient le mouvement à partir d'éléments transcendants. À l'âge moderne, Kepler, Galilée ou Descartes ne décomposent plus le mouvement à partir de poses intelligibles mais procèdent à son analyse sensible (calcul d'une orbite, chute des corps) à partir d'éléments matériels immanents, de coupes statiques prélevées dans la matière en mouvement de l'univers. L'ordre dialectique des poses de l'Antiquité laisse la place à une succession d'instants quelconques. Le cinéma comporte lui aussi une succession de photogrammes équidistants sur un support animé par un système d'entraînement des images. C'est pour cela que Bergson disqualifiait le dispositif cinématographique comme une nouvelle victoire de la conception abstraite du mouvement, juxtaposant des coupes immobiles selon un défilement extérieur. Pourtant, le cinéma, indique Deleuze, implique réellement une cinétique du mouvement. Au cœur de son dispositif, dans le cadrage qui anime chaque plan, comme dans le montage, le cinéma met en jeu des coupes mobiles et permet des images acentrées.

Les images cinématographiques cadrent et stabilisent dans l'enchaînement des actions et des réactions une perception, c'est-à-dire une image spéciale, machinique et vitale, dotée d'une vitalité non organique et d'une subjectivité, non parce qu'elle devrait être attribuée à la vision du cinéaste ou présenter une projection ressemblante des formes de la nature, mais parce qu'elle gonfle matériellement sur l'écran ses perceptions de caméra, ses affects de lumières, de couleurs et de sons. En cadrant les autres images, elle fonctionne comme une image vivante, possède une vitalité singulière qui décentre, transforme et affole la perception humaine. Avec le cinéma, le cadrage et le montage deviennent des opérations sémiotiques qui nous font percevoir un nouveau rapport entre mouvement et temps.

Le cadrage temporalise le mouvement, en jouant de la mobilité de la caméra, et surtout des coupures et raccords du montage. La caméra mobile prélève ses prises de vues comme un nouveau moyen de transport, insérant de la perception au bout de prothèses mécaniques, créant et enchaînant de nouvelles visibilités continues dès qu'on passe du plan fixe au plan animé. Avec les ressources du travelling pour varier les angles et les prises de vues, la caméra se découvre moyen de transport, et combine les angles de vision comme dans l'exemple célèbre du « *Dernier des hommes* » de Murnau, où la caméra, montée sur bicyclette descend en ascenseur puis traverse le hall, créant ainsi un plan cinématographique projectif, perspectif et temporel[1]. Un tel plan projette dans les choses un axe perspectif et moteur qui propose en même temps une perspective créatrice de son objet. Et le cinéma ne consiste pas seulement en prises de vues, mais s'introduit par le montage jusque dans la composante de l'image. Vertov, cinéaste de génie, définit un « ciné-œil » capable d'accrocher « l'un à l'autre n'importe quel point de l'univers dans n'importe quel ordre temporel », et multiplie, dans *L'homme à la caméra*, les procédés de ralenti, d'accéléré, de fragmentation, de surimpression, de montage hyperapide[2]. Dans tous les cas, le cinéma ne consiste pas à augmenter la perception humaine, mais à la décentrer, à lui faire perdre ses repères stables et sa familiarité pour atteindre une perception non humaine, non plus « taillée sur les solides »[3] en suivant les lignes de notre action possible. Le cinéma se glisse entre les mailles de la matière et permet d'atteindre à un état liquide ou gazeux de la perception, par divers procédés qui procurent des visibilités à des vitesses, des lenteurs ou des affects que notre perception, à son échelle, est incapable de distinguer.

Le cinéma ne reconstitue donc pas le mouvement à l'aide de coupe fixes, mais il rend sensible le changement à travers la mobilité de ses cadrages, les coupures ou les raccords de son montage. En cela, le cinéma, art contemporain, n'a sans doute pas le privilège de l'image, mais il a bien le privilège de l'image-mouvement. Avec le cinéma, nous quittons définitivement la métaphysique statique de l'Antiquité ou de l'Âge classique pour entrer dans l'âge du devenir, de l'image-mouvement et de l'image-temps.

1. Deleuze, *L'Image-mouvement*, *op. cit.*, p. 37.
2. Deleuze, *L'Image-mouvement*, *op. cit.*, p. 120.
3. Deleuze, *L'Image-mouvement*, *op. cit.*, p. 116.

Ce nouveau statut de l'image-mouvement favorise l'émancipation des arts non discursifs : on peut penser en image sans traduire les images en discours. L'image est un signe en soi, qui atteste l'indépendance des sémiotiques à l'égard de l'interprétation signifiante et du vouloir-dire. Avec l'image cinématographique, la philosophie de l'art promeut une typologie inventive des signes qui s'appuie sur une logique des forces. Penser l'art, c'est penser l'image qui fait surgir l'affect du temps dans l'actualisation du mouvement.

IMAGE-MOUVEMENT ET IMAGE-TEMPS

Le mouvement n'est pas translation dans l'espace, mais rayonnement, vibration, changement qualitatif et affection du tout. De cette démonstration dépend l'équivalence matérielle entre mouvement et image. Tout déplacement spatial implique une transformation temporelle, qui affecte le mobile autant que le tout dans lequel il se meut. C'est pourquoi le mouvement n'implique pas seulement une relation de déplacement ou de transformation quelconque entre objets ou parties qui se meuvent, il exprime la durée. Le mouvement n'est pas seulement changement du mobile, mais affection du tout. À la suite de Bergson, Deleuze dynamise donc les éléments réputés stables entre lesquels le mouvement « se passe » : ce qui se meut change et vibre temporellement autant que le tout dans lequel il se meut. « Notre tort est de croire que ce qui se meut, ce sont des éléments quelconques extérieurs aux qualités. Mais les qualités mêmes sont de pures vibrations qui changent en même temps que les prétendus éléments se meuvent »[1]. Deleuze définit une hylétique de la matière fluente. La matière est énergie, et l'équivalence matière-lumière, condition de possibilité de l'invention du cinéma, dote la matière-mouvement d'une capacité lumineuse, luisante, éclairante, qui explique que l'image soit donnée, non comme un corps statique, mais comme un bloc vibrant d'espace-temps.

Cette conception du mouvement, que Deleuze élabore en effet à partir de sa lecture de Bergson, entraîne d'importantes conséquences

---

1. Deleuze, *L'Image-mouvement*, *op. cit.*, p. 19, et Bergson, *Matière et Mémoire*, *op. cit.*, p. 337.

pour la philosophie du devenir et pour la sémiotique du cinéma. D'abord, le statut de la totalité change. Comme le mouvement ne se réduit nullement au déplacement ou à la translation d'un mobile unitaire dans un espace statique, et qu'il est transformation incessante, changement, l'image équivaut à la matière en mouvement, dans son devenir énergétique et temporel. Le plan cinématographique ne peut donc être identifié, comme le voulait Bergson, à une coupe statique, dès lors qu'on restitue au mouvement son double aspect de translation dans l'espace et de changement dans la durée. Tout élément doit être pensé selon ce nouveau schème de la totalité qui conjoint à l'existence actuelle de parties dans l'espace la variation ou la durée [1]. Cette consé-quence était déjà impliquée dans la définition initiale de l'image comme *heccéité*, rapport de forces spécifié dans l'instant comme composition de vitesses et de lenteurs (longitude), et dans la durée comme variation de puissance (latitude).

Il s'agit moins d'une dualité du mouvement que d'une oscillation des forces entre l'actualité spatiale et la virtualité temporelle. L'actua-lisation de la force dans l'instant est inséparable de son devenir virtuel. Toute individualisation actuelle implique ce double mouvement par lequel du virtuel s'actualise, tandis que l'individu constitué se singula-rise en se dispersant en devenirs intensifs. Cette conception du devenir change radicalement la conception du tout, qu'il ne faut plus concevoir comme une multiplicité actuelle, un ensemble donné selon un schème unitaire ou identitaire, mais comme un tout qui dure et se transforme. C'est pourquoi Deleuze, à la suite de Bergson, définit le tout par la capacité incessante de faire surgir du nouveau, ou encore par la rela-tion. En effet, selon Deleuze, la relation reste toujours extérieure à ses termes, elle n'est pas une propriété des objets, mais une transformation du tout. Pensé comme multiplicité en devenir, non comme totalité close, le tout perd son unité et sa stabilité pour être conçu comme devenir. Que le tout change, qu'il se crée selon un système de relations toujours extérieures à leurs termes, c'est ce que Deleuze appelle l'« Ouvert ».

Concevoir un tout ouvert, comme multiplicité en devenir est un principe méthodologique décisif. Non seulement, cela permet de

---

1. Deleuze, *L'Image-mouvement*, *op. cit.*, p. 33.

définir pour chaque niveau de totalité, univers, image ou atome, peu importe, un mode d'individuation en devenir, mais cela change la conception logique des rapports entre parties et tout. Le mouvement rapporte les éléments qu'il transforme à la durée ouverte. Il a donc deux faces, circule entre les parties actuelles qu'il modifie et le tout virtuel qu'il transforme. Comme toute autre réalité matérielle, le plan cinématographique présente lui aussi ces deux faces, translation et modification des parties, changement du tout dans la durée. L'«extraordinaire avancée» que Bergson impulse à la conception de l'univers, peut ainsi être précisée : l'univers est «un cinéma en soi, un métacinéma», un agencement des images-mouvement, – agencement «machinique» et non mécanique, le mécanisme impliquant un système clos et des actions de contact qui ne correspondent plus à cette totalité ouverte. Si Deleuze qualifie l'univers de cinéma en soi, c'est qu'il le définit comme l'ensemble matériel des images, plan de matière, ou «plan d'immanence» : univers acentré où tout réagit sur tout, qui ne connaît que des forces, des longitudes et latitudes, sur lequel les sujets se forment sans aucun décrochement transcendant. Sur le plan immanent de la matière, des images subjectives se détachent, formant le foyer provisoire d'une perception individuée. L'image subjective, coupe mobile de l'univers en devenir, se définit par cadrage, coupure et enchaînement des autres images. La subjectivité surgit comme intervalle temporel et sensible entre des images elles aussi mouvantes.

Penser le mouvement comme devenir implique également qu'on renverse les rapports entre mouvement et temps. Ici aussi, nous passons d'une statique de l'espace à une cinétique du devenir. Il ne s'agit plus de subordonner le temps au mouvement cosmique, selon l'hypothèse antique d'un temps nombre du mouvement, mais bien de faire du temps la condition du mouvement. Dans la formule antique, le temps restait subordonné au mouvement extensif dont il forme la mesure. L'hypothèse cosmologique antique liait le temps au mouvement circulaire du monde, le faisant littéralement tourner autour des points cardinaux comme autant de gonds célestes. Deleuze applique à la cosmologie moderne la belle expression de Shakespeare, le temps «est hors de ses gonds», *out of joint*. Le mouvement ne lie plus le temps aux points cardinaux de la rotation des astres, c'est le mouvement au contraire qui dépend du temps. Sorti de ses gonds cosmiques, le temps devient la condition d'une transformation du tout, et il s'émancipe du mouvement dont il forme maintenant le principe. « Le temps ne se rapporte plus au mouvement qu'il mesure, mais le mouvement au temps qui le conditionne » [1].

L'image et le mouvement débouchent ainsi sur la question du temps. C'est pourquoi Deleuze concentre dans ses livres sur le cinéma certains des exposés les plus hardis de sa métaphysique. Ici aussi, le cinéma s'avère un champ d'expérimentation pour la pensée. Le mouvement s'ouvre sur le temps comme l'image-mouvement fait surgir l'image-temps. On se souvient que l'image-mouvement dépliait en éventail les variétés de l'image-perception, de l'image-affection et de l'image-action. Avec l'image-temps, un nouveau régime de l'image creuse au sein de l'image-mouvement un mode du devenir, qui n'est plus suspendu à l'actualisation du mouvement. En cela, l'art cinématographique s'inscrit dans un univers bergsonien. Il ne traite plus le mouvement comme déplacement d'un objet stable parcourant un trajet dans un espace englobant, mais comme transformation intensive et vibration réelle des qualités dans le temps.

De l'image-mouvement à l'image-temps

En passant de *L'Image-mouvement* à *L'Image-temps*, on ne passe pas seulement d'une époque du cinéma à une autre, mais d'un mode de narration individuante à une description intensive, d'un régime de l'espace qualifié et du temps ordonné à une expérience directe du devenir. L'art cinématographique explore pour son propre compte l'avancée philosophique de Bergson : le mouvement spatial et le déplacement actuel supposent en réalité la vibration intensive du virtuel. Derrière le mouvement palpite le temps. Le devenir intensif du temps double en tout point le mouvement actuel de l'histoire. L'image-temps surgit à l'interstice de l'image-mouvement.

Avec Bergson, Deleuze concevait déjà l'image-mouvement comme une greffe subjective entre l'action et la réaction. Dans l'uni-

---

1. Deleuze cite la formule de Shakespeare (*Hamlet*, I, 5) dans l'article « Sur quatre formules poétiques qui pourraient résumer la philosophie kantienne », *Critique et Clinique*, Paris, Minuit, 1993, p. 40.

vers acentré des actions et réactions matérielles, les images subjectivées s'étiraient et se creusaient autour d'un centre vital d'indétermination, dilatant entre mouvement subi et mouvement exécuté, l'arc
sensible de la perception, de l'affection et de l'action. Toute image
individuée ouvrait un spectre perspectif qui passe de la perception à la
réaction motrice par l'affection sensible. Ce relâchement, caractéristique de l'image-mouvement subjective, est porté à la puissance supérieure par l'image-temps. Dans le circuit sensori-moteur, l'image-
affection épaississait déjà une flaque intense que l'image-temps rend
encore plus dense. L'affect de l'image-temps répond à cette expérience de pensée, caractéristique du cinéma moderne, mais présente
dans toute image, et qui marque la faillite du sensori-moteur au profit
de la voyance ou de l'affect. Elle distend et porte à la rupture l'intervalle de l'image-mouvement. L'image-affection développait déjà
dans le circuit sensori-moteur cette perturbation sensitive et vibrante,
décrochée de l'actuel. L'image-temps fait vibrer plus fortement
encore l'affect, et brise désormais le lien sensori-moteur.

Ce passage de l'image-mouvement à l'image-temps permet de
décrire le passage du cinéma classique au cinéma d'après-guerre.
Avec le néoréalisme, le récit personnifié du cinéma classique laisse
la place à une vision, où l'histoire, l'intrigue et l'action se défont.
L'image-mouvement du cinéma classique définit des personnages
individués, dans une narration ordonnée qui permet d'en suivre
l'action. Qu'il s'agisse du film noir à la Hawks où la posture épique se
contracte du côté de l'action et se dilate en se dispersant dans le milieu
qui l'actualise – ou du western selon Ford, où l'action se mesure au
paysage, au ciel dont les pulsations colorées l'englobent et l'animent,
un sujet défini perçoit, ressent et agit sur le monde. Avec le néoréalisme italien, *Le voleur de bicyclette*, de De Sica, ou *Stromboli* de
Rossellini, un nouveau type de personnage subit en spectateur la part
d'intolérable et de possible qui se dégage d'un événement. Des héros
bien typés cèdent la place à des subjectivités flottantes qui éprouvent,
dans la faiblesse ou le relâchement de leur capacité motrice, l'intensité
visionnaire d'une situation.

Cette faillite sensori-motrice a pour condition politique et
historique la rupture du lien entre l'homme et le monde qui caractérise
l'après-guerre. Les situations ne se prolongent plus en actions, mais

redoublent leur situation perceptive : on atteint la voyance, la prévalence de l'affect sur l'action dans l'image. Décrochée de l'engagement
sensori-moteur actuel, l'image-temps met la sensibilité directement
aux prises avec les forces virtuelles de dissolution et de transformation
du réel. Deleuze fixe avec précision les conditions de cette rupture : les
perceptions et les actions « ne s'enchaînent plus »[1]. Elles ne composent plus une chaîne sensori-motrice unifiée et individualisante, qui
fait déboucher la perception sur l'action. On sort ainsi de l'organique
pour atteindre à ce que Deleuze appelle le « cristallin », la coexistence
du virtuel et de l'actuel dans une image qui fait surgir directement le
temps dans le plan, comme chez Wells, par exemple, ou chez Ozu.

Il en découle une profonde mutation du style cinématographique,
qui passe d'une narration organique à une description intensive. Les
espaces cessent d'être des lieux à coordonner ou à remplir ; les personnages se transforment en voyants. Les conditions sensori-motrices
s'effacent, transforment la spatialité et les modes de subjectivations
possibles dans ces espaces. La transformation affecte systématiquement les perceptions et les actions, les champs et les modes de subjectivations des personnages. Nous passons d'une image motrice, qui se
dissipe en esquisses de mouvement, à ce que Deleuze appelle de pures
affections sensibles, des « visions », des situations optiques ou sonores
pures. Le personnage n'est plus l'acteur souverain, sujet de son action
mais le vecteur passif et enchanté d'une perception. C'est en même
temps que la perception se met en rapport avec la pensée au lieu de
se prolonger en action, et que l'image cesse de s'en tenir au mouvement pour en venir au temps. Il s'agit donc moins d'un abandon
du sensori-moteur ou de son dépassement, que d'une aventure qui
affecte l'image-mouvement elle-même, et survient en son sein. Le lien
sensori-moteur n'est pas déplacé ou remplacé, précise Deleuze, mais
« brisé du dedans », tellement distendu qu'il cesse de faire correspondre la sortie motrice à l'impulsion sensorielle. Si Deleuze, suivant
Bergson, conçoit le sensori-moteur comme une image vivante qui
double les actions et réactions matérielles d'un revers sensible, la
faillite du schème sensori-moteur ouvre le circuit vivant de l'image sur
l'expérience du temps.

1. Deleuze, *L'Image-temps*, Paris, Minuit, 1985, p. 58.

De sorte que le cinéma moderne de l'image-temps ne répond pas à un progrès de l'image, à une conquête de l'art cinématographique, mais à l'intrusion bouleversante du virtuel, de l'affect du temps, dans une image qui n'est plus destinée à la riposte vivante. L'interstice de l'affect, qui séparait l'image-perception de l'image-action subjective, fait surgir l'image-temps dans l'image-mouvement. L'image-temps n'est donc pas intérieure à l'image-mouvement, elle lui est extérieure comme sa doublure intensive, ni cachée, ni plus profonde, mais différente et directe, et, il est vrai, prélevée sur la rupture du lien sensori-moteur. C'est exclusivement sous cet aspect que l'image-temps suppose l'image-mouvement.

En cinéma, en art en général, il ne s'agit jamais de concevoir entre deux types d'images un dépassement, une succession historique, une progression causale, tout au plus une rupture, un interstice, un intervalle. Il faut donc éviter le piège esthétique consistant à traduire le privilège de l'image-temps en termes de réalité « plus profonde », « plus belle » ou « plus vraie »[1]. Seulement, l'image-temps se présente dans la fracture de l'image-mouvement, qui renvoie à un nouveau rapport politique entre l'homme et le monde et, en empêchant la perception de se prolonger immédiatement en action et de produire du mouvement, met la pensée directement en contact avec le temps. Le circuit sensori-moteur se brise parce que les conditions politiques de l'action ne sont plus données dans l'agencement contemporain, de sorte que « le fait moderne, c'est que nous ne croyons plus en ce monde »[2]. Mais ce pessimisme politique se double de la nécessité pour l'art, et spécialement pour le cinéma, art des masses et des puissances, d'opposer une pédagogie de l'image à la médiocrité ambiante, d'en appeler à un peuple qui manque, et de libérer la perception des conduites ordinaire de l'opinion par la voyance pour ainsi « arracher aux clichés une véritable image »[3].

Anne SAUVAGNARGUES

1. Deleuze, *L'Image-temps*, *op. cit.*, p. 58-59 et 354.

2. Deleuze, *L'Image-temps*, *op. cit.*, p. 7-8.

3. Deleuze, *L'Image-temps*, *op. cit.*, p. 32.

LE SUJET ET SON IMAGE

Lacan est notoirement connu pour avoir produit la thèse de « l'inconscient structuré comme un langage ». Il s'agissait de l'inconscient découvert par Freud, qui n'est pas simplement le vaste champ du non conscient, mais seulement l'inconscient qui se déchiffre. Si rêves, lapsus, actes manqués, oublis, mais surtout symptômes peuvent se traduire en termes de messages, comme Freud l'a mis en évidence, alors, il faut bien supposer qu'ils sont langage et que le « travail » de l'inconscient est élaboration de métaphore, de métonymie, et de tous les détours de la rhétorique. C'était en effet l'hypothèse la plus simple et on peut s'étonner qu'elle n'ait pas surgi aussitôt, et que la prévalence du signifiant dans l'inconscient ne se soit imposé qu'après un demi siècle de psychanalyse et au prix d'un long enseignement.

Chez Lacan lui-même, cette thèse a d'ailleurs été précédée par une autre, non moins célèbre, celle du stade du miroir. De toujours, je crois, Lacan a cherché le point d'Archimède permettant de fonder en raison la technique freudienne. Celle-ci opère par le déchiffrage mais ne s'y réduit pas et il s'agissait bien plutôt de rendre intelligible le fait que ce déchiffrage, qui est par essence un processus de langage, ait des effets sur ce qui n'est pas langage mais plutôt trouble du corps, de la pensée, de la libido, de l'appétence même. Il s'agissait aussi de concevoir le mode de subsistance de cet inconscient opérant comme principe d'insistance et de répétition dans les conduites des sujets mais à leur insu, et d'en produire un concept qui échappe aux confusions liées à ce terme. C'est pourquoi d'ailleurs, très tôt, bien avant sa thèse centrale sur l'inconscient langage, Lacan a produit la distinction des trois registres du réel, de l'imaginaire et du symbolique, sans lesquels il serait bien difficile de situer ce que Freud nommait «la réalité psychique» et à laquelle il revient à la fin de son enseignement.

Or, c'est du côté de l'image, et de l'imago, comme image fixe, propice déjà à la combinatoire, que Lacan a d'abord cherché la solution. En témoigne la succession de ses trois contributions : «Le stade du miroir», daté d'août 1936, dont nous n'avons pas le texte, mais remanié en 49 sous le titre, «Le stade du miroir comme formateur de la fonction du Je», et ensuite «Propos sur la causalité psychique», de septembre 1942, tous deux repris dans les *Écrits*. Prenant appui sur les travaux des éthologues et des entomologistes, et sur ce qu'ils ont mis à jour de la fonction de la *Gestalt* du corps sur le développement même de l'organisme et des conduites animales instinctuelles, et sur les découvertes des psychologues de l'enfance, Wallon notamment, il reconnaissait dans l'image du corps propre le premier élément médiateur entre l'être du petit humain et son organisme. L'intérêt jubilatoire qu'elle suscite chez le jeune enfant, permettait d'y reconnaître le premier objet de la *libido*, et de supposer que l'identification à cette *imago* qui anticipe sur la maîtrise à venir, était le premier mécanisme de la constitution du moi, rendu possible et même favorisé par un fait bien réel : l'impuissance première que génère la prématuration de la naissance chez l'être humain. La fonction ombilicale de cette *imago* dans les phénomènes de la folie et dans les symptômes du névrosé, conduisait ainsi à affirmer «les effets psychiques du mode imaginaire »[1], à penser un inconscient structuré par les *imagos*, et à définir la «causalité psychique» par les effets, allant parfois jusqu'à des effets physiologiques, de l'identification à une *imago*. Je cite :

> L'*imago* est cette forme [...] qui a pour fonction de réaliser l'identification résolutive d'une phase psychique, autrement dit une métamorphose des relations de l'individu à son semblable[1].
>
> Il allait alors jusqu'à prédire l'usage que la politique usant de la «technique scientifique» saurait en faire, et qui ne se trouve que trop confirmée aujourd'hui.
>
> L'art de l'image bientôt saura jouer sur la valeur de l'*imago* et l'on connaîtra un jour des commandes en série d'«idéaux» à l'épreuve de la

---

1. Lacan Jacques, *Écrits*, Paris, Seuil, 1966, p. 178.

critique : c'est bien là que prendra tout son sens l'étiquette : « garanti véritable »[2].

Pourtant, toutes ces élaborations Lacan les a placées dans ses *Écrits*, sous l'intitulé : « mes antécédents », faisant ainsi de l'accent mis en 1953, sur « Fonction et champ de la parole et du langage », le seuil de ce qui revient proprement à son nom. De là, une question sur laquelle il n'a cessé de revenir : celle de la fonction de l'image spéculaire pour le parlant, et du poids respectif de l'imaginaire et du symbolique dans le psychisme.

Au départ, avec le stade du miroir, l'accent porte sur le caractère aliénant de cette première forme. Son unité enchante certes, mais l'identité qu'elle confère n'étant qu'imaginaire elle trompe sur le réel. D'abord sur le réel du malaise et du morcellement organique de la prématuration, qu'elle est en effet bien loin de résoudre et qui attend une tout autre maturation. Ensuite, à partir des années 50, Lacan souligne combien elle est hétérogène au réel de celui qu'il appelle le sujet. Ce sujet est certes le sujet représenté par sa parole, mais plus radical, il est un effet du langage, soit le résultat d'une prise du langage sur le réel. Pas n'importe lequel : celui du petit vivant qui d'entrer dans le langage de la demande articulée à partir du discours de l'Autre, en est fait sujet, ce qui veut dire, non seulement sujet au manque, mais sujet qui ne sera représenté par ses signifiants qu'au prix d'en être divisé, dès lors devenu être d'énigme, offert à la quête et à la reconnaissance de l'autre. Ainsi, après avoir été convoquée pour résoudre les méfaits de la prématuration, l'image l'est ensuite pour palier à ceux du langage : elle offre le Un de la forme, là où le Un du sujet manque. Elle se propose là où il ne sait pas l'objet de son désir. Elle pare donc à la castration comme seule incarnation du sujet, en la couvrant ou en l'enveloppant. D'où la satisfaction qui s'y attache, mais aussi la méconnaissance qu'elle entretient. C'est une solution par l'habit, servante d'un « n'en rien vouloir savoir », dont Lacan n'a cessé de dénoncer la tromperie, la fallace. Appelée par la division du sujet, elle s'offre comme « chasuble » de la signification de manque qui fait la

1. *Ibid.*, p. 188
2. *Ibid.*, p. 192

misère de ce sujet, mais sans la réduire, la robe étant toujours prête à se déchirer, sous l'effet de la cisaille du symptôme ou de la rencontre traumatique, quand une jouissance «crève l'écran», selon l'expression que Lacan utilise dans «La troisième»[1].

Le pas d'entrée qu'est le texte «Fonction et champ de la parole et du langage» consistait, en fait, déjà et quoique ce ne soit pas encore lisible, à chercher dans le «symbolique» – plus tard il aurait pu dire dans le discours – la solution véritable, c'est à dire non imaginaire, aux effets de manque et de division que génère le fait d'être parlant.

Lacan était entré dans la psychanalyse en isolant ce qu'il faut bien appeler une image reine : cette image spéculaire, si étrangement captivante, grosse de toutes les figures développées du Moi idéal, ainsi que de celles de l'objet érotique du fantasme. Mais à l'inverse, et des années durant, il a tenté de rendre compte des résultats de la psychanalyse par une démonstration méthodique du caractère subordonné de l'imaginaire, et de situer plutôt ce que j'ai appelé «l'image serve», assujettie à un symbolique, maître.

Ce virage n'est évidemment pas de caprices, son enjeu concerne le pouvoir de cette pratique de parole spéciale qu'est la psychanalyse sur ce qui n'est pas parole. Il réfère à son problème central, celui du ressort causal de ce qu'elle prétend modifier, et donc de ses succès possibles comme de ses limites.

Je note d'ailleurs, qu'après quelques décennies la question n'a rien perdu de son actualité. Bien au contraire. Il fut un temps où Lacan évoquait le pouvoir d'«irréalisation» du symbole, capable de convoquer l'objet en absence, mais aussi bien d'en évider la présence lorsqu'il est là. Notre époque voit aussi bien triompher autre chose, c'est connu. L'industrialisation mercantile des fantasmes, la fabrication médiatisée des canons de l'érotisme, les rectifications chirurgicales des corps, etc. semblent bien capables de normer l'imaginaire, mais portent parallèlement une autre irréalisation de l'ici et du maintenant, qui par la multiplication et l'envahissement des images virtuelles, touche aux périmètres de la *libido*, aux rythmes proprement subjectifs, aux représentations de soi et de l'autre, brouillant les frontières du spectacle et

---

1. Jacques Lacan, conférence prononcée à Rome, en 1974.

du réel, et rendant plus aigue la question de ce que le discours analytique obtient contre les pressions conformisantes.

RÉGENCE DU SYMBOLIQUE

Il y a des étapes dans la démonstration de la régence du symbolique, et des niveaux aussi, car l'imaginaire n'est pas homogène et ne se réduit pas à son ombilic, l'image narcissique. Celle-ci se distingue des images de la perception visuelle, des fictions de l'imagination, plus généralement de toutes les significations générées par la chaîne signifiante qui pourtant relèvent toutes selon Lacan de la catégorie de l'imaginaire. Je ne retiens cependant que le thème majeur, qui consiste à montrer, en résumé, que là où l'image s'impose, triomphe, brille, là donc où elle paraît reine, elle n'est qu'une reine fantoche, dont le pouvoir est emprunté et dont la valeur – ce qui veut dire la valeur d'attrait et de jouissance –, trouve son principe ailleurs : dans le symbolique lui-même. La thèse ne s'applique pas seulement aux objets investis par la libido, disons à l'objectalité. Elle concerne aussi bien, quoique différemment, ce que l'on appelle l'objectivité de la réalité et les objets de la perception qui ne tirent leur neutralité objectivable que d'un effet proprement symbolique, que Freud a nommé délibidinalisation, et que Lacan a reconceptualisé comme un effet symbolique d'extraction de jouissance.

La démonstration vaut aussi bien pour l'image du corps propre qui captive la libido dite narcissique, que pour celles qui attirent la libido d'objet dans le fantasme ou dans les diverses sublimations de la culture. Ainsi pose-t-il : que le narcissisme n'est jamais que secondaire, car sans le regard de l'Autre qui donne son prix à l'image, le sujet ne saurait même pas se soutenir dans le rôle de Narcisse ; que les images qui informent le Moi idéal se trouvent sous la coupe de l'Idéal du moi. Or les idéaux que Freud disait du moi, sont en fait des signifiants qui viennent de l'Autre, et Lacan de réécrire l'idéal du moi en Idéal de l'Autre, I(A) ; que le fantasme qui fixe la libido et la jouissance a lui-même « un pied » dans l'Autre du discours. Il faut en effet tout l'appareil du discours pour fixer les formes standards qui à chaque époque captivent préférentiellement les désirs.

En effet, si la fonction primaire du langage est d'évider le réel, de générer un sujet en mal d'identité autant que d'instinct, un manque à être qui a perdu son objet naturel, tout l'appareil du symbolique, ce que nous appelons l'Autre ou le discours est de lui offrir avec l'échange des signifiants dans la parole, avec ses idéaux, ses principes de séparation, brefs ses «semblants», les éléments régulateurs de ses appétences sans lesquels il n'est pas de lien social possible. Ainsi, son «joint au sentiment de la vie»[1], et aussi bien «ce qu'il faut faire comme homme ou femme»[2], ne seront-ils pas sans l'Autre pourvoyeur de toutes les images.

Cette thèse ne prend évidemment sa portée qu'à partir de la clinique d'où elle provient, essentiellement celle de la psychose et de la cure des névrosés. Le cas Schreber étudié par Freud, tel que Lacan le construit dans «La question préliminaire à tout traitement possible de la psychose», en est une illustration méthodique. L'ensemble des troubles de son rapport à la réalité et de son identité apparaissent comme la répercussion dans l'imaginaire du défaut proprement sym-bolique qu'est la forclusion du Nom-du-Père où la psychose trouve sa condition majeure. Ainsi dans le désastre du déclenchement, je cite :

> les effets d'induction du signifiant portant sur l'imaginaire, déterminent ce bouleversement du sujet que la clinique désigne sous les aspects du crépuscule du monde, [...] nécessitant pour y répondre de nouveaux effets de signifiant[3].

Et de fait, la restauration finale apparaît-elle solidaire de l'élabo-ration signifiante par laquelle Schreber construit une métaphore déli-rante grosse d'une signification de suppléance : au prix de se penser et de se percevoir comme femme de dieu, potentiellement grosse d'une humanité future, le monde et la relation à ses semblables lui sont à nouveau accessibles et vivables.

Les phénomènes du transfert propres à la névrose manifestent aussi bien cette articulation qui subordonne l'imaginaire au symbo-lique. Dans l'«*hainamoration*» de transfert, très tôt découverte par

1. *Ibid.*, p. 558
2. *Ibid.*, p. 849
3. *Ibid.*, p. 572

Freud, et pour sa surprise, le rapport imaginaire à l'objet, avec ce qu'il véhicule de demande d'amour, de passion et de répétition, flambe si bien que dès le départ, les analystes, Freud en tête, se sont posés le problème de sa réduction. Une profusion de phénomènes imaginaires l'accompagne, on le constate, mais quel en est le ressort ?

> Au commencement de la psychanalyse est le transfert [...]. Mais qu'est-ce que c'est ? [1].

Sa dimension « constituée » se déploie en manifestations imaginaires, on ne peut le méconnaître, mais sa dimension « constituante », pour reprendre des termes que Lacan a utilisés très tôt, est à un autre niveau. On le perçoit si on veut bien considérer l'écart dans le dispositif analytique entre la demande d'amour et la demande d'interprétation. Cette dernière se situe sur la dimension épistémique de la psychanalyse, celle qui la distingue de la seule thérapeutique. Le sujet n'y est pas tant en quête d'amour et de bien être, que de réponse à la question de son désir, indissociable de celle de son identité. Dans le transfert, cette question ne s'adresse pas à n'importe quel objet, mais à un sujet supposé savoir, à « un partenaire qui a chance de répondre » [2]. Le transfert est de l'amour certes, mais un amour subordonné à l'adresse et à la quête signifiantes d'un sujet d'abord représenté auprès de l'analyste par les signifiants du symptôme dont il pâtit. C'est pourquoi, au terme, l'amour de transfert peut trouver sa fin, qui est justement fonction de la réponse produite. Quoique... cette dernière expression serait trompeuse si elle amenait à supposer que dans le procès analytique la réponse produite à la fin, est la même que celle qui était attendue à l'entrée.

On peut suivre dans l'enseignement de Lacan, ses efforts méthodiques pour réordonner dans cette opposition entre le moi imaginaire, et le sujet fondé en parole, l'ensemble des notions majeures avancées par Freud, jusqu'à celle de la pulsion de mort, et pour rendre compte de la psychanalyse même. D'un côté, ce sont les relations de domination

---

1. Jacques Lacan, « Proposition sur le psychanalyste de l'École », *Scilicet 1*, Paris, Seuil, 1968, p. 18.

2. Jacques Lacan, « Introduction à l'édition allemande des *Écrits* », *Scilicet 5*, Paris, Seuil, 1975, p. 16.

où se déploient prestige et agressivité, de l'autre la dimension du pacte possible entre les désirs.

Dans ce schéma, si l'image est à la fois aliénante et subordonnée, on ne s'étonnera pas des nombreux développements annonçant la réduction de l'imaginaire et de son instance, le moi, sous l'effet de la parole analytique.

En effet, le corrélat de la thèse de l'image serve est le suivant : la psychanalyse qui invite à dire, et non pas à imager ou imaginer, ne peut que se proposer de congédier l'encombrante servante, soit de programmer un au-delà de l'imaginaire, ou au moins une minoration de l'imaginaire pour le sujet analysé. Lacan d'ailleurs, dans son texte au titre ironique « Variantes de la cure type », a bien commencé par annoncer pour l'analyste la fin du moi, et, au terme d'une « longue ascèse subjective »[1], en lieu et place de l'identification aliénante, « la subjectivation de sa mort »[2].

La question se pose évidemment de savoir si la psychanalyse est capable de remplir ce programme, jusqu'où et comment elle est susceptible de congédier les passions narcissiques dont elle a convoqué les bons offices. Tout indique que ce n'est pas le cas. On expérimente plutôt, chacun en conviendra, que la réduction de l'imaginaire, si souvent évoquée par Lacan, y est fort limitée – ce qui suffit déjà pour que l'on soupçonne l'insuffisance de la thèse elle-même.

LA REVANCHE DE L'IMAGE

Cette thèse de la régence du symbolique a une consistance et une efficace dans la conception des faits cliniques qui garde toute sa validité. Elle a cependant ses limites, manifestes, que Lacan lui-même a fait valoir, et qui pour aller directement à l'essentiel, tiennent précisément aux impasses du symbolique qui l'ont très vite conduit à affirmer l'inconsistance de l'Autre dont la référence à « l'être pour la mort » marquait la place dès le début. C'est que la régence du symbolique, que j'ai dit pourvoyeur de toutes les figures et de toutes les signifi-

---

1. « Fonction et champ de la parole et du langage », *Écrits, op. cit.*, p. 321.
2. « Variante de la cure-type », *op. cit.*, p. 348.

cations imaginaires, échoue devant le réel. L'Autre s'avère impuissant à inscrire l'existence et le sexe, ces deux occurrences du réel de la jouissance qui sont en cause dans toute analyse. La thèse se décline en formule multiple à commencer par celle de l'Autre qui n'existe pas [1]. Du coup, c'est l'imaginaire qui est appelé à la rescousse, car l'image peut fonctionner comme bouchon de la béance du symbolique, et du vide qu'il introduit dans le réel. Ainsi l'image peut-elle parer « au point de manque » du sujet. D'où, d'ailleurs, cette possible définition du fantasme comme « image mise en fonction dans la structure signifiante » [2]. C'est là qu'il faut parler moins d'image serve que servante, pour désigner l'usage que l'inconsistance de l'Autre lui ménage.

On vérifie dans l'analyse en tant que production d'une chaîne de parole d'où s'isoleront des signifiants maîtres du sujet, combien cette chaîne appelle au déploiement de l'imaginaire. En parlant, l'analysant passe et repasse par l'épreuve du verbe, qui, en dépit de toutes ses formulations, le confronte à une impuissance à dire, et actualise toujours davantage la barre sur l'Autre. C'est là que ce qu'il ne peut pas dire, soit le réel comme impossible à dire, il peut l'imaginer. « La logique du fantasme » [3] n'exclut pas l'utopie du fantasme, loin de là, elle l'appelle. Et ce qui s'imagine par excellence c'est la jouissance, pas n'importe laquelle sans doute, celle de l'Autre… qui n'existe pas. L'inconsistance de l'Autre entretient l'imaginaire. C'est parce que l'analyse, pratique de parole, mobilise son défaut irréductible qu'elle donne tout leur déploiement aux phénomènes imaginaires et permet d'en révéler la nature et la fonction.

L'IMAGINATION EST COURTE

On découvre alors que l'imagination, pour être prompte, n'en est pas moins courte, soit jugulée par la forme du corps. On imagine corporellement, notamment la jouissance. Avec deux corps et un fantasme, on pourrait penser que beaucoup de scénarios sont possibles,

1. « Subversion du sujet et dialectique du désir », *op. cit.*, p. 820.
2. « La direction de la cure », *op. cit.*, p. 637.
3. Titre du Séminaire de l'année 1966-1967.

mais ça ne se vérifie pas. La psychanalyse n'a pas inventé une nouvelle érotique, car le sujet tourne dans le périmètre d'un imaginaire plutôt court, borné d'un côté par l'image du corps dans son intégrité et la satisfaction qui s'attache à cette forme, de l'autre par l'image du corps brisé, mis en morceaux.

Encore y a-t-il morceaux et morceaux. Il y a ces chutes propres à incarner l'objet *a*, qui donnent à la jouissance ses formes morcelées et hors-corps, extraites de l'organisme vivant par l'opération du langage, qui laissent subsister à sa surface ces stigmates que sont les orifices érogènes. Elles sont corrélées aux images d'angoisse les plus universellement reconnues : angoisse du vampirisme, du vidage, etc. La jouissance se représente, s'imagine, oralement, analement, « chialement » dit Lacan, dans la Troisième. Les images du corps mis en pièces pour une jouissance délocalisée sont autre chose. L'imaginaire à la Jérôme Bosch, les représentations d'apocalypse qui viennent à donner forme aux exactions de l'Autre, en bref les images d'horreur, se distinguent des représentations proprement érotiques qui répondent au manque de la castration. On pourrait situer là et ordonner les formes imaginaires favorites de névrose, perversion et psychose. Cette dernière exalte éminemment les images d'apocalypse mais aussi, quand c'est Schreber, la forme narcissique ; la perversion cultive l'imaginaire du forçage de la jouissance qui divise l'Autre en dépit du consentement, au-delà des limites de la douleur et du narcissisme ; la névrose, elle, donne son plein développement à l'imaginaire de la castration, sustentant la figure d'un Autre qui veut sa castration.

Dans tous les cas, les fictions viennent saturer le *nihil* du sujet ou de l'Autre, et font prendre l'objet pour un être, situable dans les coordonnées de la représentation. D'où une question renouvelée sur l'objet en jeu dans la pulsion et le désir. Le dira-t-on imaginaire, du fait qu'il s'imagine grâce à toutes les ressources du discours ?

En élaborant sa théorie de l'objet dit *a*, Lacan y a noué les trois dimensions. Cet objet, il est d'abord effet du symbolique, de la soustraction que celui-ci produit, équivalent en ce sens à la perte constituante du sujet. À ce niveau l'objet a fonction de cause, mais il n'a pas d'image, pas de signifiant non plus. Ce que Lacan imageait dans *L'angoisse* en disant qu'il est « derrière » le désir plutôt qu'à l'avant de sa visée. Ce « ludion logique » est ce qui fait parler et dont on parle sans pouvoir le dire. Il n'est pas une chose, pas non plus une forme. N'ayant pas d'image, pas d'idée, pas de représentation, il n'est pas le réel au sens de ce qui existerait hors langage, mais ce qu'il y a de plus réel dans ce qu'engendre le langage. Un objet donc qui échappe à l'esthétique transcendantale d'Emmanuel Kant, et qui exigerait plutôt qu'on la refasse. C'est l'objet a-géométrique, impropre à l'idolâtrie, mais dont cependant les idolâtries se sustentent, car le monde des formes se soutient de sa soustraction.

Objet irreprésentable il prend cependant forme corporelle, avec ces morceaux de corps que la théorie analytique a d'abord désignés comme « objets partiels », le sein, l'excrément, bien avant que Lacan y ajoute le regard et la voix.

Il prend aussi substance réelle. Non qu'il soit la jouissance, certes, plutôt ce qui limite toute jouissance, mais qui en recueille les restes comme plus-de-jouir.

Disons, qu'il est l'objet impossible. Impossible à étreindre c'est sûr, l'activité même de la pulsion ne faisant que le contourner et « restaurer la perte originelle », mais également au sens où l'on dit d'une personne qu'elle est impossible, cause de tourments incessants. Une non-chose, à représenter dans l'utopie du fantasme et dans les forgeries de la sublimation, et à obtenir quand c'est l'*agalma* de l'analyste comme sujet supposé savoir. Impossible à réduire, dans tous les cas.

PAS D'AU-DELÀ DE L'IMAGE

Pas d'au-delà de l'image donc, mais au mieux son articulation avec les deux autres dit-mensions que sont le réel et le symbolique. Je dis au mieux car si cette articulation a pour effet, dans la névrose, non de supprimer mais d'enchaîner l'image, la clinique de la psychose atteste aussi d'une série de phénomènes dans lesquelles l'image du corps se déchaîne, et s'émancipe au grand *dam* du sujet. Que l'on pense aux phénomènes de déformation du miroir par hallucination négative ou horrifique, au double qui s'émancipe ou disparaît, à l'enflure mégalomane, etc., et aussi à ce que Lacan a nommé maladie de la mentalité, pour désigner un rapport imaginaire au monde délesté de tout ancrage réel. Ils attestent tous que l'image n'est pas nécessairement serve d'aucune médiation, soit qu'elle serve à la satisfaction que l'on dit narcissique soit qu'elle la mette à mal.

On saisit pourquoi Lacan, après avoir martelé la thèse de la subordination des fonctions et de la place de l'image à l'articulation signifiante pendant plus d'une décennie a renoncé à cette première construction d'un imaginaire sur lequel le symbolique prend barre, pour se tourner vers un schématisme plus global, incluant la catégorie du réel et permettant d'englober l'ensemble du champ clinique. Avec la référence au nœud borroméen, il met alors cet imaginaire du corps au pair avec le symbolique et le réel, et à l'articulation du symbolique et de l'imaginaire conçue sur le modèle signifiant/signifié, il substitue alors le nouage des trois dit-mensions réel, symbolique, imaginaire en tant que consistances équivalentes, non hiérarchisées, la subordination ou l'émancipation de l'image y étant fonction du nouage ou du non nouage. Ainsi sera-t-il passé de l'image reine du stade du miroir, à l'image serve, assujettie au symbolique, pour finir par poser une image dont les pouvoirs sont primairement équivalents à ceux du symbolique ou du réel, et dont les avatars cliniques sont fonction des modalités de nouage des trois dit-mensions.

Colette SOLER

LES DÉBATS SUR L'IMAGE
DANS L'ESTHÉTIQUE CONTEMPORAINE

REMARQUES AUTOUR DE L'AUTONOMIE ET DU RÉALISME
DES IMAGES VISUELLES [1]

> *Aussi longtemps que nous nous en remettons à la
> vue, le monde nous apparaît toujours fini, jamais
> infini. Et cependant il existe un infini qui n'est
> pas celui de la pensée, et qui se révèle seulement
> comme un infini du monde visible.*
> K. Fiedler

En quoi l'image intéresse-t-elle l'esthétique contemporaine ? Quels sont les principaux débats ici en jeu ? Et, plus précisément, quels sont les lieux où surgissent les débats et qui font que l'image est devenue aujourd'hui un tel noyau de controverses, même si elle a été au centre de querelles tout au long de son histoire ?

FACE À FACE : L'ESTHÉTIQUE CONTEMPORAINE ET LES IMAGES

Retracer les voies dans lesquelles s'engage l'esthétique en raison de sa confrontation avec l'image nécessite un premier éclaircissement. Si par *esthétique contemporaine* on désigne communément les développements et les crises que connaît la discipline à partir des années 1950 avec l'apparition de sa branche analytique, c'est dans les années 1980 que l'image tend à imposer un nouveau paradigme, à marquer un

---

1. Danièle Cohn est remerciée de l'attention qu'elle a portée à ce texte.

tournant dans la pensée sur la production et l'appropriation du visuel. La position forte octroyée à l'image dans les dernières décennies déplace les enjeux conceptuels. L'autonomie croissante de notre environnement visuel la détache de son ancrage discursif pour la faire fonctionner comme langage à part entière. L'image, et non plus la norme accomplie de l'œuvre, cautionne désormais la légitimation des objets artistiques. L'image, encore, tend à occuper la place réservée à l'art au sein des grandes disciplines : anthropologie de l'image, histoire de l'image et du regard, telle est la forme que prennent bon nombre des récentes réflexions sur le destin et le développement de la production iconique.

Il s'agit de savoir pourquoi l'image fait problème, quelles sont les raisons aussi bien théoriques qu'historiques et anthropologiques qui la mettent au centre des débats, qui formulent la question des images (*Bilderfrage* [1]). La prolifération des images qu'on observe aujourd'hui n'est probablement qu'un épiphénomène, comparée aux profondes mutations dans leur statut même qui font passer de l'image spirituelle (icône) à l'image visuelle (qui se montre en tant qu'image) [2]. Le passage, le *switch* de l'image spirituelle à l'image visuelle concerne bien plus qu'un simple changement de registre ou de « contenu ». Il en va d'un problème de construction de la vision, de ce qui se donne à voir et de ce qui résiste au regard, mais aussi d'un ébranlement des questionnements adressés au concept même d'image. Dans ce sens, la technique de la numérisation offre un exemple patent : en l'éloignant du perçu, elle rend l'image perfectible et paramétrable à l'infini. Avec la nouvelle autonomie du visuel, un constat s'impose : « Par un détour inattendu, l'image devient la forme généralisée du traitement de l'information ou la généralisation de ce qui fonctionne comme dispositif de visualisation, qu'il mette ou non en jeu des formes plastiques.

---

1. « Die Bilderfrage », dans *Was ist ein Bild?*, G. Boehm (éd.), Munich, Wilhelm Fink Verlag, 1994. p. 325-343.

2. *Cf.* J. Aumont, *L'image*, Paris, Nathan, 1990. Les publications sur la mutation du statut de l'objet image dans son éloignement de la représentation du divin sont nombreuses. *Cf.* entre autres, A. Besançon, *L'image interdite*, Paris, Calmann-Lévy, 1978; H. Belting, *Image et culte : une histoire de l'image avant l'époque de l'art*, trad. fr. F. Muller, Paris, Le Cerf, 1998 (1990); M.-J. Mondzain, *Image, icône, économie*, Paris, Seuil, 1996.

Après le *désintéressement*, l'art redécouvre sa pleine puissance instrumentale »[1]. Cet aspect expérimental qui accorde à l'image une fonction *primitive*[2] au même titre que le langage modifie en profondeur son statut : les images acquièrent une charge gnoséologique forte qu'elles n'avaient pas auparavant. Au-delà de, mais aussi grâce à leur contenu informatif, elles construisent et formatent notre réalité visuelle. À l'ère du virtuel, de la simulation et des expérimentations avec le cyberespace, le problème du réalisme et de l'évidence des images se pose d'une façon urgente et travaille les enjeux éthiques et esthétiques de la représentation.

La pensée esthétique est aujourd'hui confrontée à une nécessité de redéfinir ses outils conceptuels en ce qui concerne à la fois les procédés de mise en image et notre expérience du visible et du visuel. Sommes-nous alors en droit de postuler l'existence d'une *esthétique de l'image*[3], d'une esthétique qui déplace les enjeux de ses réflexions des rapports que nous entretenons avec différents arts vers les problèmes suscités par les images? Au lieu d'être simplement disciplinaire, cette question concerne la légitimité et l'identification de l'image à la fois comme pratique et comme lieu théorique décisif qui participe au renouveau de la pensée du visuel. Une telle tendance dans la pensée esthétique est en train de s'affirmer au moins depuis le début des années 1980, conditionnée par la nécessité de trouver des constantes qui permettent de penser les paramètres fuyants de l'univers iconique et qui puissent rendre compte avec des outils rigoureux de notre mode d'appropriation des images (au-delà du simple constat de leur multitude phénoménale). Ces préoccupations concernent aussi bien les modes d'attribution du sens et de la valeur aux images que l'établissement des critères de sélection.

Attribuer aux images tant de la valeur que du sens nécessite un sujet et un sujet actif. Il est possible d'affirmer que l'activité première du sujet face à l'image relève de la perception. Ce qui fait qu'on perçoit une œuvre ou une image comme appartenant à l'art ou comme étant

1. J. Morizot, *Interfaces : texte et image*, Rennes, PU, 2004, p. 104.

2. *Ibid.*

3. Même si la matière « Philosophie des images » entre depuis peu dans l'enseignement universitaire, le problème d'en faire une discipline à part entière reste encore ouvert.

de l'art (la différence est celle entre valeur attribuée et valeur intrinsèque) pose donc, d'une part, des problèmes de catégorisation et,
d'autre part, incite à élaborer des critères de reconnaissance. La
question de la perception acquiert, dans ce contexte, une nouvelle
complexité. Une esthétique d'orientation phénoménologique d'inspi-
ration husserlienne, qui pense l'image en termes de visée de la
conscience ou d'attitude intentionnelle permettant de se rapporter à la
chose en tant qu'image nous rendant l'objet « réellement présent » [1],
est désormais de plus en plus étroitement liée aux acquis des sciences
cognitives qui fournissent des outils scientifiques pour penser la
perception, notamment par les études sur la récognition (des images
et leurs objets), par le questionnement de la perception naturelle, du
réalisme direct ou indirect, ou encore de la relation entre perception et
imagination [2]. La neurobiologie, la neurogéométrie, les théories
computationnelles de la vision et la psycho-physiologie sont au centre
de la nouvelle compréhension du monde visible aussi bien comme fait
mental ou représentation que comme artefact. Et la difficulté réside
dans le fait d'arriver à les considérer ensemble.

L'attention prépondérante que l'esthétique accorde actuellement
aux images matérielles est loin de simplifier les problèmes liés à leur
identification. Si l'image se donne à voir avant tout comme configuration spatiale où tous les éléments se montrent d'un seul coup, les
tensions temporelles nées de son identification la projettent au-delà de
la surface sensible. Aussi, avec les nouvelles technologies de visualisation, l'image tend de plus en plus à être pensée en termes de
médium [3]. Au-delà du fait qu'il entérine la *sélectivité* des images parce

---

1. Il ne s'agit ici que de signaler de façon certainement trop rapide de très vastes
débats, notamment sur l'intentionnalité et le statut de la réalité, qu'il serait difficile
d'aborder dans le cadre du présent article.

2. Pour un état des lieux des perspectives phénoménologiques, *cf.* R. Bernet,
Conscience et existence. Perspectives phénoménologiques, Paris, PUF, 2004 ; M. Richir,
Phénoménologie en esquisses. Nouvelles fondations, Grenoble, Millon, 2000 ;
A. Schnell, *Husserl et les fondements d'une phénoménologie constructive*, Grenoble,
Millon, 2007. Pour un aperçu sur quelques débats liés à l'image en sciences cognitives,
cf. J. Bouveresse et J.-J. Rosat, *Philosophies de la perception*, Paris, Odile Jacob, 2003.

3. La notion de médium varie. En histoire de l'art, on l'associe aux différents arts,
aux matériaux que l'artiste utilise pour s'exprimer. En études des médias, M. McLuhan

qu'il délimite ce qui peut être représenté ainsi que le point de vue adopté, ce caractère médial est lié au processus d'identification de l'image qui *transfigure*[1] les propriétés matérielles du support pour les rendre signifiantes. Bien qu'il soit une notion « inexacte »[2], le médium est important pour le jugement esthétique dans la mesure où telle image ou tel film sont jugés bons *en tant qu'*image ou film. Le médium comme condition de possibilité de l'image (au même titre que la lumière et l'ombre) doit être distingué aujourd'hui des médias et parfois également du support (technique ou corporel) en ce qu'il confère à l'image une *épaisseur* aussi bien sémantique qu'iconique. Autrement dit, il participe à l'identification des images comme visuellement signifiantes.

Prenons l'exemple d'une œuvre abstraite pour mieux concevoir la complexité de la différenciation entre support, médium et image : la pureté intrinsèque de l'œuvre qui ne veut renvoyer à rien qui lui soit extérieur, pureté non pas figurative mais *figurale*[3], nous renvoie une image qui montre et signifie bien plus que les matériaux qui la constituent. Elle est chargée de rapports de forces, de tensions et combinaisons entre différentes couleurs qui *font image* parce qu'elles sont dotées d'une épaisseur par l'expérience du sujet qui les regarde. La question de l'identification se complique à l'époque contemporaine, où la surface plane (celle des tableaux et des photographies) trouve sa forme généralisée dans l'interface des écrans, dans un entre-deux, dans une zone de passage. Comment identifier par exemple les images d'art à une époque où celles-ci ont perdu le lien privilégié qu'elles

en parle en termes d'extensions de nos organes corporels, de « prothèses » utilisées par le corps pour conquérir le temps et l'espace. Le linguiste W.T.J. Mitchell l'associe à la matérialité du mot « picture » en angl. Pour H. Belting, les médiums sont les supports ou les hôtes dont les images ont besoin pour accéder à leur visibilité (*cf.* 2.2).

1. J.-M. Schaeffer, préface à A. Danto, *La transfiguration du banal*, Paris, Seuil, 1981, p. 14.

2. *Cf.* D. Lopes, « Art Media and the Sense Modalities : Tactile Pictures », *The Philosophical Quarterly*, vol. 47, n°89, oct. 1997, p. 425-440.

3. F. Lyotard introduit la notion au sujet des tableaux de Cézanne dans *Discours, Figure*, Paris, Klincksieck, 1971. Les « figures » sont des objets qui ne sont ni transformables ni communicables linguistiquement. Il s'agit de penser l'image au-delà de la représentation en tant que forme énergétique. *Cf.* aussi O. Schefer, « Qu'est-ce que le figural? », *Critique*, n°360, nov. 1999.

entretenaient avec le support pictural (ex. tableau)? Si l'identification doit arriver à allier l'image que nous nous faisons du monde et l'image que le monde nous renvoie – et c'est là un des motifs pérennes de la pensée philosophique –, quelle matérialité pour l'image à l'époque contemporaine, dans notre société dont Vattimo[1] critiquait la transparence?

DÉBATS ET PROBLÈMES

Identifions à présent de plus près les points qui articulent les débats. Dans la mesure où le sujet est vaste, il convient d'opérer un choix qui laissera inévitablement de côté de nombreuses interrogations importantes. Seront abordés ici quelques débats analytiques et continentaux des deux dernières décennies qui ont trait au réalisme des images visuelles, à la manière dont les images se montrent dans leur relation au réel. Il semble opportun d'entrer en la matière notamment par la voie logico-pragmatique proposée par l'esthétique analytique (largement tributaire de l'empirisme logique du Cercle de Vienne, du Wittgenstein des *Investigations philosophiques* et des développements du pragmatisme américain inauguré par Pierce[2]) et par une des toutes récentes élaborations, la *Bildwissenschaft*[3] qui a l'ambition de proposer une perspective plus vaste, une philosophie et une anthropologie historique de la culture à partir de l'image. À situer dans le droit

1. G. Vattimo, *La société transparente* (1989), trad. fr. J.-P. Pisetta, Paris, Desclée de Brouwer, 1990.

2. Pour une mise au point sur l'esthétique analytique, *cf.* P. Engel, *La dispute, une introduction à la philosophie analytique*, Paris, Minuit, 1997. Récemment, l'esthétique analytique s'est éloignée du nominalisme logique des *Langages de l'art* de N. Goodman, pour se tourner davantage vers la philosophie de l'esprit et les sciences cognitives. Ce faisant, elle réintègre des questions aussi bien ontologiques, définitionnelles, que liées à la réalité des propriétés esthétiques, voire à la nature de l'expérience, de la perception et des émotions.

3. En français « science » ou « théorie » des images, même si aucun des deux ne rend bien le terme allemand. Le plus approprié serait peut-être de concevoir la *Bildwissenschaft* comme programme scientifique sur l'image.

fil de la science de l'art[1], telle que A. Riegl, A. Warburg, H. Wölfflin, E. Panofsky l'instituaient au début du xxᵉ siècle, la *Bildwissenschaft* reprend plus ou moins le même socle disciplinaire pour fonder une réflexion expérimentale sur les évolutions médiales de l'univers iconique[2].

L'image s'impose aujourd'hui dans les deux démarches comme opérateur perceptif et cognitif, comme forme de pensée visuelle qui apporte une connaissance sur le monde. Selon Dominic Lopes, un des nouveaux tenants de l'esthétique analytique, on se trouve à une époque où la comparaison même entre image et langage, bien qu'elle accorde une autonomie à cette dernière, mérite d'être abandonnée pour se concentrer sur une compréhension des valeurs épistémiques propres à l'image comme mode de visualisation de la pensée. La formulation des spécificités de l'iconique et sa libération du modèle linguistique sont en effet au centre des débats.

Perspectives analytiques. Dépiction et réalisme

Dans l'identification de l'image en tant que dispositif minimal, certaines recherches analytiques sont centrées sur les formes spécifiquement iconiques que développent les images et qui les distinguent des autres formes de dénotations (textuelles, sonores). Par ailleurs, dans les deux dernières décennies, l'idée même que les images sont dénotatives a été fortement contestée, notamment par Kendall Walton qui prête une attention particulière aux images fictionnelles et au fond ludique de la représentation. Ainsi, la dépiction se présente comme

1. La science de l'art alliait esthétique, anthropologie, critique, psychologie et histoire de l'art pour proposer une réflexion à la fois théorique et historique des infléchissements stylistiques et du développement des différentes formes d'art.
2. Pour ne donner que quelques orientations bibliographiques : O. Grau, *Virtual Art : From Illusion to Immersion*, Cambridge, Mass., MIT Press, 2003 ; K. Sachs-Hombach, *Das Bild als kommunikatives Médium. Elemente einer allgemeinen Bildwissenschaft.* Cologne, Halem, 2003 ; K. Sachs-Hombach (éd.), *Bildwissenschaft. Disziplinen, Themen, Methoden*, Frankfurt, Suhrkamp, 2005 ; K. Sachs-Hombach, *Bildwissenschaft zwischen Reflexion und Anwendung*, Cologne, Halem, 2005 ; V. Flusser, *Ins Universum der technischen Bilder*, Göttingen, European Photography, 1985.

support de jeux de «faire-croire» (*make-believe*) qui nous fait imaginer qu'on voit ce que l'image dépeint[1].

La dépiction comme mode particulier de visualisation par images questionne le réquisit minimal de la représentation. Elle est ancrée soit dans la perception (Ch. Peacocke, R. Wollheim), soit dans un système symbolique: elle est alors le résultat d'une convention culturelle (J. Kulvicki, D. Lopes) et acquiert une portée normative (N. Goodman). Entre approches naturalistes (de plus en plus fortes ces dernières années) et conventionnalistes, la dépiction est donc tributaire aussi bien de l'expérience perceptive[2] que des relations qui s'instituent entre différentes images et systèmes symboliques.

Le paradoxe de la «double réalité»[3] des images, le fait qu'on peut les voir comme objets bidimensionnels qui requièrent aussi une expérience perceptive tridimensionnelle – en profondeur –, ne cesse d'animer les réflexions. De la perception de surface postulée par Peacocke à la théorie de la *twofoldness* de Wollheim, c'est l'expérience perceptive de la ressemblance qui permet de considérer une image comme réaliste. Entre exigences épistémiques (spectateur adéquat dans un contexte adéquat) et caractéristiques intrinsèques (l'assignation de propriétés relativement déterminées; une nature perspective puisque toute chose est dépeinte d'un point de vue; la visibilité, dans la mesure où n'est dépeint que ce qui peut être vu, y compris l'invisible[4]), la dépiction conçue dans l'optique de la perception évite les dérives herméneutiques et joue en faveur d'une saisie phénoménologique de l'iconique. Si elle a l'avantage de s'en tenir à la dimension

1. Cf. *Mimesis as make-believe. On the Foundations of Representational Arts*, Cambridge (Mass.), Harvard UP, 1990.

2. La relation entre expérience perceptive et dépiction, comme le note J. Morizot, peut se manifester de deux manières: soit on postule une expérience singulière qui correspond à des objets conçus dans l'intention d'influencer notre perception, soit il y a une pluralité de dépictions qu'aucune expérience de base ne saurait expliquer. Cf. *Esthétique contemporaine*, *op. cit.*, p. 193.

3. R.L. Gregory, *The Intelligent Eye*, New York, McGaw-Hill, 1970, p. 32.

4. Ces points sont soulignés par R. Hopkins dans «Explaining Depiction», *The Philosophical Review*, vol. 104, n°3, July 1995, p. 425-455. Hopkins évoque les limites de la fausse dépiction: on peut dépeindre la Tour Eiffel en bleu, mais la dépiction échoue si on ne lui assigne que des propriétés de la Tour de Londres.

concrète de l'image et de révéler certains pièges de l'illusionnisme, cette approche persiste à penser l'image en fonction d'un modèle lui étant extérieur (son objet, reconnu comme intramondain).

Rappelons qu'il revient à Goodman d'avoir conceptualisé la dépiction soumise à des règles de symbolisation. Selon les *Langages de l'art*, elle fonctionne comme modalité de la représentation iconique dans le cadre d'une variété de systèmes symboliques et se présente comme « manière de classer »[1]. Elle démarque les systèmes iconiques des systèmes linguistiques. Bien que Goodman reste peu sensible à la nature visuelle de la dépiction, qu'il la considère à l'aune de la représentation discursive (n'oublions pas que son ouvrage date de 1968) et que, poussé à l'extrême, son conventionnalisme finit par ne plus distinguer images et cartes, comme le note Gombrich[2], *Langages de l'art* a plusieurs mérites. Notamment, celui de commencer à désolidariser réalisme et ressemblance (la « copie » de la réalité n'explique en rien les relations entre les images réalistes et les objets qu'elles dépeignent, car une image réaliste ressemble plus à une autre image réaliste qu'à ce qu'elle dépeint[3]); représentation et illusion (ce qui fut à l'origine des débats entre Gombrich et Goodman); et réalisme et information (une image irréaliste peut contenir un degré d'information très élevé). Les critères du réalisme sont alors relatifs à l'« inculcation » : il y a réalisme si les conventions iconiques que l'image déploie sont familières[4]. Mais cela n'explique ni le réalisme révélateur (les fresques de Giotto ont été reconnues par ses contemporains comme une avancée révolutionnaire dans le domaine du réalisme) ni pourquoi des systèmes qui nous sont familiers (ex. la peinture cubiste) ne sont pas pour autant devenues réalistes, ou pas encore[5]. En revanche,

---

1. Trad. fr. J. Morizot (Nîmes, Chambon, 1990), Paris, Hachette, 1990, p. 64.

2. Selon Gombrich, *The Image and the Eye*, Oxford, Phaidon, 1982, p. 80, la ressemblance montre que la reconnaissance picturale est un phénomène biologique, tandis que pour Goodman elle est sémiologique.

3. Il n'ose pas faire le pas suivant qui est de ne pas considérer la ressemblance comme produit de la représentation.

4. Cf. *Langages de l'art*, *op. cit.*, p. 59-64.

5. Critiques formulées par D. Pole, « Goodman and the "Naïve" View of Representation », dans *Aesthetics, Form and Emotion*, New York, St Martin's Press, 1983, p. 135-147, et reprises par C. Sartwell et D. Lopes.

l'implantation permet de concevoir l'attribution de réalisme aux images fictionnelles.

Pour résumer (sans parvenir à éviter la simplification), si les approches perceptuelles n'arrivent pas vraiment à dépasser le paradigme de la ressemblance et entravent ainsi la possibilité d'accorder une autonomie au visuel, l'erreur sémiologique est de penser le système iconique comme système arbitraire de signes qui décrivent la réalité.

Ces critiques, formulées dans les années 1980, permettent notamment à Flint Schier de partir d'une question en apparence toute simple : qu'est-ce que reconnaître une image ? Si le « tournant iconique » [1] attire l'attention vers l'usage quotidien des images dépositaires d'une information et d'un savoir, l'originalité de la démarche de Schier vient du simple constat que nous vivons entourés d'images et nous arrivons à les reconnaître. Cela permet de penser un lien causal entre nos capacités récognitionnelles et notre « comportement iconique » (la façon dont notre reconnaissance se trouve engagée dans l'interprétation des images). Au lieu de chercher les processus cognitifs en jeu dans l'expérience, Schier propose de partir « du rôle causal et fonctionnel de l'interprétation et de l'expérience iconiques » [2]. Pour comprendre les images, nous avons recours aux aptitudes optiques ordinaires. Mais le caractère irréductible de l'image ne se laisse expliquer ni par ce constat, ni par le style ou par le medium. Il est à chercher dans la *génération* des symboles iconiques. Selon le principe de la *générativité naturelle*, si nous avons réussi à interpréter une image (« Ur-icon », « arch-icon »), nous pouvons les interpréter toutes à condition d'avoir une compétence générale de leur contenu. Cela circonscrit déjà la nature de la dépiction, car *seules* les images peuvent être identifiées de cette manière là (le fait de parler une ou plusieurs langues ne nous permet pas de reconnaître le sens des propositions

---

1. Formulé par G. Boehm dans « Wiederkehr der Bilder », dans *Was ist ein Bild ?*, *op. cit.* Boehm reprend pour l'élaborer conceptuellement, la notion de « pictorial turn » proposée en 1992 par W.T.J. Mitchell dans une étude sur l'iconologie panofskienne, « The Pictorial Turn », *Artforum*, 1992, March, p. 89-94.

2. *Cf.* F. Schier, *Deeper into Pictures : an Essay on Pictorial Representation*, London-New York-Melbourne, Cambridge UP, 1986, p. 32.

dans une langue que l'on ne connaît pas). Les images, de plus, n'ont pas besoin de grammaire, car le sens de la totalité est naturellement généré par le sens des composantes iconiques[1]. Celles-ci ne connaissent pas de contraintes spatiales. À la différence du langage où le principe de la « compositionnalité » assigne une place à chaque mot dans une proposition, faute de quoi le sens est entravé, le pouvoir sémantique des composantes iconiques ne dépend que de leurs relations internes.

La générativité naturelle permet de concevoir le domaine iconique en expansion. Nos usages et les capacités qu'ils mettent en jeu suscitent son évolution. Le fait qu'on parvient à apprendre à interpréter des radiographies, des coupes géologiques ou des plans de cathédrales suffit à en faire d'authentiques images[2]. En vertu de la générativité, le réalisme se laisse penser à partir de « l'information dérivée de l'image » plutôt qu'à partir de « l'information dans l'image »[3]. Sa saisie reste cependant plus ou moins sujette au paradigme de la ressemblance, car finalement c'est elle qui nous permet de reconnaître une image. Au bout de ce parcours, le caractère iconique peut être expliqué par le fait qu'il engage une interprétation d'un certain type. La notion d'image elle-même est ainsi caractérisée par la compétence qui nous permet de comprendre les images[4].

Situées dans la même lignée, les recherches de Dominic Lopes[5], dix ans après celles de Schier, arrivent à dissocier radicalement l'attribution du réalisme aux images et la ressemblance. Pour Lopes, sans être produits d'une convention, les images fabriquent un aspect du monde et présentent des « schémas de saillance visuelle »[6]. Elles opèrent une sélection de propriétés qu'elles mettent en évidence en élargissant ainsi notre perception du monde. Variées et sujettes à des expériences multiples, elles charrient une complexité qui contribue à la redéfinition de l'*informativité*, notion clé pour le réalisme iconique

1. *Ibid.*, p. 151.
2. Ce point est évoqué dans le commentaire de J. Morizot, *Qu'est-ce qu'une image ?*, *op. cit.*, p. 121.
3. *Deeper...*, *op. cit.*, p. 149-150.
4. *Ibid.*, p. 49.
5. *Understanding Pictures*, Oxford, Oxford UP, 1996.
6. *Ibid.*, p. 119.

et ses attributions. Il ne s'agit pas de la quantité d'information que chaque image délivre (de Gombrich à Goodman, l'information questionne le réalisme en tant que critère quantitatif), mais de « l'informativité appropriée au sein d'un contexte d'usage »[1]. Si penser les images relativement à un système formé par les relations qu'elles entretiennent les unes avec les autres rejoint la perspective goodmanienne, Lopes récuse l'idée qu'une normativité suffise pour expliquer le réalisme[2]. Pour éviter le risque d'un relativisme ethnocentrique, il tente de rendre compte de la diversité des jugements en matière de réalisme sans s'accrocher à une théorie particulière de la représentation iconique (ce que Schier fait dans *Deeper into Pictures* en dissociant dépiction et réalisme). Sont visées du même coup les tentatives de penser le réalisme à partir de l'information et de l'exactitude, probablement justifiées, mais insuffisantes et non nécessaires (l'art du portrait qui flatte, les images fictionnelles, les dessins humoristiques peuvent bien être réalistes sans obéir à une contrainte d'exactitude ; en ce qui concerne l'information : une composition cubiste complexe peut fournir beaucoup d'information sans que cela la rende réaliste). L'indétermination relative du contenu iconique présente plutôt des degrés *d'engagement*[3], étroitement liés aux aspects des objets qu'elles montrent. Ces aspects peuvent être apparentés à des points de vue, ce qui évite les écueils de la ressemblance. Ainsi, « une image est réaliste dans la mesure où elle appartient à un système qui est informatif de manière appropriée »[4].

L'informativité peut en effet justifier ce qui au premier abord semble absurde : parler de réalisme à l'époque où l'exactitude grandissante des outils technologiques dépasse la fidélité de la reproduction pour se tourner vers une abstraction au-delà de la ressemblance (*cf.* l'émergence de l'hyperréalisme aux États-Unis à la fin des années 1960). Une théorie rigoureuse du réalisme doit pouvoir assumer

1. *Cf.* D. Lopes, « Le réalisme iconique », dans *Esthétique contemporaine, op. cit.*, p. 311.

2. *Ibid.*, p. 306.

3. « Une image qui représente son sujet comme étant soit F soit non-F est "engagée" vis-à-vis de F » – Lopes emprunte l'idée d'engagement à N. Block, « The Photographic Fallacy in the Debate about Mental Imagery », *Noûs*, 17, 1983, p. 651-656.

4. D. Lopes, « Le réalisme iconique », *op. cit.*, p. 312.

la double diversité (des images et des usages que nous en faisons) et fournir des outils adéquats pour la comprendre.

Seule la partie émergée de l'iceberg que sont les débats sur la dépiction et le réalisme a été décrite ici. Ils montrent, néanmoins, un mouvement où l'image se donne à voir comme processus d'attribution de sens iconique plus que comme simple objet matériel ou pure représentation mentale. Les images sont un terrain de visualisation productrice. Elles produisent des aspects du monde qui ne peuvent pas être engendrés autrement (Lopes). Si l'attribution des valeurs et du sens aux images est à considérer à l'aune de la variété des usages quotidiens que nous en faisons, le conventionnalisme qui en résulte est tempéré, aujourd'hui plus qu'autrefois, par l'abondance des innovations en matière de production et de génération des images. De cette façon, l'esthétique informationnelle tente de redonner à l'image une autonomie vis-à-vis du langage et de l'emprise du paradigme de la ressemblance, ce qui ne veut pas dire qu'elle arrête de les questionner. Elle en modifie les enjeux.

Bildwissenschaft. *Visibilité et réalité de l'image*

Si pour l'esthétique analytique les problèmes de l'image ne font que nourrir une partie des débats philosophiques, la *Bildwissenschaft* se veut être, dès sa constitution, une *science de l'image* ou plus exactement des images, dans la mesure où la diversité iconique est là aussi centrale. Déplacer la question du problème de l'Art (*Kunstwissenschaft*) vers celui de l'Image (*Bild*) indique en soi une ambition disciplinaire. L'histoire de l'art se mue en histoire, théorie et anthropologie de l'image. Cette focalisation sur la visualité implique aussi bien une critique conceptuelle des disciplines qui s'occupent traditionnellement d'art que l'ouverture vers les études médiales et les multiples usages des images où Net Art, vidéo art, bio art, art interactif et sa forme la plus avancée l'art virtuel [1] questionnent le statut ontologique de l'image et nécessitent des outils d'analyse appropriés.

---

1. Le Net Art, qui utilise les ressources offertes par Internet, est lié à la démarche spécifique d'un groupe d'artistes européens tels Heath Bunting, Vuk Cosic, Olia Ljalina, Alexei Shulgin autour de l'année 1997. Le bio art, apparu au milieu des années 1980, fait appel à des techniques où l'on soumet la programmation d'une image à des contraintes

Émerge ainsi la nécessité d'arriver à penser la «nouvelle iconi-cité»[1], de fonder un savoir historique des images qui puisse rendre compte de leur «intérêt anthropologique», fût-ce aux dépens de leur «intérêt esthétique»[2]. Chercher à circonscrire l'image à la fois «du point de vue du regard humain et de l'artéfact technique»[3] est une ambition fondée sur la mobilité des images dans le temps qui va à l'encontre de la hiérarchie entre images du passé et images contem-poraines. En effet, le regard porté par les historiens, anthropologues et philosophes de la *Bildwissenschaft* sur les images du passé, plutôt que de se fixer sur la quête d'une continuité impossible et inopérante[4], cherche à circonscrire, en suivant l'exemple de l'anthropologie warburgienne et de sa méthode iconologique, l'*expérience visuelle*[5] dans laquelle l'histoire se donne à voir par un montage d'images et de motifs iconiques. Fondée sur les associations visuelles, cette expé-rience temporise l'espace de l'image et donne une évidence spatiale à la temporalité historique. Ludique et cognitive à la fois, elle offre une clé pour penser les évolutions récentes des images. Le risque de disso-lution de l'image que les nouveaux médias et images tridimension-

afin de produire automatiquement (dans certains cas le spectateur peut aussi intervenir) sa mutation. Les bio artistes (Eduardo Kac, Marta de Menezes) prennent pour medium les ressources plastiques offertes par les biotechnologies. Rappelons également que si les premières expériences en vidéo art – art qui utilise les moyens électroniques, mais cherche à se distinguer de la télévision et du cinéma – émergent à partir des années 1950 avec Ernie Kovacs aux USA et Wolf Vostell en Allemagne, le video art ne s'affirme qu'à la fin des années 1960 avec la commercialisation du matériel vidéo portable et le travail de Nam June Paik. L'art virtuel lui est né des explorations artistiques des nouvelles technologies (informatique, numérique, holographie). Il est fondé sur l'Interactivité, la multisensorialité et la simulation, et accorde une importance accrue aux dimensions spatio-temporelles notamment dans le cas du cyberespace.

1. H. Belting, *Pour une anthropologie... op. cit.*, p. 23.

2. *L'histoire de l'art est-elle finie?*, (1983), trad. J.-F. Poirier et Y. Michaud, Nîmes, J. Chambon, 2003, p. 5.

3. Cf. *Pour une anthropologie...*, *op. cit.*, p. 30.

4. Rappelons la mise en garde qu'Adorno faisait au début de sa *Théorie esthétique* que rien n'est plus dangereux pour la théorie de l'art moderne que sa réduction à ce qu'il a en commun avec des périodes anciennes.

5. *Cf.* l'étude de H. Bredekamp sur les cabinets de curiosités aux XVIe et XVIIe siècles, *Machines et cabinets de curiosités*, trad. fr. N. Casanova, Paris-New York, Diderot, 1996.

nelles apparues dans les années 1980 entraînent a aiguisé un problème théorique qui concerne l'inscription temporelle et la spatialisation du regard. Les médias interactifs ont modifié notre idée de l'image en un espace multisensoriel de l'expérience qui a pour cadre le temps, un temps et un espace modifiables à souhait.

Consciente de ses limites à rattraper le rythme effréné des évolutions iconiques, la *Bildwissenschaft* pose des questions, plus qu'elle ne donne des réponses. Pour le dire avec Gottfried Boehm, il faudrait désormais «explorer plus en profondeur, *ce que sont* les images, *en quoi* elles consistent, *comment* elles fonctionnent et *ce qu'elles* communiquent»[1]. La reconnaissance d'une autonomie au visuel offre des possibilités théoriques qui sont loin d'être explorées, même si elle avait été mise en avant dès la fin du XIXe siècle par des penseurs comme Aby Warburg, Konrad Fiedler ou Heinrich Wölfflin. Dans les années 1990, avec des ouvrages comme *Visual theory* de N. Bryson et *Modernity and the hegemony of vision* de D. M. Levin se profile une nouvelle prise en compte de la *visualité*[2] conçue à la fois comme expérience visuelle et comme production du visible. La nécessité d'arriver à dissocier l'image de sa subordination au lisible se situe dans le droit fil des critiques poststructuralistes, érigées contre une tradition logocentrique de la pensée occidentale[3]. La *lecture* des images telle que l'envisageait Louis Marin (au tableau qui rend visible répond toujours un regard qui lit l'histoire que le tableau raconte) est reprise et en quelque sorte radicalisée. Le tournant qui forme – et qui est formé par – «la nouvelle critique de l'image» veut dépasser ce modèle plus ou moins narratif. Plutôt que de chercher, dans la lignée de Benveniste l'énonciation, la reconstruction de ce que le tableau ou

1. G. Boehm, «Was ist ein Bild», art. cit., p. 327.

2. N. Bryson, M.A. Holly et K. Moxey (ed.), *Visual Theory*, New York, Harper Collins, 1991; D.M. Levin (ed.), *Modernity and the Hegemony of Vision*, Berkeley-Los Angeles-London, California UP, 1993. Ces réflexions s'étendent rapidement vers un questionnement sur ce qu'il en est d'une «culture visuelle»: *cf.* M. Sturken, L. Cartwright, *Practices of Looking: An Introduction to Visual Culture*, Oxford, Oxford University Press, 2000; K. Fuery et P. Fuery, *Visual Culture and Critical Theory*, London, Arnold Publisher, 2003.

3. Une orientation sémiotique subsiste au sein de la *Bildwissenschaft* surtout autour des travaux de W.T.J. Mitchell.

l'image montrent sans le dire, il s'agit de comprendre le fonctionnement de l'acte de « montrer » et de l'expérience que nous en faisons, la
construction même du visible[1]. Le mode discursif n'est pas le seul
mode de manifestation de la pensée. Dans les images, celle-ci se donne
à voir dans une tension spatio-temporelle qui se joue entre le regard et
l'agencement des formes et des couleurs. Les images disposent de
leurs propres ressources pour signifier. Dynamique, mobile, l'image
est conçue comme forme énergétique, comme processus qui interpelle
notre compréhension visuelle. L'urgence est de fonder un savoir sur le
fonctionnement de la pensée visuelle qui n'en est qu'à ses débuts[2].

Si les arts se laissent penser, au moins à partir des écrits de Fiedler,
en termes d'une activité qui conduit à la compréhension du monde,
cela permet de sortir du paradigme de l'imitation (que ce soit de la
nature ou d'une idée) pour concevoir la réalité en termes de production, de conquête par l'homme[3]. L'idée fiedlerienne est reprise dans la
Bildwissenschaft notamment par G. Boehm. La réalité des images,
leur évidence propre, est conçue comme production de *visibilité*
(*Sichtbarkeitsgebilde*). Le réalisme radical et théorique de Fiedler, qui
« rompt avec l'effet de vérité et d'émotion propre à l'art d'avant la
modernité »[4], est fondé sur un mouvement expressif qui porte à la
clarté les sensations obscures que nous donne la perception ordinaire.
La production de réalité passe, pour l'artiste, par une activité de
l'esprit sur le sensible. L'œil et la main prolongent l'activité de l'esprit
pour porter à la clarté, à la réalité, des perceptions au départ confuses,
pour leur donner une corporéité. Si la visibilité est pour Marin liée au
pouvoir et aux limites de la représentation, dans la perspective poïé-
tique adoptée par Fiedler elle est pure présentation constructive. Est

1. G. Boehm, « Bild und Wort », dans G. Hauff, H.R. Schweizer, A. Wildermuth
(ed.), *In Erscheinung Treten, Heinrich Barths Philosophie des Ästhetischen*, Bâle,
Schwabe, 1990, p. 261-273.

2. M. Kemp, *Visualizations. The Nature Book of Art and Science*, Oxford, Oxford
UP, 2000, vol. 1.

3. K. Fiedler, *Aphorismes*, Paris, Images modernes, 2004, D. Cohn (éd.), § 150.

4. K. Fiedler, *Sur l'origine de l'activité artistique*, Paris, Rue d'Ulm, 2003,
présentation et notes D. Cohn, p. 13. La présentation montre bien comment la doctrine
fiedlerienne de la pure visibilité, dans sa genèse transcendantale, est une réaction à
l'échec des réalismes artistiques du XIXe siècle à atteindre la vérité en art.

ainsi tracé un chemin qui autorise, du moins théoriquement, l'auto-nomie du visuel et sa compréhension comme processus qui mène à une consistance (aussi bien conceptuelle que matérielle).

L'idée d'un réalisme des images comme corporéification du visible prend, dans le cadre de la *Bildwissenschaft*, deux orientations sinon opposées, du moins divergentes. D'une part, Hans Belting aborde dans son dernier ouvrage *Pour une anthropologie des images*[1] la question de l'identification de l'image dans la triade «image corps médium». Variation extensive du rapport sujet-objet qui casse la polarité binaire et montre l'ambition théorique de dissocier image et médium, de penser celle-là comme distincte du dispositif technique qui la rend manifeste, la triade accorde à l'image une position médiane entre intelligible et sensible. Le médium permet à l'image privée de corps de «s'incarner», de se «réaliser»[2], de se montrer en et pour elle-même, une fois qu'elle a été activée grâce aux «cadres symboliques» qui autorisent son identification en tant qu'image[3]. Elle se donne à la fois comme chose et comme symbole. Si son caractère chosal se laisse difficilement capter, car la triade la place dans une position faible, sa force symbolique vient en partie du fait qu'à la différence du signe, l'image, en tant que représentation, peut se représenter elle-même. L'époque contemporaine signe un passage fort : l'expérience iconique ne sollicite plus le seul regard, elle s'empare de nos corps mêmes. En effet, les images de synthèse et l'«utopie du cyberespace»[4] ont modifié aussi bien l'idée de l'image que l'idée du spectateur et ont ainsi ouvert le terrain à un nouveau savoir qui nous permet d'échapper à l'ethnocentrisme iconique. Le fondement biologique des images (au lieu de leur faire face, l'homme les incorpore), qu'Aby Warburg mettait déjà en avant bien que d'une façon plus tempérée, permet à l'homme, selon l'hypothèse anthropologique forte de Belting, aussi bien de développer que de comprendre les images artificiellement générées. Même si elle tient compte des évolutions médiales des

1. (2001) Paris, Gallimard, 2004.

2. *Ibid.*, p. 42.

3. *Ibid.*, p. 45.

4. M. Wertheim, *The Pearly Gates of Cyberspace. A History of Space from Dante to the Internet*, New York, W.W. Norton & Company, 1999.

images, cette hypothèse cache le risque de réductionnisme anthropo-morphique, parce qu'elle opère une décomposition de la génération des images qui contourne la difficulté de penser leur matérialité et menace de les déposséder de toute réalité.

Les réflexions de Gottfried Boehm sur la corporéité de l'image proposent, quant à elles, une phénoménologie de la visibilité. L'image se voit dans le processus qui la rend visible : ce parti pris de Boehm outre le fait qu'il consonne avec les aphorismes de Fiedler[1], rejoint aussi les théories de l'informativité. Au lieu de se montrer comme apparence ou reproduction, l'image arrive à donner un surplus d'infor-mation, à développer ou approfondir notre perception naturelle qui est souvent plus qu'insuffisante. Elle se montre ainsi comme processus de connaissance visuelle. En termes éthiques, la tâche de l'homme est de développer ses images visuelles, d'acquérir un accès à la production qui va au-delà de la représentation mentale ou de la pure constatation visuelle d'un fait. Il faut apprendre à avoir un regard explorateur, qui sache percer dans les images comme « configurations visibles et véri-fiables comme telles »[2]. Le pouvoir de l'image consiste dans le fait qu'elle nous permet de posséder le monde d'une manière active dans ses manifestations iconiques, à condition d'apprendre à voir. Seul cet apprentissage permet à la visibilité de devenir réalité. À suivre Boehm, c'est la *vérité* de l'image qui cautionne ce processus, vérité située dans le pouvoir de l'image de nous apprendre plus que nous n'en savons. Boehm interroge les processus que les images mettent en place non seulement pour nous montrer ce que nous savons déjà par une « iconi-cité vide », (*leere Bildlichkeit*), mais pour opérer une action formatrice sur notre vision, pour nous donner accès à un savoir qu'elles seules détiennent. Les véritables images (*wirkliche Bilder*) tirent leur pouvoir (*Macht*) des processus intérieurs qui les animent, Elles ont une épaisseur aussi bien conceptuelle (elles nous apprennent à regarder le monde) que corporelle (elles ont leur consistance propre).

Plutôt que d'adopter la perspective anthropomorphique de Belting (et encore moins celle d'une « incarnation » aux allures spiritualistes), Boehm met en avant une matérialité qui se laisse connaître dans les

---

1. *Aphorismes, op. cit.*, § 156.
2. K. Fiedler, *Sur l'origine…, op. cit.*, p. 63.

« contrastes iconiques », autrement dit dans les opérations qui rendent l'image connaissable (incorporer, présenter sont ainsi opposés à symboliser ou représenter). Si l'image est pensée comme un corps, c'est un corps doté d'une intériorité dont la profondeur conceptuelle peut nous apprendre ce qu'il en est de notre réalité visuelle. Il faudrait donc arriver à considérer la dynamique de l'image, les processus intérieurs qui l'animent, donc sa temporalité intrinsèque et sa corporéité. « Seul ce contraste intérieur spécifique aux images démontre comment le sens peut se dévoiler par le seul biais de la matière »[1]. Arriver à penser l'image comme prise de sens par la matière revient à la concevoir d'abord dans ses opérations premières. Son sens se donne avant tout dans la construction de visibilité qu'elle propose. Au lieu d'entrer en contradiction avec la variété phénoménale infinie des images aujourd'hui, cette posture théorique se place en amont, au cœur des opérations mêmes qui fondent la visibilité. À partir de là, il faudrait pouvoir analyser chaque image dans sa singularité.

Les débats théoriques déclenchés par la remise en question de l'image se retrouvent amplifiés par une exacerbation de ses effets : d'une part, par une fuite en avant dans ce qui peut et doit être montré, autrement dit la nécessité de l'image et, d'autre part, par un effet de prolifération (qu'elle soit médiatique, publicitaire ou ludique), à savoir la contingence de l'image. Entre nécessité et contingence, l'image est un lieu de tensions qui interpellent l'esthétique et ses processus (jugement, expérience, perception).

Si l'abandon des attributions évaluatives (beau, agréable, plaisant, etc.) semble s'imposer face à l'amas d'objets et de pratiques hétéroclites qui constituent la production artistique contemporaine au moins à partir du milieu du xxe siècle, plusieurs difficultés surgissent quant à la description et au jugement porté sur les images, jugement censé cautionner leurs qualités aussi bien esthétiques qu'éthiques. Si tant est

---

1. G. Boehm, « Was ist ein Bild ? », art. cit., p. 332. La *véritable image* peut être identifiée par trois paramètres : 1) ni reproduction d'une réalité ni peinture d'idée ; 2) sa valeur est dans le gain d'être (*Seinszuwachs*, Gadamer) qu'elle nous apporte ; 3) elle a une dynamique intérieure régie par des contrastes visuels.

qu'on puisse trancher entre les deux – et rien n'est moins sûr –, les qualités éthiques, tout comme esthétiques, concernent aussi bien la valeur que le sens des images. Un exemple prégnant est la surexposition de la violence quotidienne dans les documentaires et photoreportages. Le choc entre l'authenticité du témoignage (attention) et sa mise en image disons esthétisée (intention) ou encore l'effet de banalisation de la violence dans des images d'horreur aident à soulever le problème de ce que montrent les images, de savoir comment elles le montrent tout en se montrant elles-mêmes et aussi de savoir quelle est la bonne ou juste distance que nous devons avoir face à elles [1].

Entre la rigueur de la démonstration scientifique et le divertissement apaisant du jeu, l'image quitte le seul domaine artistico-religieux qui lui était réservé pendant de longs siècles, pour se muer en mode prépondérant de la pensée référentielle et c'est précisément en tant que mode de pensée iconique qui recouvre une variété inouïe que l'esthétique doit désormais se tourner vers elle. La nature épistémologique de l'image, le fait qu'elle se manifeste à travers des relations complexes entre savoir et réalité, sous-tend les débats sur le réalisme et l'autonomie du visuel. Si l'image ne se limite plus au seul domaine de l'art, cela ne veut pas dire pour autant que nous revivons une « artialisation postromantique » de toutes les sphères de la vie. Au contraire, il s'agit plutôt d'un retour en force du social, entendu dans le sens le plus général, qui « absorbe » ou interpelle pratiques et expériences artistiques. Il en va donc de la dynamique de tout le paradigme culturel qui est le nôtre.

Tania VLADOVA

---

1. *Cf.* J. Galard, *La beauté à outrance*, Arles, Actes Sud, 2004; S. Sontag, *Devant la douleur des autres*, trad. fr. F. Durand-Bogaert, Paris, Christian Bourgois, 2003.

INDEX THÉMATIQUE

PRÉSENTATION DES AUTEURS

Daniel GIOVANNANGELI: Professeur ordinaire (Histoire de la philosophie et Métaphysique) à l'Université de Liège, où il préside l'Unité de recherche «Phénoménologies». Il est l'auteur de *Écriture et répétition. Approche de Derrida*, Paris, UGE, 1979; *La Fiction de l'être. Lectures de la philosophie moderne*, Bruxelles, De Boeck, 1990; *La Passion de l'origine. Recherches sur l'esthétique transcendantale et la phénoménologie*, Paris, Galilée, 1995; *Le Retard de la conscience. Husserl, Sartre, Derrida*, Bruxelles, Ousia, 2001; *Finitude et représentation. Six leçons sur l'apparaître. De Descartes à l'ontologie phénoménologique*, Bruxelles, Ousia, 2002.

Elsa GRASSO: Maître de conférences en philosophie à l'Université de Nice-Sophia Antipolis, auteur d'une thèse de doctorat sur *Copie, simulacre et vérité chez Platon*; ses travaux en philosophie antique portent essentiellement sur la philosophie platonicienne. Elle a publié *Épicure. Maximes*, suivi de «Épicure ou le bonheur sans détour», Arles, Actes Sud, 1993; «De l'image confondante à l'image confondue: *Euthydème* et *Sophiste*», *Cahiers du Centre d'études sur la pensée antique «kairos kai logos»*, 28 (2000); «Le savoir à l'épreuve de son imitation: la sophistique», dans M. Narcy (dir.), *Platon. L'amour du savoir*, Paris, PUF, 2001; «Socrate dans le *Sophiste*. Platon, le juge, et le prétendant», dans L. Rossetti (dir.), *Atti delle Giornate di Studio sulla Letteratura socratica antica*, Bari, Levante, 2006; ses travaux sur la relation entre sens, raison et représentation s'inscrivent également dans le champ de l'esthétique, avec diverses publications sur Edgar Poe, Lovecraft, Giono ou Melville.

Olivier MOULIN: Agrégé de philosophie, enseigne au lycée Gérard de Nerval à Soissons, et prépare actuellement une thèse sous la direction de F. Worms. Ses travaux portent principalement sur Bergson, et en particulier sur le concept bergsonien d'image, sujet de son mémoire de DEA.

Denis PERRIN: Ancien élève de l'École Normale Supérieure, est Maître de conférences à l'Université Pierre Mendès France. Ses recherches et ses publications portent sur la phénoménologie husserlienne et la pensée wittgensteinienne, publiant *Le flux et l'instant – Wittgenstein aux prises avec le mythe du présent*, Paris, Vrin, 2006. Ses travaux actuels s'intéressent à l'histoire de la psychologie scientifique considérée dans ses rapports avec la philosophie, ainsi qu'aux traitements philosophiques contemporains de la question du temps.

Pierre RODRIGO: Agrégé de l'Université et docteur en philosophie, est Professeur à l'Université de Bourgogne (Dijon). Ses recherches portent sur la philosophie aristotélicienne, sur l'esthétique et sur la phénoménologie. Il a publié: *Aristote, l'eidétique et la phénoménologie*, Grenoble, Millon, 1995; *Aristote ou l'unité du multiple*, Paris, Ellipses, 1997; *Aristote et les «choses humaines»*, Bruxelles, Ousia, 1998; *L'Étoffe de l'art*, Paris, Desclée de Brouwer, 2001. Dans ses travaux l'accent est mis sur la pensée du sensible, de l'esthétique et de l'être-en-devenir.

Anne SAUVAGNARGUES: Enseigne la philosophie de l'art à l'ENS de Lyon, Lettres et sciences humaines, et dirige aux PUF la collection «Lignes d'art» avec F. Brugère. Elle a publié notamment *Art et philosophie*, Fontenay-aux-Roses, ENS Éditions, 1998; «Deleuze. De l'animal à l'art», dans P. Marrati, A. Sauvagnargues, F. Zourabichvili (éd.), *La philosophie de Deleuze*, Paris, PUF, 2004; et *Deleuze et l'art*, Paris, PUF, 2005.

Alexander SCHNELL: Maître de Conférences à l'Université de Paris-Sorbonne (Paris IV), travaille sur les idéalismes transcendantaux ainsi que sur les philosophies du sujet et de la subjectivité. Il a publié: *La Genèse de l'apparaître. Études phénoménologiques sur le statut de l'intentionnalité*, Beauvais, Mémoires des Annales de Phénoménologie, 2004; *Temps et Phénomène. La phénoménologie husserlienne du temps (1893-1918)*, Hildesheim, Olms, 2004; *De l'existence ouverte au monde fini. Heidegger 1925-1930*, Paris, Vrin, 2005; *Le bonheur*, Paris, Vrin, 2006; *Husserl et les fondements de la phénoménologie constructive*, Grenoble, Millon, 2007; *Le temps*, Paris, Vrin, 2007; il a publié de nombreux articles dans le domaine de la phénoménologie et de la philosophie classique allemande (Kant, Fichte, Schelling).

Colette SOLER : Pratique la psychanalyse et l'enseigne à Paris dans le cadre de l'École de Psychanalyse des Forums du Champ lacanien. Ancienne élève de l'ENS de Fontenay-aux-Roses, agrégée de l'Université en philosophie, et Docteur en psychologie, c'est sa rencontre avec l'enseignement et la personne de Jacques Lacan qui lui fit choisir la psychanalyse. Elle a publié nombre d'articles et de livres, en France et à l'étranger, sur la formation et l'éthique de la psychanalyse, la clinique, la présence de la psychanalyse dans la civilisation, la sexuation, l'écriture, etc. : *La psychanalyse, pas la pensée unique. Histoire d'une crise singulière*, avec L. Soler, J. Adam et D. Silvestre, Paris, éd. du Champ lacanien, 2000 ; *L'aventure littéraire, ou la psychose inspirée. Rousseau, Joyce, Pessoa*, Paris, éd. du Champ lacanien, 2001 ; *L'inconscient à ciel ouvert de la psychose*, Montpellier, éd. du PUM, 2002 ; *Ce que Lacan disait des femmes*, Paris, éd. du Champ lacanien, 2003, traduit en espagnol (Medellin ; éd. Paidos), en anglais (Other Press), italien (Franco Angeli) et portugais (Zahar).

Frédéric VENGEON : Agrégé et docteur de philosophie, associé au CRCI, Lyon, vient de soutenir en 2006 une thèse sur la « Constitution du monde humain chez Nicolas de Cues ». Il a publié plusieurs articles sur les rapports entre l'anthropologie et la connaissance mystique dans la philosophie de la Renaissance.

Tania VLADOVA : Docteur de l'EHESS, elle est actuellement post-doctorante dans le même établissement (CESTA) et travaille au Centre d'histoire et théorie des arts. Membre associé de l'équipe Fonctions sociales et imaginaires des arts et de la littérature et chargée de cours à l'Université de Paris 5 (communication et information), elle est co-fondateur et membre du comité de rédaction de la revue électronique *Images Re-vues* (www.imagesre-vues.org). Elle anime, à l'EHESS, un séminaire collectif dédié à la théorie, l'histoire et l'anthropologie de l'image et un atelier de post-doctorants dans le cadre du séminaire d'esthétique de Danièle Cohn. Ses principaux thèmes de recherche en esthétique portent sur l'improvisation, le processus créatif et l'expression.

TABLE DES MATIÈRES

Achevé d'imprimer par Corlet, Imprimeur, S.A. - 14110 Condé-sur-Noireau
N° d'Imprimeur : 108406 - Dépôt légal : octobre 2007 - *Imprimé en France*